本书为"中国经济体制改革研究会、中国经济改革研究基金会"
资助课题成果

中国税收制度的
收入分配效应

THE IMPACT OF TAX INSTITUTION ON
INCOME DISTRIBUTION IN CHINA

万海远 李 实 孟凡强 等 / 著

社会科学文献出版社
SOCIAL SCIENCES ACADEMIC PRESS (CHINA)

内容提要

在过去的四十年中，收入差距持续扩大是我国经济社会发展面临的最大问题之一。作为调节收入差距的重要手段，税收制度可以对由市场机制形成的贫富悬殊进行再分配，从而实现社会的公平目标。然而大家广泛认为，相对于其他主要经济体，中国目前的税收制度不仅未能起到缩小收入差距的作用，甚至还在一定程度上进一步扩大了收入差距。那么我国税制改革缩小收入差距的作用发挥如何？税制结构未能有效缩小收入差距的症结在哪里？未来税制改革的有效路径有哪些？本书回顾了我国税制改革的历史进程，实证检验了税制改革缩小收入差距的现实效果，模拟了缩小分配差距的税制改革方案，探究了税制改革缩小收入差距的有效路径，并为税制的进一步完善提供了对策建议。本书的主要结论有以下几方面。

（1）我国税制结构表现出累退性特征，整体上扩大了居民收入差距。增值税、消费税等累退性税收占比较高，导致我国整体税制表现出累退性特征，由此进一步扩大了居民收入差距。从时间的维度来考察，增值税、消费税等间接税的累退性越来越强，使得我国整体税制的累退性也在增强，调节收入分配的能力进一步下降，这一点在农村地区尤为明显。

（2）历次个人所得税改革在当年都减弱了个税的收入再分配效果，但随着收入分布的变化，个税的收入再分配效果不断下降。若以保持个税收入再分配效果为目标，需要不定期调整税收制度的设计方案。过去仅仅以增加起征点作为个税改革的主要形式，随着居民收入构成的多样化，这种形式的改革已经不能适应当前形势。现今的个税改革应该在保证征收效率的前提下，平衡各种收入来源的实际税率，减少横向不公平，并且坚持累进税率，加强个税的再分配功能。

（3）企业所得税对收入再分配的影响很大程度上取决于税负归宿。当税负全部由资本所有者承担时，企业所得税对收入分配的正向调节作用最大；当税负越来越多地转嫁给消费者时，企业所得税的收入分配正向调节作用越来越弱，并且会出现负向调节作用的可能。从目前来看，我国企业所得税总体上还是缩小了收入分配差距。从时间维度来看，与2013年相比，2017年企业所得税的收入分配正向调节作用有所增强。

（4）居民房产税试点方案有助于改善收入分配，但力度仍较为微弱。重庆和上海房产税的力度虽然较弱，但整体上仍然表现出累进性特征。以家庭总面积作为减免标准更加有利于缩小收入不平等差距，而且随着居民房产数量和价值的增加，房产税的再分配效果可能会进一步增强。考虑到现行税种中绝大多数间接税都是累退的，未来房产税的改革应该考虑明显累进性的制度设计。

（5）考虑到遗产税的积极引导作用，征收遗产税可明显减少收入不平等水平。如果能够将征收的遗产税分摊给穷人，居民间的相对不平等程度会大幅缩小。如果只是考虑征收过程，不平等的变化则相对较弱,但在资本日益向少数人集中和财产差距不断扩大的背景下,遗产税仍可以作为调节差距的有益补充。虽然静态遗产税当期的再分配效应不大,但考虑到遗产税政策出台后会引导大量慈善捐赠并进入第三次分配,那么遗产税的正向再分配效应是相当可观的。

(6)增值税和营业税都存在累退性,但全面"营改增"略微缩小了居民收入差距,优化了收入分配。从城乡之间的比较来看,虽然"营改增"后增值税对农村居民收入分配的逆向调节作用仍最为显著,但从全面"营改增"这一税制改革行为本身来看,其对农村居民收入分配状况的改善效果是明显的,在一定程度上有利于缩小城乡收入差距。

(7)我国消费税具有扩大收入差距的作用,提高了居民收入基尼系数2.3个百分点。由于低收入人群的消费税税率更高,而高收入人群的消费税税率较低,因而我国的消费税是累退的,具有扩大居民收入差距的作用。从城乡看,消费税对农村收入再分配的逆向调节作用最大,提高了农村居民收入基尼系数3.8个百分点,其次是流动人口和城镇居民;从地区看,消费税对西部地区收入再分配的逆向调节作用最大,其次是中部地区和东部地区。

当前,我国增值税、消费税等累退性税收占比过高,是导致整体税制收入分配效应不理想的主要原因,未来税制改革应以增加个人所得税、财产税等累进性税种在税制结构中的比重,并以提高其累进性特征为主要着力点;同时,应参考发达国家税制结构,适当降低间接税在我国整体税制结构中的比重,并在间接税的改革过程中弱化其累退性特征,以此提高我国整体税制的正向收入再分配效应。

序　言

1986 年，我作为中国雇主代表顾问，参加了国际劳工局雇主活动办公室在意大利都灵培训中心举办的劳工政策研讨班。在讨论社会保障政策与税收政策对劳工的影响时，授课老师举了欧洲一些国家的案例，说明通过二次分配，基尼系数可以从一次分配的 0.45 左右下降到 0.30 左右。可能因为中国 1983 年才恢复在国际劳工组织中的活动，我又是第一个到都灵培训的中国雇主方面学员，老师点名问我，中国通过二次分配在多大程度上缩小了一次分配差距？我一下蒙了，十分尴尬。1980 年代我们研究的是如何打破"大锅饭""铁饭碗"造成的平均主义，根本没考虑过二次分配缩小一次分配差距的问题。再说，那时我国的社会保障还处在"企业自保"阶段，只有少数地方搞了企业职工养老保险和职工医疗保险社会统筹，除此之外的个人所得税、遗产税等都没有建立，无法与欧洲国家二次分配的具体项目做比较。正当我支支吾吾解释中国特殊国情时，一位从日本雇主组织来的学员替我解了围。他说中国面临的问题不是缩小一次分配差距，而是扩大一次分配差距，因为中国一次分配的差距比欧洲国家经过二次分配调整后的还小。当时老师对我说的那句话我至今难忘："10 年，最多 20 年，你们会研究这个问题的。"

一晃30多年过去了，这期间，中国经济的高速增长举世瞩目，GDP已超日本雄踞世界第二。在充分肯定改革开放取得的伟大成绩的同时，我们也深刻认识到高速增长过程中积累的诸多问题已经到了必须下决心解决的新阶段。在这诸多问题中，收入分配差距过大最为突出。按国家统计局的数据中国基尼系数在本世纪初曾一度接近0.5，近年来略有下降，但仍在0.47左右高位徘徊，2016年、2017年还略有回升。我曾在多个场合讲过，收入分配差距过大不仅是经济问题，还是社会问题、更是政治问题。这个问题不解决，共同富裕的政治承诺、共享社会的美好愿景都无从落实。而要缩小收入分配差距，需要在一次分配方面建立城乡统一的劳动力市场，规范劳动力市场秩序，完善工资集体协商机制，真正贯彻按劳分配原则；而在二次分配方面则要通过社会保障和税收转移支付平抑一次分配的差距，政府更是责无旁贷。

但多年来各级政府官员的注意力都高度集中在GDP增长上，学者们也集中围绕保增长、保外贸建言献策，对二次分配是否平抑一次分配差距的问题关注不够。我从都灵培训中心回国后，就开始关注二次分配问题，尤其是中国收入分配差距迅速扩大后，一直想找到中国二次分配平抑一次分配差距的数据，几次问过国家统计局的同志，可惜都没有结果。1996年至2000年，在承担国家社科基金"九五"重大项目"中国社会保障制度研究"过程中，曾打算对社会保障平抑一次分配差距做些量化研究，因数据很难收集、调查经费不足而罢手。我只能在课题总报告中写下这样一段文字："本来社会保障制度应当具有缩小贫富差距的功能。例如，加拿大通过税收和社会保障转移，不仅在不同收入群体间实行一定的共济，也在富省和穷省之间调节基本保障和福利水平，使收入最高的1/5家庭与收入最低的1/5家庭的收入之比由21∶1，缩小为扣税和转移支付后的5∶1。面对日益扩大的收入分配差距，我国社会保障制度改革的着力点没有及时得到调整，在总的原则上，还停留在改革启动时期，强调效率高于公平，向低收入者倾斜不够，在某种程度上还存在加大分配差距的问题。例如，据国家统计局1995年对2.5万户家庭的调查，城镇居民从国家和单位得到的各种保障和福利收入有逆向转移倾向，富裕户比贫困户多得87%，其中养老保险待遇高低两组相差4.2倍，医疗保险相差62%。再加上住房补助和其他福利，经过二次分配，我国居民的收入差距，包括地区差距和国有经济内不合理的行业差距、部门差距反而进一步扩大了。如何通过保障和福利的转移支付缩小一次分配差距，同时避免重蹈'大锅饭'或陷入'福利病'，是经济体制转轨新阶段中社会保障制度面临的又一严峻挑战。"遗憾的是，2000年后的十几年，我国收入分配差距曾持续扩大，二次分配在多大程度上平抑了一次分配差距依然存疑。不仅如此，至今仍然有一些官员和学者坚持要把一次分配的个人激励原则延伸到二次分配的重大项目中来。显然，如何正确评价我国一次分配与二次分配的现状，二次分配是否应发挥平抑一次分配差距的作用，这是关系今后收入分配制度改革方向的重大问题。有鉴于此，经我提议，中国经济体制改革研究会于2015年、2017年连续设立课题，委托北师大中国收入分配研究院分别就社会保障和税收对一次分配的平抑作用进行深入研究。

2015年课题完成后，我第一次看到了中国社会保障政策对收入分配格局影响的具体数据。课题组根据世界银行WDI数据库和联合国大学世界收入不平等数据库、世界概况数据库、经济合作与发展组织数据库所提供的数据，经过综合分析，得出如下结论："18个欧盟国家市场收入的基尼系数为0.443，但是在社会保障的作用下，这些国家的可支配收入基尼系数降为0.29，远低于中国的0.469。从下降幅度来看，欧盟国家政府的社会保障政策使得其基尼系数的平均值下降了40%，相比之下，中国仅下降了12.3%。"这一结论有点出乎我的意料，因为二元经济造成的城乡基本社会保障逆向转移是很明显的，解决这个问题不可能一蹴而就，但它对扩大城乡之间一次分配差距是明显的。在认真看了报告之后，我接受了这一结论，意识到自己过去着重研究社会保障制度存在的问题，对扶贫、最低生活保障等正向转移的项目关注不够。2015年的课题主报告已经收入我主编的《"十三五"时期我国社会保障制度重大问题研究》一书。应当指出的是，这个报告虽然从总体上肯定了中国社会保障制度在二次分配方面发挥的平抑一次分配的作用，同时也指出这一作用发挥得远远不够。这应当引起社会保障学界和相关行政部门的关注。

北京师范大学中国收入分配研究院2017年的报告专题研究了税收制度对缩小贫富差距的作用。报告系统梳理了改革开放以来我国税制的沿革情况，广泛收集了国外税收相关资料，对中外税收体制进行了全面深入的比较研究，从缩小贫富差距的视角，提出了一系列税制改革的建议。

报告指出，当前的税收制度对于收入分配的调节影响甚微。尽管近年来的税制结构显示，我国间接税比重持续下降、直接税占比不断上升，但到2017年，间接税比重仍为60%左右，直接税比重为

40%左右。由于间接税在消费者最终购买环节实现，其调节收入分配的作用往往显示了逆向调节的结果。收入越高，支出占比越低，其支付的间接税比例就越低；收入越低的居民，其支出中的付税比例越高，其付税负担就越重。另一方面，个人所得税因为税率的设置以及高收入人群的收入更多地来源于资本与财产性收入，因而对于收入差距的调整作用非常小。

报告在中外税制的比较研究中指出，发达国家均以直接税为主体。2012年直接税占比，美国为82.2%，日本为81.3%，法国为69.6%，英国为66.7%，OECD国家平均为56.8%；2015年美国的个税比重为40.8%，英国为27.9%，法国为18.9%，OECD国家平均为24%。虽然我国个税占比近年有所提升，但2017年还只有7.5%。无论是与新兴经济体还是转型经济体比较，我国都处于极低的个税占比与很高的基尼系数两个极端情形，尤其是个税占比，在所有国家中最低。

报告指出，就缩小贫富差距而言，增值税、消费税、营业税和其他间接税为累退性税收，个人所得税为累进性税收，企业所得税和财产税目前对缩小贫富差距的作用不明显。全国平均有效税率为20.57%，其中累退性税收占比72.05%，累进性最高的个人所得税仅占比1.2%，因而整体税制结构的累退性扩大了居民收入差距，使得基尼系数最高提高了3.1个百分点。

不仅如此，课题组还对比分析了2007年至2013年税制改革的情况，得出的结论是整体税制的累退性越来越强，2013年税收调节收入分配的能力较2007年有所下降，平均增加了基尼系数0.9个百分点。之所以出现这一问题，是因为尽管个人所得税的累进性略有增强，但增值税、消费税、营业税和其他间接税等税种累退性的增强更为显著。

针对当前税制存在的这些问题，报告提出了整体调整税制结构、提高直接税比重、降低间接税比重的建议，分别对六大主要税种的改革提出具体改革方案，并预测了这些税制改革措施可能对贫富差距缩小产生的影响。具体的税制改革建议这里就不重复了，但我想强调的一点是，报告认为设立遗产税是符合中国当前收入分配改革大格局需要的。其实5年前北师大中国收入分配研究院曾专题研究了遗产税问题，认为个别国家取消遗产税并不能代表国际税制改革的主流，在资本日益向少数人集中和财产差距不断加大的背景下，当前中国调节贫富差距的任务非常重，遗产税仍可作为调节差距的有益补充，应尽快创造条件，设立遗产税。在这个问题上，北师大中国收入分配研究院的立场是一贯的。

中国的税制没有平抑一次分配差距，反而在一定程度上扩大了一次分配差距，这是一个十分重要的结论，从某个角度看，也可以说是十分大胆的结论。2011年北师大中国收入分配研究院成立大会上，我曾问过中国的二次分配究竟在多大程度上平抑了一次分配差距的问题。一位财税问题专家会下告诉我，根据他的研究，整体税制有可能扩大了一次分配差距。但他缺乏量化研究，还拿不出具体数字。现在北师大中国收入分配研究院课题组进行了量化研究，分析到小数点后几位，可以说填补了这方面学术研究的空白。

2018年4月，中国经济体制改革研究会学术委员会在北京卧佛山庄评审"税制改革缩小贫富差距的作用研究"课题，各位学术委员分别对报告中的具体问题提出了不少修改意见，但大家一致认为，这是一份高水平的学术报告，在同类研究中处于国内领先地位。我在主持这次评审会时说，我终于可以回答32年前都灵培训中心那位老师提的问题了。遗憾的是，老师说最多20年中国就应研究二次分配平抑一次分配的问题，我们这些学者没有尽到职责，对这一重大问题的研究晚了10年。

卧佛山庄评审之后，综合各位学术委员的意见，课题组对报告又进行了修改润色，并最终形成《中国税收制度的收入分配效应》一书，现由社会科学文献出版社出版，以供读者参考，望内行批评指正。

宋晓梧

2018年8月1日

目录

第一章 社会主义市场经济下的税制改革 …………… 1
- 一 税收制度在国民经济发展中的职能与作用 ……… 1
- 二 中国特色的税收制度改革历程 …………………… 5

第二章 中国居民收入分配现状与趋势 ……………… 21
- 一 衡量收入差距的不同指标及其走向 ……………… 22
- 二 我国居民收入差距的变化趋势分析 ……………… 24
- 三 居民财产差距的变化趋势 ………………………… 28
- 四 经济新常态下居民收入份额特征 ………………… 31
- 五 我国收入分配差距水平的综合判断 ……………… 32

第三章 整体税制的收入分配效应 …………………… 35
- 一 我国税制结构的趋势演变与现状 ………………… 35
- 二 整体税制的收入分配效应 ………………………… 40
- 三 整体税制收入分配效应的城乡差异 ……………… 48
- 四 整体税制收入分配效应的纵向比较 ……………… 51
- 五 小结 ………………………………………………… 55

附　录 ··· 56

第四章　个人所得税的收入分配效应 ·································· 65
　　一　中国的个人所得税制度 ··· 65
　　二　个人所得税设计与收入分配效果的关系 ························ 66
　　三　动态评价个税制度的收入再分配效应 ·························· 69
　　四　不同个税起征点、税收结构与居民收入分配的评估 ······· 82
　　五　个税再分配效果的国际比较 ···································· 89
　　六　小结 ··· 92

第五章　企业所得税的收入分配效应 ·································· 93
　　一　企业所得税演变的历史进程 ···································· 93
　　二　企业所得税收入分配效应研究现状 ··························· 98
　　三　企业所得税收入分配效应的测算 ····························· 107
　　四　小结 ·· 111

第六章　房产税的收入分配效应 ······································ 113
　　一　关于房产税的争论 ··· 113
　　二　房产税如何影响收入不平等 ··································· 114
　　三　房产税收入再分配效果估算 ··································· 116
　　四　小结 ·· 126

第七章　遗产税的收入分配效应 ······································ 129
　　一　开征遗产税的讨论 ··· 129

二　简单模拟模型设定 …………………………………… 130
　　三　遗产税的再分配效应 ………………………………… 134
　　四　遗产税能否缩小财富差距？ ………………………… 140
　　五　小结 …………………………………………………… 141

第八章　增值税的收入分配效应 ……………………………… 144
　　一　增值税的增长情况 …………………………………… 145
　　二　"营改增"问题的现有研究 ………………………… 148
　　三　"营改增"的收入分配效应 ………………………… 151
　　四　小结 …………………………………………………… 160

第九章　消费税的收入分配效应 ……………………………… 161
　　一　中国消费税税制与规模 ……………………………… 161
　　二　消费税的收入分配效应 ……………………………… 165
　　三　小结 …………………………………………………… 172

第十章　税制缩小收入差距的国际经验比较 ………………… 174
　　一　发达国家的税制概况 ………………………………… 174
　　二　发达国家税收制度缩小收入差距的路径 …………… 181
　　三　发展中国家的宏观税负与收入差距 ………………… 198
　　四　发展中国家的主要税种与收入差距 ………………… 203
　　附　表 ……………………………………………………… 218

第十一章 收入分配调节视角下完善税制的对策建议 …… 226
  一 税制改革的总体方向 …… 226
  二 个人所得税 …… 228
  三 企业所得税 …… 231
  四 房地产税 …… 232
  五 遗产税 …… 234
  六 增值税 …… 235
  七 消费税 …… 236

参考文献 …… 239

后 记 …… 256

第一章　社会主义市场经济下的税制改革

一　税收制度在国民经济发展中的职能与作用

税收制度是国家以法律形式规定的各种税收法令和征收管理办法的总称，是国家财税制度的核心内容。从根本上来说，它所面对并处理的是两对关系，即政府与纳税人、企业和居民之间的分配关系以及不同级次政府之间的分配关系。[①] 因此，税收制度的功能及其作用，主要是通过处理政府与企业和居民之间的分配关系以及不同级次政府之间的分配关系体现出来的。这种功能和作用，通常概括为优化资源配置、调节收入分配和促进经济稳定。

（一）优化资源配置

税收的资源配置作用包括为公共产品筹集资金以及用影响消费倾向的办法改变私人部门的资源配置两个方面。为公共产品筹集资金的主要目的，在于协调公共产品和非公共产品的供给关系。影响

---

① 高培勇：《论国家治理现代化框架下的财政基础理论建设》，《中国社会科学》2014 年第 12 期，第 102 ~ 122、207 页。

私人部门的资源配置主要是通过税收影响私人收入，进而影响纳税人的消费水平和消费倾向，从而提高或降低私人投资水平。一般来说，税收对资源配置的影响是中性的，不应过多干扰私人部门的决策，低强制地、间接地使资源配置合理化，主要是对个人和企业的经济行为以及经济的发展方向起引导作用，并对社会经济发展过程中的某些失衡状态进行制约和调节。①

（二）调节收入分配

在市场经济条件下，政府必须介入社会的收入分配过程，因为市场机制不能有效解决分配中的公平和效率问题。政府制定统一的再分配政策，一是通过所得税、财产税、消费税、社会保障税进行累进调节；二是通过公共教育、健康服务、社会福利以及住房补贴、补助和提供公共产品与服务的方式，进行收入再分配活动；三是对多数高收入者消费的货物进行课税，并对主要为低收入者消费的货物给予补贴，从而缓解公平和效率方面存在的矛盾。同时，政府还可以纠正要素市场不完善产生的收入分配不公平（如要素市场的价格垄断）。税收制度的收入分配功能，是指通过税收对由市场机制形成的个人收入及地区间收入悬殊进行再分配，实现公平的社会目标。税收可以在一定程度上缓解分配中的不公平，如累进直接税，可对每个纳税人按"支付能力原则"课征，即市场机制下形成的高收入者按高税率课征，多负担税收，而低收入者则按较低税率课征，少负担税收，同时运用免征额、累进税率等手段，从而使得税后收入

---

① 刘克崮、贾康：《中国财税改革 30 年亲历与回顾》，经济科学出版社，2008。

分配趋向公平。①

（三）促进经济稳定

政府通过税收还可以实现稳定经济的目标。在税率既定的条件下，国民收入水平提升，税收也将增加，收入的边际消费倾向就相对降低，从而可以制约投资的乘数效应，最终通过减少总需求来遏制经济过热发展；反之，如果国民收入减少，税收支出会相对减少，边际消费倾向相对提高，从而通过提升总需求刺激经济发展。税收的这种自动调节机制，在一定程度上可以达到减缓经济波动的效果。税收的自动稳定器功能主要通过所得税累进制得以体现。在超额累进税前提下，税收收入会随经济变化而发生改变。在经济繁荣阶段，由于适用较高税率的税基扩大，税收收入的增幅大于国民收入增幅，从而缓解过热的需求。所得税累进程度越高，这种自动调节的效应也就越大。

上述三个职能是国家对税收制度的传统定位。国家将税收制度作为经济治理的重要手段之一，突出强调其在经济体制中的重点作用。然而，这种定位低估了税收制度在国家治理中的作用。事实上，税收制度在国家治理体系中处于核心位置，亚当·斯密（1755 年）就曾提出，和平、简易税制和可容忍的司法体制是助力国家通往富

---

① 在各项不同的财政手段中，实现再分配的最直接的手段为：其一，税收转移方案，即对高收入家庭课征累进所得税，与对低收入家庭给予补助金两者相结合的办法；其二，用累进所得税的收入，为诸如公共住宅这类特别使低收入家庭获益的公共服务提供资金；其三，对大多数由高收入消费者购买的货物进行课税，与对主要为低收入消费者使用的其他货物给予补贴两者相结合。

裕之路的关键要素。新政治经济学的研究表明，税收能力是国家能力的重要组成部分。国家为获取税收与公民之间达成一定的契约关系，促进了国家民主化的进程，稳定的税收契约关系又会促进国家财政能力的提升，进而促进国家现代治理体系的完善。在一些治理失败的发展中国家，他们的税收能力较弱，更多依赖于对贸易课税甚至是通胀税的征收，税收系统腐败问题严重，政府缺乏足够的财力，不能很好地履行自己的职责。因此，经济学家熊彼特说，税收有助于创造现代国家，税收又有助于塑造国家。

（四）税收制度的全新定位

随着财政与国家治理相对接并获得新的定位，中共十八届三中全会对于财税体制也给出了新的阐释。《中共中央关于全面深化改革若干重大问题的决定》指出，"科学的财税体制是优化资源配置、维护市场统一、促进社会公平、实现国家长治久安的制度保障"。习近平在党的十九大报告中进一步提出税收制度改革进入深水区。税收制度的功能由"优化资源配置、调节收入分配和促进经济稳定"进一步转变到"优化资源配置、维护市场统一、促进社会公平、实现国家长治久安"，未来的税收制度绝不仅仅是功能和作用概括上的数量增加或项目整合，而是在充分认识财税体制功能及作用的基础上，从国家治理体系的总体角度对财税体制进行的全新定位。

可以说，在任何构建现代财税制度的方案中，现代税收制度都是不可或缺的重要板块，现代税收制度是提升国家治理能力的重要抓手。第一，税收法定原则和现代预算制度是约束和引导公权力运行的基础。公权力得以有效约束是国家治理现代化的基本要求。税收法定原则规范政府征税行为，中央与地方财税关系法定约束各级政府财政收入的范围，现代预算制度制约政府支出的空间，三者并行为公权力规范运行奠定制度保障，有利于建立稳定和谐的政府民众关系，促进国家长治久安。第二，在建立分税制的基础上，财权事权的科学划分是现代国家治理有效运行的前提。只有各级政府的事权得以清晰地界定，各级政府各项职能才能落到实处，从而保证国家治理各项工作高效运行。否则，各级政府间的推诿将严重侵蚀国家治理的效率，甚至可能引发国家治理危机。第三，现代财税制度是国家治理现代化的重要载体和标志。在现代财税制度引导下，国家的财政收入逐步依赖于私人部门的财富，纳税人意识逐渐形成。纳税人意识的完善一方面引致国家的征税行为面临制度化约束，另一方面促使政府科学合理地制定财政支出计划，从而保证公共财政职能得以实现，政府的公共性导向得以确立，公共政府建设得以完善。①

由此可见，税收制度是国家财政政策、经济体制与法律规则的综合载体，是国家治理的重要抓手和助推器。税收是国家治理的物质起点，没有税收便没有国家治理。国家治理体系的完善与国家治理能力现代化的实现，离不开现代税收制度的参与。

二 中国特色的税收制度改革历程

新中国成立以来，我国的税收管理体制经历了一系列变革，逐

---

① 柳华平、张景华、郝晓薇：《国家治理现代化视域下的税收制度建设》，《税收经济研究》2016 年第 21 期第 6 卷，第 1~6 页。

步形成了较为规范的政府—企业关系和政府间财政关系。其中,重大的体制变革主要有:1980年开始的以"分灶吃饭"为特征的财税体制改革,逐步打破了原来高度集中的财政管理体制,调动了地方政府的积极性,促进了地方经济的发展,也为其他方面的改革提供了条件;1994年以后,随着市场经济体制的逐步确立和税收体系的建立健全,财政体制的变革逐步走向较规范的分税制体制,并基本上建立了适应市场经济的现代财税体系框架;2012年以后,随着构建现代化国家治理体系和市场在资源配置中占主导地位思想的确立,我国税收体制不断完善,符合国家治理现代化要求的现代税收制度逐步建立起来。①

(一) 1949~1978年的税收制度:计划体制制约经济发展

从新中国成立初期到改革开放前,我国财政管理体制的基本指导思想是:统一领导,分级管理。在税收管理体制方面,税收管理权主要集中于中央,地方税收管理权很小。具体来说,就是立法权集中于中央,地方没有立法权,税收条例和实施细则都由中央颁布,各地区只能制定少许具体执行措施;解释权与立法权也相应集中于中央;开征、停征权由中央统一掌握,地方无权开征新税,未经中央批准,也不能停征已开征税种。而下放地方管理的地方性税种,虽然各地区有较大管理权限,但不能随意停征;税目税率调整权也以中央为主,地方有一定的调整权,如农业税

---

① 贾康、赵全厚:《中国财政改革30年:政策操作与制度演进》,《改革》2008年第5期,第5~23页。

的地区差别比例税率，各地区可根据上级下达的平均税率并结合实际情况确定；减免税权主要由中央和省、自治区、直辖市掌握，各地区有一定的减免权。

1950～1978年，税收的地位作用经历了两个不同的阶段。在国民经济恢复和社会主义改造时期，国家非常重视税收，不仅为经济建设积累了资金，而且注意发挥税收调节功能，有力地支持了经济恢复与社会主义改造。[①] 而1956年社会主义改造完成后，理论界出现"非税论"，认为社会主义制度建立后，公有制内部分配关系不需要税收。1958年曾在部分城市搞"利税合一"试点，试图取消税收，但以失败而告终。然而"非税论"的影响根深蒂固，加之极"左"思潮冲击，税收对社会主义经济建设的功能作用被贬低甚至否定。1958年和1973年的税制改革，都以合并税种、简化税制为重点，这两轮税制改革后，只剩工商税和工商所得税等为数不多的税种。因此总体而言，在财政收入运行机制中，税收收入居于次要地位。据统计，1956～1978年，企业收入占国家财政收入的52.45%，而税收收入仅占国家财政收入的46%。

当然，税收在财政收入机制中的地位也与计划经济运行机制密切相关。在传统体制下，国有企业不是独立经济实体，而是政府附属物，国家对企业统收统支，企业职工工资长期不做调整，职工收入与企业盈亏无关，企业纯收入是以利润形式上缴财政还是以税收形式上缴财政，对企业及职工来说都无关紧要，由此可

---

① 贾康、赵全厚：《中国财政改革30年：政策操作与制度演进》，《改革》2008年第5期，第5～23页。

见,这一时期不存在发挥税收功能优势的客观经济条件。总的来看,这种高度集中的财政管理体制,由于中央政府基本上实行统收统支,忽视了地方、相关部门和各企业的经济利益和经济自主权,妨碍了经济发展的活力,成为经济市场化改革需要打破的重要环节。

(二) 1978~1993年税制改革:从计划经济向商品经济的税收方式转变

这一时期是我国税制建设的恢复时期和税制改革的准备、起步时期,从思想上、理论上、组织上和税制上为后来的改革做了大量的准备工作,打下了坚实的基础。在此期间,中国税制改革取得了改革开放以后的第一次全面重大突破。[①] 这一时期的税制改革可分为涉外税制的建立、两步"利改税"方案的实施和1984年的工商税制改革。[②] 财税部门从1978年底、1979年初就开始研究税制改革问题,提出了包括开征国营企业所得税和个人所得税等内容的初步设想与实施步骤,并决定为配合贯彻国家对外开放政策,第一步先行解决对外征税问题,之后又延展到"利改税"方案的设计调整问题。

第一,1978~1982年的涉外税制改革。1980年9月至1981年12月,为适应我国对外开放初期引进外资、开展对外经济合作的需要,第五届全国人大先后通过了《中外合资经营企业所得税法》、

[①] 刘佐:《1978年以来历次三中全会与税制改革的简要回顾和展望》,《经济研究参考》2014年第4期,第22~39页。
[②] 马海涛、肖鹏:《中国税制改革30年回顾与展望》,《税务研究》2008年第7期,第27~30页。

《个人所得税法》和《外国企业所得税法》，对中外合资企业、外国企业继续征收工商统一税、城市房地产税和车船使用牌照税，初步形成了一套适用于我国国情的涉外税收制度，基本保证了对外开放初期引进外资、开展对外经济技术合作的需要。

第二，1983年第一步"利改税"方案。作为推进国有企业改革的一项重大措施，1983年国务院决定在全国试行国营企业"利改税"（后来也被称为"第一步利改税"），将新中国成立以来国有企业利润所得全部上缴给国家的制度，改为国有企业缴纳企业所得税。这一制度成为国家与国有企业分配关系的一个历史性转折，也为后来的利改税方案及进一步的税制改革奠定了基础。

第三，1984年第二步"利改税"方案和工商税制改革。为了加快城市经济体制改革的步伐，国务院从1984年10月起在全国实施第二步"利改税"和工商税制改革，发布了关于国营企业所得税、国营企业调节税、产品税、增值税、营业税、盐税、资源税等一系列行政法规，成为改革开放之后第一次大规模的税制改革。此后，国务院陆续发布了关于征收集体企业所得税、私营企业所得税、城乡个体工商业户所得税、个人收入调节税、国营企业奖金税（1984年发布，1985年修订发布）、集体企业奖金税、事业单位奖金税、国营企业工资调节税、房产税、城镇土地使用税、耕地占用税、车船使用税、印花税、城市维护建设税、固定资产投资方向调节税（其前身为1983年开征的建筑税）、筵席税等税收的行政法规，并决定开征特别消费税。1991年，第七届全国人民代表大会第四次会议将《中外合资企业所得税法》与《外国企业所得税法》合并为《外商投资企业和外国企业所得税法》。至此，我国的税收制度总体设立了七大类共 37 种税收。[①]

表 1-1 1991 年我国税收体系

类 别	税 种
流转税	产品税、增值税、营业税、工商统一税、特别消费税、关税
所得税	国营企业所得税、集体企业所得税、私营企业所得税、个人所得税、城乡个体工商业户所得税、国营企业奖金税、集体企业奖金税、事业单位奖金税
财产和行为税	房产税、城市房地产税、盐税、车船使用税、车船使用牌照税、印花税、城市维护建设税、屠宰税、筵席税、牲畜交易税、集市交易税
资源税	城镇土地使用税、资源税
特定目的税	烧油特别税、契税、固定资产投资方向调节税、国营企业调节税、个人收入调节税、国营企业工资调节税
涉外税	外商投资企业和外国企业所得税
农业税	农业税、牧业税、耕地占用税

资料来源：作者根据国家税务总局网站资料整理。

综上所述，1978~1993 年间，随着改革开放的逐步深入，我国税收制度进行了全面的改革，并取得明显突破，初步形成一套内外有别，以货物和劳务税、所得税为主体，并以财产税和其他税收为辅的新型税制体系，这对中国经济体制改革起步探索形成了有效支撑。总体来看，经过 1978~1993 年的改革调整，我国税收的职能作用逐步得以体现，税收收入稳定增长，宏观经济调控能力也不断提升，这对于贯彻国家的经济政策和调控经济发展发挥了重大的促进作用。

（三）1994~2000 年的税制改革：市场经济税收体系的初步建立

1993 年 11 月 14 日，中共十四届三中全会通过了《中共中央关

[①] 刘佐：《艰苦的历程，辉煌的成就——改革开放 30 年来中国税制改革的简要回顾》，《税务研究》2008 年第 10 期，第 8~10 页。

于建立社会主义市场经济体制若干问题的决定》，提出要建立健全社会主义市场经济相对应的宏观调控体系。其中，要在财税、金融、投资和计划体制的改革方面迈出重大步伐，要建立计划、金融、财政之间相互配合和制约的机制，并加强对经济运行的综合协调。根据总体设计，中央银行要以稳定币值为首要目标，调节货币供应总量，并保持国际收支平衡；财政运用预算和税收手段，着重调节经济结构和社会分配。着力强调推进财税体制改革的重点，一要把现行地方财政包干制改为在合理划分中央与地方事权基础上的分税制，建立中央税收和地方税收体系。二是按照统一税法、公平税负、简化税制和合理分权的原则，改革和完善税收制度。[①]

综合来看，1994年税制改革是新中国成立以来规模最大、范围最广、程度最深的一次税制改革，它在改革开放以后财税理论研究与实践探索的基础上，积极吸收外国税制建设的先进经验，结合中国社会主义市场经济建设的需要，最终形成了一套完整的改革方案。[②] 第一，初步统一了税法。将原来国内国外有差别的产品税、增值税、营业税、特别消费税和工商统一税改为内外统一的增值税、消费税和营业税，从而统一了货物和劳务税制度；将原来分别适用不同所有制内资企业的国有企业所得税、国有企业调节税、集体企业所得税和私营企业所得税改为适用所有内资企业的企业所得税，

[①] 人民网：《中共中央关于建立社会主义市场经济体制若干问题的决定》（中国共产党第十四届中央委员会第三次全体会议1993年11月14日通过），http://www.people.com.cn/GB/shizheng/252/5089/5106/5179/20010430/456592.html。

[②] 刘佐：《1978年以来历次三中全会与税制改革的简要回顾和展望》，《经济研究参考》2014年第4期，第22~39页。

从而统一了内资企业所得税制度；将原来分别适用于中外不同身份个人的个人所得税、城乡个体工商业户所得税和个人收入调节税改为适用所有个人的个人所得税，从而统一了个人所得税制度。第二，初步实现了税负相对公平，促进了各类企业在市场经济条件下平等竞争的局面。就所得税而言，基本实现了各类内资企业平等纳税。而就货物和劳务税而言，增值税的普遍推行减少了货物生产、流通中的重复征税，对不同要素和产品实现了税负的相对公平。第三，通过统一税法和简并税种，初步实现了税制的简化和规范化。税种从 37 个减少到 25 个（实际开征 23 个），税制要素的设计更为科学、合理、规范，并适应了经济发展和税制建设的需要。

总体来看，经过上述税制改革和后来的逐步完善，到 20 世纪末，中国初步建立了适应社会主义市场经济体制需要的税收制度，对于促进资源优化配置、加强宏观调控、促进经济与社会的发展起到了重要的作用，并为进一步完善税制奠定了坚实的基础。

表 1-2　1994 年改革后我国税制中的税种构成

类　别	税　种
流转税	增值税、营业税、消费税、关税
所得税	企业所得税、外商投资企业和外国企业所得税、个人所得税
财产和行为税	房产税、车船使用税、车船使用牌照税、城市房地产税、印花税、屠宰税、筵席税
资源税	资源税、城镇土地使用税
特定目的税	固定资产投资方向调节税、城市维护建设税、土地增值税、契税
农业税	农业税、牧业税、耕地占用税

（四）2001~2012 年的税制改革：市场经济税收体系的调整

1994 年以促进市场经济发展为导向的税制改革初步建立了与市

场经济发展基本相容的税收制度体系。进入二十一世纪以来，随着中国特色社会主义市场经济体制的不断完善，结合现实经济形势的变化，中央政府又推行了以城乡税制统一、内外税制统一、增值税转型为主要内容的税制改革。①

本轮税制改革具体包括三个方面。第一，统一城乡税制。为了切实减轻农民负担，中央决定从2000年开始在农村开展税费改革。根据"减轻、规范、稳定"的原则对农（牧）业税和农业特产税进行调整，明确在5年内逐步取消农业税。2006年3月14日，第十届全国人大第四次会议通过决议，宣布在全国范围内彻底取消农业税，中国城乡税制的最大差异随之消除。2006年2月17日，国务院废止《关于对农业特产收入征收农业税的规定》《屠宰税暂行条例》。第二，统一内外税制。为了更好地维护国家的经济主权，制定适应我国市场经济和全球发展趋势的税收体系，2007年3月16日，第十届全国人大第五次会议审议通过了《中华人民共和国企业所得税法》，结束了企业所得税法律制度内外资分立的局面，逐步建立起一个规范、统一、公平、透明的企业所得税体系。第三，主要税种改革取得重大突破或者明显改进。如增值税由生产型向消费型转型，消费税征收范围不断调整，资源税税额标准不断提高等。

经过2001以来的税制改革，中国的税制进一步简化、规范和公平，宏观调控作用进一步增强，而且在促进经济持续快速增长的基

---

① 马海涛、肖鹏：《中国税制改革30年回顾与展望》，《税务研究》2008年第7期，第27~30页。

础上，总体上实现了税收收入的连年大幅度增长，有力地支持了中国的改革开放和各项建设事业的发展，并为下一步继续深化税制改革创造了有利条件。

表1-3 统一内外税制的具体内容

税 种	措 施
车船税	2006年12月29日，国务院公布《中华人民共和国车船税暂行条例》，自2007年起施行，此前对外、对内分别适用的《车船使用牌照税暂行条例》、《中华人民共和国车船使用税暂行条例》同时废止。从此，实现了车船税的内外统一
城镇土地使用税	2006年12月31日，国务院公布修改以后的《中华人民共和国城镇土地使用税暂行条例》，自2007年起施行。从此，城镇土地使用税的征税范围扩大到外商投资企业和外国企业，实现了城镇土地使用税的内外统一
企业所得税	2007年3月16日，第十届全国人民代表大会第五次会议通过《中华人民共和国企业所得税法》，自2008年起施行，此前对外、对内分别适用的《中华人民共和国外商投资企业和外国企业所得税法》、《中华人民共和国企业所得税暂行条例》同时废止。从此，实现了企业所得税的内外统一
耕地占用税	2007年12月1日，国务院公布修改以后的《中华人民共和国耕地占用税暂行条例》，自2008年起施行。从此，耕地占用税的征税范围扩大到外商投资企业和外国企业，实现了耕地占用税的内外统一
房产税	2008年12月31日，国务院决定自2009年起废止此前对外适用的《城市房地产税暂行条例》，按照此前对内适用的《中华人民共和国房产税暂行条例》对外商投资企业、外国企业和外国人征收房产税。从此，实现了房产税的内外统一
城市维护建设税	2010年10月18日，国务院发出《关于统一内外资企业和个人城市维护建设税和教育费附加制度的通知》。通知规定：自当年12月起将城市维护建设税的征税范围扩大到外商投资企业、外国企业和外国人。从此，实现了城市维护建设税的内外统一
资源税	2011年9月30日，国务院公布修改后的《中华人民共和国资源税暂行条例》，自当年11月起施行，同时取消对中外合作开采海洋和陆上石油、天然气征收的矿区使用费。从此，实现了资源税的内外统一

表1-4 2001~2012年几项主要税种的改革措施

税 种	措 施
增值税	增值税"转型"（即生产型转为消费型）自2004年7月起在辽宁、吉林和黑龙江三省选择部分行业和产品试点，然后逐步扩大实施范围。2008年11月10日，国务院公布修订后的《中华人民共和国增值税暂行条例》，自2009年起施行
消费税	2006年对消费税征收范围进行了调整；2008年调整乘用车消费税政策，并对消费税暂行条例进行修订；2009年实施成品油税费改革，调整烟产品消费税政策
资源税	2005年调整了部分应税品目资源税税额标准：一是提高了15个省份煤炭资源税税额标准；二是提高了原油、天然气资源税税额标准；三是提高了锰矿石、钼矿石、铁矿石、有色金属等应税品目资源税税额标准
关税	2003年11月23日，根据《中华人民共和国海关法》，并与世界组织的有关规则衔接，国务院公布修订后的《中华人民共和国进出口关税条例》，自2004年起施行。此外，逐步调整关税税目、税率，降低税率水平，自2007年起进口关税的算术平均税率降至9.8%
企业所得税	2008年内资企业所得税与外资企业所得税合并以后，实现了纳税人、税基（税前扣除）、税率、税收优惠和征收管理的统一，简化了税制，合理地调整了税负，有利于促进中外企业发展和平等竞争
个人所得税	一是调整工薪所得减除费用标准。从2006年1月1日以来，三次提高了减除费用标准，由800元提高到3500元。二是对个人独资企业和合伙企业投资者征收个人所得税。三是恢复征收、减征、停征利息税。四是对限售股征收个人所得税。五是对企业年金、职业年金实行递延纳税优惠政策。六是清理税收优惠，逐步缩小内外籍人员税收待遇差别。七是建立年所得12万元以上纳税人自行纳税申报制度

（五）2012年至今：现代税收体系的建立

2013年11月12日，中共十八届三中全会通过了《中共中央关于全面深化改革若干重大问题的决定》（以下简称《决定》）。其中指出，财政是国家治理的基础和重要支柱，科学的财税体制是优化资源配置、维护市场统一、促进社会公平、实现国家长治久安的制度保障,下一步需要继续深化财税体制改革。当前财税体制改革由改进预算管理制度、完善税收制度、建立事权和支出责任相适应的制度三个部分组成。在税收制度方面,要完善地方税体系,逐步提高直接税比重;推进增值税改革,适当简化税率;调整消费税征收范围、环节、税率,把高耗能、高污染产品及部分高档消费品纳入征收范围;逐步建立综合与分类相结合的个人所得税制;加快房地产税立法并适时推进改革,加快资源税改革,推动环境保护费改税;按照统一税制、公平税负、促进公平竞争的原则,加强对税收优惠特别是区域税收优惠政策的规范管理;税收优惠政策统一由专门的税收法律法规规定,清理规范税收优惠政策;完善国税、地税征管体制。[①]

2014年6月30日,中央政治局审议通过了《深化财税体制改革总体方案》(以下简称《总体方案》),进一步细化了深化财税体制改革的具体内容。关于税收制度改革,《决定》与《总体方案》设定了其改革目标:建立"公平统一、调节有力"的现代税收制度。《总体方案》还给出了税收制度改革的主要内容,概括起来就是"六税一法",即属于间接税的增值税、消费税、资源税、环境税,属于直接税的个人所得税、房地产税,配合相关改革修订《税收征管法》。

总体来看,"六税一法"改革包括六方面。[②] 第一,逐步建立综合与分类相结合的个人所得税制。首先,在课征模式上,由分类课征向综合与分类相结合改革,如将工资薪金、劳务报酬等连续性、

[①] 中国网:《中共中央关于全面深化改革若干重大问题的决定》,http://www.china.com.cn/news/2013-11/15/content_30615132.htm。

[②] 楼继伟等:《深化财税体制改革》,人民出版社,2015。

劳动性所得合并为综合所得，其余仍作为分类所得。其次，在基本生计扣除标准的基础上，增加养老支出、子女教育支出和住房按揭贷款利息支出等专项扣除项目，以降低中低收入群体的税收负担。再次，优化税率结构，适度调整边际税率，合理确定综合所得的适用税率。此外，完善税收征管法，健全对自然人的税收征管制度，提高对自然人的税收征管水平。第二，加快房地产税立法并适时推进改革。总的方向是，在满足居民基本居住需求的前提下，统筹考虑城乡个人住房和工商业房地产在建设、交易、保有环节的税收与收费情况，合理设置税负，将房地产税打造为地方税收的主要税种，从而成为地方财政持续稳定的收入来源。第三，推进增值税改革，实现增值税的"扩围"与"转型"。一方面，扩大营改增实施范围，适时优化税率，减少税率档次；另一方面，实行彻底的消费型增值税制度并完成增值税立法。第四，加快资源税改革。将资源税从价计征范围从油气资源扩大至煤炭等资源，全面推进资源税从价计征改革；清费立税，改变现有资源税与相应的行政事业性收费和政府性基金并存的不合理局面；对开采难度大及综合利用的资源实行税收优惠，旨在激励企业提高资源开发利用水平；逐步将资源税征税范围扩展到水流、森林、草原、滩涂等自然生态空间。第五，建立环境保护税制度。以"重在调控、清费立税、循序渐进、合理负担、便利征管"为原则，将现行排污收费改为环境保护税，新设二氧化碳税目。第六，完善消费税制度。调整征收范围，增加对"三高"行业（即高耗能、高污染和高消费行业）的消费税；优化税率结构，改革征收环节和收入归属划分；加快消费税立法，强化消费税在保护环境和调节收入分配方面的功能。

（六）当前我国税制改革的进展

自 2012 年以来，我国税制改革加速推进，现代税收体系不断完善。税制改革取得一些新进展，具体来看，包括以下几个方面。

第一，个人所得税改革方案即将推出。与间接税相比，直接税的改革推进较为缓慢，尤其是个人所得税。2017 年全国两会期间，个人所得税的改革方案就处在研究设计和论证中，在经过专家和学者的充分讨论后，个税改革大体思路基本明确。2018 年 6 月 19 日，个人所得税法修正案（草案）提请十三届全国人大常委会第三次会议审议，这是个税法自 1980 年出台以来第七次大修，目前正处在最后的修改推出阶段。

第二，房地产税改革箭在弦上。早在 2011 年，上海和重庆开展了房地产税试点工作，但是试点效果并不显著。目前，专家学者在房地产税改革问题上存在着较大的分歧，同时国内经济持续放缓，也影响着房地产税改革的进度，目前房地产税改革方案还处在研讨制定的过程中。然而，房地产税改革的相关配套措施却已经开始实施。2015 年 3 月 1 日起，《不动产登记暂行条例》开始落地实施；2016 年 1 月 1 日，国土资源部公布了《不动产登记暂行条例实施细则》，这些都为接下来推出的房地产税征管建立了信息基础。2017 年 12 月 20 日，财政部提出要按照"立法先行、充分授权、分步推进"的原则，加速推进房地产税立法和实施，对工商业房地产和个人住房按照评估值征收房地产税，适当降低建设、交易环节税费负担，逐步建立现代房地产税制度。

第三,"营改增"全面推开。① 2012 年 1 月,上海交通运输业和部分现代服务业最先开展"营改增"试点,同年 8 月国务院扩大"营改增"试点至 10 个省市,2013 年 8 月则进一步推广到全国。从 2014 年 1 月起,铁路运输和邮政服务业纳入"营改增"试点的行业范围,同年 6 月电信业也被纳入试点范围。自 2016 年 5 月起,"营改增"试点在全国范围内全面推开,将建筑业、房地产业、金融业、生活服务业等全部纳入试点范围,至此我国实现增值税对货物和服务的全覆盖,由缴纳营业税改为缴纳增值税,而营业税则在试点完成后退出历史舞台。同时,为了保持中央和地方财力格局总体稳定,国务院公布了《全面推开营改增试点后调整中央与地方增值税收入划分过渡方案》,过渡期暂定 2~3 年,并规定自 2017 年 7 月起,将增值税税率由四档税率减至 17%、11% 和 6% 三档,取消 13% 这一档;将农产品、天然气等增值税税率从 13% 降至 11%。

第四,资源税改革顺利推进。2014 年 12 月 1 日,全国实现煤炭资源税从价计征,同时全面清理涉煤收费基金。2015 年 5 月 1 日资源税从价计征改革覆盖稀土、钨、钼三个品目。从 2016 年 7 月 1 日起,全面推进扩大资源税征收范围、清费立税、从价计征改革。河北省启动水资源税试点;各地根据实际情况逐步将森林、草场、滩涂等资源纳入资源税征收范围;实施绝大部分矿产资源税从价计征改革;同步全面清理收费基金,理顺资源税费关系。

第五,环境保护税法正式出台。在走过 6 年立法之路、历经两

---

① 高培勇、汪德华:《本轮财税体制改革进程评估:2013.11~2016.10》,《财贸经济》2016 年第 11 期,第 5~17 页。

次审议后，2016年12月25日，十二届全国人大常委会第二十五次会议表决通过了《中华人民共和国环境保护税法》，在2017年12月制定了《环境保护税法实施条例》，由此配合环境保护税的开征工作。2018年1月1日，新税种环境保护税正式开征，环境保护税收入全部划归地方。

第六，消费税改革稳中求进。2014年底，取消小排量摩托车、汽车轮胎和酒精等消费税税目，由此拉开了新一轮消费税改革的帷幕。2015年5月10日起，卷烟批发环节消费税税率由5%提高至11%，并在批发环节加征0.005元/支的从量消费税。对电池和涂料新开征消费税，其后又三次提高燃油消费税税负，消费税进入改革密集区。2016年10月1日起，对超豪华小汽车加征10%消费税，化妆品消费税的征收对象调整为"高档化妆品"，税率从30%降至15%，普通化妆品也不再征收消费税。

第七，税收征管体制机制改革已经启动。2015年1月5日，《税收征收管理法》修订草案（征求意见稿）在2013年修正案的基础上再次公开征求社会意见。2017年，《税收征收管理法》被列入当年立法计划，配合个税和房产税的改革而不断修订完善。2015年10月13日，中办国办印发了《深化国税、地税征管体制改革方案》，推出了国地税合作规范，以厘清国税与地税、地税与其他部门的税费征管职责划分，并最大限度便利纳税人、最大限度规范税务人等，其中规定从2019年1月1日起，将基本养老保险费、基本医疗保险费、失业保险费、工伤保险费、生育保险费等各项社会保险费交由税务部门统一征收。

（本章作者：郝宇彪）

第二章 中国居民收入分配现状与趋势

近年来，对我国收入差距变化趋势的判断出现了很多争议，这使得社会政策导向的主张也出现了很大分歧。在2009年以前，衡量收入差距的不同指标都说明我国收入差距呈现出持续扩大的趋势，因此政府、学者和公众持续呼吁要建立一个更加偏向穷人的收入再分配政策。然而，2009年以后，衡量收入差距的不同指标之间却出现了明显分化，不同的研究结果甚至相互矛盾，这使得大家对公共政策改革方向的看法发生了分歧。一些认为收入差距水平仍然较高的学者，主张要继续实施对穷人的偏向性政策，增加对普通劳动者再分配力度（李实，2018）；而另一些认为收入差距已经显著缩小的学者，则主张要修改劳动合同法，降低职工工资并增加对企业家和资本的保护力度（楼继伟，2016）。如果不能对收入分配差距走向这个基本问题做一澄清，那么现在关于劳动工资是否过高、是否要加大对劳动者的再分配力度等的讨论就没有意义。下面我们将从收入差距的度量指标出发，讨论当前我国收入分配研究中存在的问题，并对我国收入分配差距的变化趋势进行判断，由此得出相关结论。

一 衡量收入差距的不同指标及其走向

判断收入分配变化至少有6个指标，包括居民收入增速、高低10%收入比、财产性与工资性收入比、劳动收入占比、基尼系数、收入流动性等，涉及工资差距、收入差距和财产差距三个方面。在过去，这6个指标在三大方面都呈现出一致的发展态势，因此关于我国收入分配发展趋势的判断也就相对简单。然而，2009年以来，这几个指标在收入分配领域却出现了完全不同的走向，因而对我国收入分配发展趋势的判断就出现了争议。

从收入差距的基尼系数指标来看，从2008年的0.491连续7年下降到2015年的0.462，但在2016年上升到0.465，而2017年则更是进一步提高到0.469左右（国家统计局，2016）。国家发改委就业分配司（2017）认为，"从农村居民高低收入组间比率来看，我国收入差距水平从2010年的7.51持续提高至2017年的8.97"。另外，从财产性与工资性收入比率等指标来看，居民财产存量的高速增长，使得财产性收入快速提高。国家统计局（2016）的结论显示，"全国财产性收入占比也从2009年的2.3%提高至2017年的8.1%，由此近年来的财产性与工资性收入比率持续提高，而且居民财产性收入在不同人群间的分布差距较大，并呈不断扩大态势"。随着近年来财产性收入占比的持续提高，财产性收入差距对总体收入差距的贡献率也在不断加大，从而收入差距和财产差距的关联性得到进一步增强，这显著增加了调节收入差距的难度。

从收入差距的阶层流动性、代际相关性等指标来看，我国近年来分配差距水平也有一定的扩大趋势。在当前的经济现实下，低收入群体逆转加入到高收入阶层的可能性在降低，从而收入流动性在下降。阳义南和连玉君（2015）的研究就表明，家庭收入地位对子代收入地位的影响在2010年、2012年都比2008年显著上升，居民收入的代际相关系数从2009年的0.46提升至2013年的0.51和2015年的0.52。这说明社会上层封闭性增强，社会下层向上流动的机会日趋减少。如果社会阶层出现固化，上下流动机制被终结，则会引起社会低收入群体的不安全感和绝望感。李强（2011）提出，"当这种感受积累到一定程度，就成为社会不稳定的潜在来源。"

表2-1 2009年以来我国分配领域不同指标的分化

类别		分配指标或角度	工资差距	收入差距	财产差距
6大分项指标趋势	1	居民不同群体增速趋势	略缩小	缩小	显著扩大
	2	最高和最低10%收入比趋势	扩大	扩大	显著扩大
	3	财产性与工资性收入比率	—	扩大	—
	4	劳动报酬占比趋势	略提高	提高	—
	5	基尼系数趋势	略扩大	略缩小	显著扩大
	6	阶层流动性趋势	缩小	缩小	缩小
2个综合判断	1	当前存量水平	中	高	高
	2	综合近年走向	基本稳定	高位徘徊	显著提高

说明：在对"当前存量水平"的判断中，分配差距高是指差距水平在全球排在最高的10%之列，而"中"是指差距水平排全球所有国家50%左右。

在经济新常态下，我国农村居民收入增速高于城镇居民，从而城乡差距进一步缩小，这在一定程度上推动了我国收入差距水平出现缓和趋势。然而，并不能由此简单判断我国未来的收入差距会稳定缩小。当前在收入分配领域，只有"收入差距基尼系数下降"与"劳动收入占比上升"这2个指标出现好转，而其余4个指标则不但没有出现改善,反而在很大程度上呈现恶化态势,这包括"居民收入增速稳步下滑"、"高低收入比逐渐增加"、"财产性与工资性收入比明显上升"和"收入流动性快速下降",甚至收入分配前端和后端的"工资差距"和"财产差距"都存在显著提高的趋势。综合来看,虽然收入差距基尼系数出现缩小倾向,但不能简单认为我国分配差距会持续降低。

二 我国居民收入差距的变化趋势分析

2009年以后,国家统计局的观点认为,我国居民的收入差距水平逐渐降低,基尼系数水平从2008年的0.491逐渐下降到2014年的0.469和2015年的0.462,基尼系数水平呈现一个稳定的下降过程。然而,杨耀武和杨澄宇(2015)的研究却认为,"虽然2009年后的收入差距基尼系数确实有了略微下降,但这个变化微乎其微,根本谈不上说我国的收入差距水平出现了趋势上的倒转。"在经济新常态下,中国的收入差距水平究竟是持续缩小,还是逐渐扩大?

(一)未来收入差距的上限水平

根据国家统计局数据,全国居民收入差距基尼系数从2009年起,已连续5年下降,由2008年的0.491下降到2015年的0.462。从我国近年来的收入差距走向来看,2009年后由于各种惠农政策和对低收入群体的保护,收入差距水平逐年缩小,这表明过去一系列"提低、扩中和调高"的政策措施有效地干预了收入分配状况,成为扭转收入差距扩大趋势的重要原因。尤其是新型城镇化、低保扶持和减贫政策，更是有效增加了低收入群体的收入水平，从而有助于缩小收入分配差距水平。

另外，政府在过去几年出台了多项收入再分配政策，在某种程度上缓解了收入差距。然而相比其他国家来说，我国收入再分配政策的力度仍显不足。国家统计局的数据显示，低保、税收和社会保障等各种公共政策只减少了初次分配差距的12%左右，也就是说基尼系数由于再分配政策只能降低12%。宋晓梧（2016）的研究结论显示，OECD国家的再分配政策可以缩小收入差距水平的40%左右，远高于我国再分配政策的效果。同样，李实等（2017）发现，医疗保障政策、个人所得税政策、住房公积金政策甚至还在某种程度上起到逆向再分配的作用。这意味着我国收入再分配政策的调节力度仍有待进一步提高。

再次，自中国共产党第十八次全国代表大会启动336项改革措施以来，涉及收入分配领域的约50项改革正在逐渐实施，如国有企业高管限薪、对政府非法所得的反腐败行动等都对"调高"起到有效作用。同时，提高最低工资标准、提高低收入人群的低保标准等政策也会起到"提低"的作用。而且，在已落实的改革措施已经显现调节作用的基础上，根据各部门的工作安排，未来几年还会有一系列的调控政策出台。政府支出也更加注重教育、医疗、卫生和社会保障等民生领域，民生支出占财政支出比重进一步超过75%，这有助于进一步加强再分配政策的调节效果。可以预见到未来收入分配差距难以呈现显著的扩大态势。

（二）居民收入差距的下限水平

根据国家统计局（2018）的统计，2017年国内生产总值增速回落至6.9%，在现行税制体系下，60%以上的税收收入来自间接税，这决定了我国税收收入受经济增速影响很大。如果经济速度下行过快、幅度过大，势必影响财政收入的税收基础。因此，在财政收入增速放缓的新常态下，以税收和社会保障为主要手段的再分配调节机制将面临挑战，通过对弱势人群的转移支付来调节收入差距的能力也会进一步下降。

在过去几十年中，中国的财产差距扩大速度要远远超过收入差距扩大速度。财产差距的基尼系数也从2002年的0.54上升到2012年的0.74，在不到10年的时间里上升了20个百分点。而财产差距急剧扩大，反过来会固化收入差距（万海远，2017）。财产差距实际上是长期收入差距的累积性结果，同时也是未来收入差距的主要成因。尤其是，近年来财产性收入占比的持续提高，再加上财产性收入的分布差距一般都显著高于总体收入的分布差距，因此财产性收入差距对总体收入差距的贡献率也在不断加大，从而收入差距和财产差距的关联性进一步增强。这会显著增加收入差距的调节难度。

过去政府出台了各种调控收入差距的政策措施，归纳起来主要是"提低"、"扩中"和"调高"。虽然这些政策过去在一定程度上改善了收入分配，但在未来几年却面临很大的挑战。一是"提低"的效应逐渐减弱。过去几年，最低工资政策在保护低收入群体并提高弱势群体工资水平方面，起着一定的作用。然而，目前最低工资标准已经到了一个新的阶段,进一步提高有可能会影响部分劳动密集型企业的人工成本,进而损害企业的竞争力。所以,在未来几年中,大幅度提高最低工资水平的可能性并不大。二是"扩中"的效应需要一个长期渐进的过程。一般来说,中产阶级扩张至少需要具备两个条件,即整个经济结构的变化(保持一定比例的高端服务业和制造业)和高等教育的发展(高等教育人群比例需要达到50%以上)。而根据李培林(2014)的研究结论,目前我国的高端服务业和制造业的占比只有13%,而劳动力结构中受过高等教育的比例也低于15%。因此说,扩大中产阶级是一个缓慢的过程,短期内很难达到。三是"调高"的手段还比较欠缺。在当前,综合与分类相结合的个人所得税制尚未建立,还缺少有力的手段来调节高收入人群。虽然目前正在尝试建立对自然人的税收征管制度,但在收入来源多样化、收入监管不透明的大背景下,仍然难以保证短期内对高收入人群的有效征管。所以,短期内交税的人仍可能以工薪阶层为主,而对于高收入人群却没有有效的手段来进行调节。

在收入分配领域,除了差距在不断扩大之外,同样还存在着分配不公的问题。这主要包括以下几方面,即城乡之间的制度分割、垄断与竞争行业之间的差距,以及市场领域中存在各种各样的灰色收入和腐败收入等。解决收入分配不公需要打破垄断,由此缩小垄断行业和竞争行业的收入差别;需要改革财政制度,使得更多的支出倾向于民生和低收入人群;还需要限制政府权力,消除各种非法收入来源,杜绝腐败。然而,通过梳理当前的政策现状,发现这些都难以在短期内得到根本解决,同时也是未来改革的重点和难点所在。

(三) 收入差距水平的范围区间

从过去几年的政策实践来看，虽然一些支农政策和保护弱势群体的政策在一定程度上缩小了整体收入差距，但是这个作用还是比较有限。在未来，惠农政策和对弱势群体的倾斜都具有短期性，收入再分配的政策基础尚未得到根本巩固。影响收入差距最大的几个因素中，包括行业差距、地区差距等仍没有出现有效扭转的局面。特别是，影响我国收入差距的体制、机制性因素和障碍没有从根本上消除，甚至在某些领域还有强化的趋势。综合上述情况来看，我国收入差距既不可能呈现显著上升的态势，也不可能在短期内出现大幅度下降，收入差距基尼系数要降低到 0.40 以下既没必要也不可能。目前收入差距的缩小过程并不是方向性和趋势性的巨大转变，未来的收入差距可能还会处于一个高位徘徊的状态，基尼系数也会稳定地保持在当前的 0.47 左右。在收入再分配政策相对有效的时候，收入差距水平会略有下降，否则收入差距又会有所扩大。据此我们认为，经济新常态下我国居民收入差距的基尼系数可能会保持在 0.45~0.50 之间。

三 居民财产差距的变化趋势

在经济新常态下，我国居民财产差距水平虽然会略有降低，但仍将长期保持在一个较高的水平。到目前为止，我国居民财产分布差距的扩大速度超常，财产差距水平也居全球最高水平之列。万海远（2016）用各种不均等指数衡量的全国、城镇内部、农村内部和城乡之间的居民财产差距都出现了大幅度扩大。在经济新常态下，富有居民的收入增速显著受到影响，在扣除相对稳定的消费或支出之后，其财产增长速度将会显著下降。谢宇、靳永爱（2014）指出，家庭财产水平越低的家庭财产增长幅度越高，如家庭财产在全国排序25%以下的家庭，其平均财产增长幅度高达22.47%，而排序在75%~100%的家庭平均财产增长幅度仅为6.61%。从这个角度来说，居民整体财产差距可能会有下降的趋势。

从我国居民的财产结构来看，居民财产越来越向房产集中。Li and Wan（2015）发现，在房价的助力下，不论在城镇还是农村，房产价值占居民总财产的比重已达到超高的水平。与此相对应的是，金融资产所占比重出现较大幅度下降，而其他资产形式，尤其是生产性固定资产所占的比重则变得无足轻重。在过去的几年中，房产价值占比在上升的同时，房产价值的集中度也在上升，这使得其成为推动居民财产差距扩大最主要的结构性因素。而在经济新常态的背景下，房地产和金融市场也是最容易受到打击的领域，这对高收入群体的居民来说更是如此（高收入群体的财产持有形式主要是房产和金融资产）。因此，在经济总体下行的背景下，高收入群体的财富缩水速度要远高于低收入居民，从而在总体上会降低居民财产差距水平。

根据 Li and Wan（2015）的研究，如果将房价因素对居民财产差距的影响与住房实物量（住房面积和住房质量）的影响分离开来，就会发现在剔除房价因素后，2012年全国居民财产差距基尼系数由之前的0.739下降至0.663，降幅为10.3%，这表明房价确实是左右财产差距的最重要因素。在经济新常态的背景下，房地产业已进入深度调整期，这意味着财产差距也同样会有一定的下降空间。综合

中国税收制度的收入分配效应

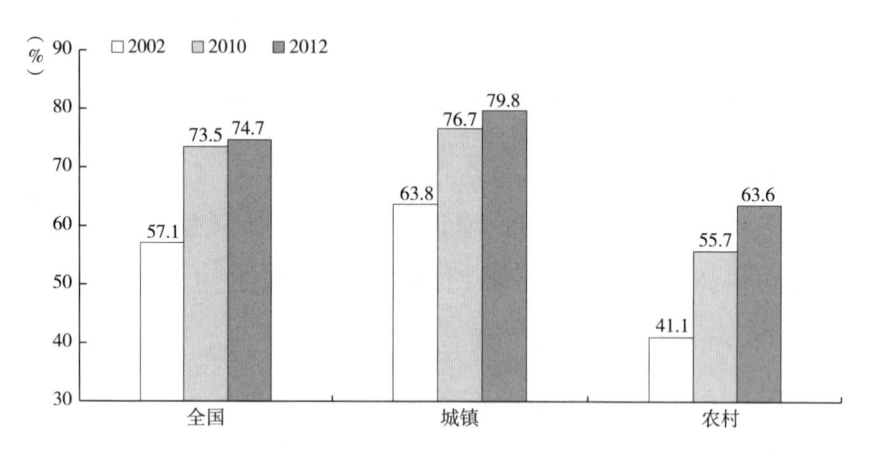

图 2-1 房产占财产净值的比重

资料来源：谢宇、靳永爱《家庭财产》，谢宇等编《中国民生发展报告 2014》，北京大学出版社，2014，第 89 页。

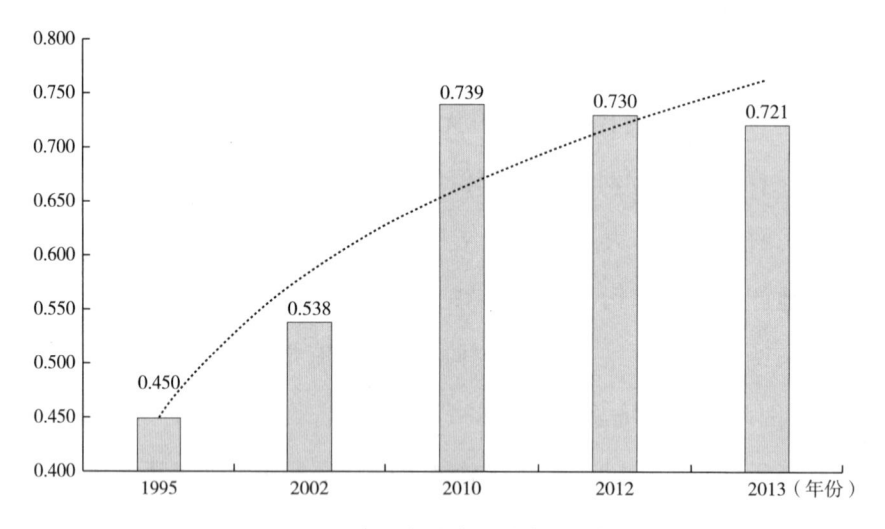

图 2-2 部分年份我国财产差距走向

资料来源：参见李实、魏众、丁赛《中国居民财产分布不均等及其原因的经验分析》，《经济研究》2005 年第 6 期，第 4~15 页；谢宇、靳永爱《家庭财产》，谢宇等编《中国民生发展报告 2014》，北京大学出版社，2014，第 121 页；万海远《收入不平等与公共政策》，社会科学文献出版社，2017，第 82 页。

两方面因素来看，在剔除低收入群体财产增速降低并拉大财产差距的因素之后，我们认为未来居民财产差距水平会略有下降。然而，这个下降的幅度还是非常有限，经济新常态下我国居民财产差距仍会保持一个高位运行的态势。

四 经济新常态下居民收入份额特征

根据国家统计局 2000~2014 年资金流量表数据，在初次分配中，政府收入占国民总收入的比重由 13.1% 提高到 15.2%，企业收入占比由 19.7% 提高到 24.9%，而居民收入占比则由 67.2% 下降到 59.9%，其中占居民收入 80% 以上的劳动报酬在国民总收入的比重由 2000 年的 53.3% 下降到 2012 年的 49.5%（国家发改委就业司，2017）。虽然近年来劳动报酬在国民总收入中的比重有所提高，但是仍然在 50% 左右。可以说，初次分配格局的现状，还表现为"劳动弱、资本强"的分配特点，这是由我国经济社会发展的阶段性特征所决定的，在投资拉动而不是消费推动的发展模式下，这种特征难以在短时期内得到根本改变。

在经济新常态下，政府的税收筹资能力和财政的再分配能力都会有所限制，对居民收入份额的调节能力会显著下滑。所以在不改变资本强、劳动弱的局面下，经济新常态的各种特征只会维持或固化居民部门的弱势地位，从而居民收入份额难以根本改变。另外，在再次分配中，政府可支配收入占国民可支配收入的比重由 2000 年的 14.5% 提高到 2010 年的 18.0%，企业可支配收入占比由 17.9% 提高到 21.6%，居民可支配收入占比则由 67.6% 下降到 60.4%，居民收入占比下降 7.2 个百分点。在 10 年间，居民收入经再分配后的比重有 8 年低于初次分配比重，这说明在以间接税为主的税收体制下,再分配应有的调节功能尚未得到有效发挥。近年来,虽然再分配后的居民收入分配占比有了一定程度的提高,但是再分配前后两者相差也只有2~3个百分点,离国外普遍20%~40%以上的调节力度还有很大差距(国家发改委就业司,2017)。

从发展趋势来看,由于经济进入新常态,居民收入占比的提升既面临有利因素,也面临一系列挑战。一方面,提高收入分配两个比重,是共享发展的题中应有之义,国民收入分配中居民收入占比的提升也是扩大消费需求的重要基础。另一方面,居民收入占比过快提升,尤其是劳动报酬占比的过快增长,则不利于保持我国劳动力成本优势。综上来看,随着经济增长动力的增强和城镇化进程的推进,再加上经济增速回落、劳动力成本上升的影响,两个方向的力量对比基本一致,因此居民收入占比份额有望在前期回升的基础上保持稳定。

五 我国收入分配差距水平的综合判断

从居民收入增速、高低10%收入比、财产性与工资性收入比、劳动收入占比、基尼系数、收入流动性等6个指标来看,我们判断中国收入分配差距水平并不会出现持续、显著降低的态势。从另一个方面来看,虽然收入差距出现缓和,但工资差距逐渐提高、财产差距持续显著增强,这反过来会恶化收入差距问题。一般来说,收入差距、工资差距以及财产差距并不是一回事,但三者之间相互影响、密切联系。在经济高速增长、财富快速积累和金融显著市场化的背景下,工资、收入和财产的转化频率和规模都急剧增长。根据 Li and Wan (2015) 的研究,财产差距通常是收入差距长期累计性的结果,同时也可能成为新的导致收入差距的基础性原因;财产差距与收入差距之间是一种存量与流量的关系,二者之间存在着相互转换的可能。财产差距的直接后果首先是财产性收入的差距。谢宇、靳永爱(2014)的证据表明,财产以及财产分布差距已经成为推动收入差距的重要因素。由于之前财产性收入占比较小,因此还不足以产生财产差距恶化收入分配的问题。但是在鼓励居民拥有更多财产性收入的政策导向下,财产性收入的比重在未来会得到显著提高,从而收入差距和财产差距的关联性会明显增强。从这个角度来看,对工资差距和财产差距的持续扩大也会固化收入分配差距问题,因此我们认为我国未来的分配差距水平仍将在高位持续运行。

综合所有指标来看,我们认为,在经济新常态下,我国的分配差距并不会显著稳步地下降,而是仍将在高位徘徊。近两年城乡一体化带来收入分配的结构性改善,仍然无法改变我国分配差距总量较大的事实。在较长的时期内,我国仍然属于分配差距较大的国家之一。虽然我国收入差距出现了结构性改善,但我们也要清醒地认识到,未来我国的收入分配差距水平仍然会接近0.47这一"危险"状态的数值。当然,一定程度的收入差距与经济发展阶段相适应,我们不必强求居民收入差距水平的大幅度下降。尤其是,随着我国经济的强劲发展,对资本的管制也逐步放开,资本的活力得以充分展现,从而资本的扩张性和缺乏限制性等特点也再次迸发,从而再次铸就了新时代下的收入分配畸形问题,收入代际流动性也再次下降。我国在2008年金融危机以来采取了比较宽松的货币政策,以至于资本价格飞速扩张,资本回报率不仅没有呈现边际递减的趋势,甚至在持续提高,这构成了我国收入差距在高位运行的重要原因。因此说,当前高位运行的收入差距水平，是与我国经济发展方式紧密联系的。大量文献表明，引起收入差距变动的不是经济增长速度，而是增长方式，即是包容性增长还是非包容性增长。即使在低速增长时期，如果低收入人群能够参与经济增长过程，更多地分享到经济增长的成果，那么收入差距也仍会缩小。

当前我国收入差距水平仍然较高，处在跨越中等收入陷阱、缓解社会矛盾的关键时期，过高的收入差距水平会带来一系列的经济社会后果。因此，降低收入分配差距具有很大的必要性。但大幅度降低收入差距的现实基础并不牢固，所以应合理引导社会预期，重点解决收入分配不公的问题，而不是设置不现实、不合理的收入差距调整目标。在未来，收入分配政策总的方向是要在"调高、扩中、提低"方面继续发力，增强收入再分配政策的调节力度。在"调高"方面，对于那些不合理、不合法的高收入群体，应该着重清理非法活动，消除不合理的灰色收入来源，减少非市场垄断力量和行政权力获得的不合理的高收入，从而为公平竞争扫除障碍，并为创新型生产要素发挥更大作用创造良好的制度环境。在"提低"方面，需要进一步增强公共政策的再分配能力，提高对弱势群体的保护力度，尤其是要整顿和理顺收入分配秩序，清理规范隐性收入。在新形势下，虽然我国的经济增速和财政增速都有较大程度地下降，但是也不能以此为理由而显著限制穷人合理分享经济增长的成果，更不能以此为理由而显著减少对普通劳动者的基本保护。任何一个国家，其经济发展的最终目的仍然是改善民生，这一点应该毋庸置疑。

（本章作者：万海远）

第三章　整体税制的收入分配效应

作为最为重要的收入再分配政策之一,税收制度在为政府筹集资金的同时,还承担着调节收入分配、缩小贫富差距的重要作用。那么从调节收入分配的视角来看,我国整体税制结构的作用发挥究竟如何?当前的税制结构有没有起到有效调节收入分配的应有作用?这一作用的变化趋势是怎样的?本章将利用宏微观数据对上述问题进行研究,并回应社会公众所广泛质疑的税收再分配效应问题。

一　我国税制结构的趋势演变与现状

在考察我国整体税制的收入分配效应之前,首先对税制结构的演变趋势与现实状况进行分析。我国税收体系经过历次税制改革的调整后,整体税制结构目前呈现如下特征。

(一)当前我国的税制结构

目前,我国的税收制度共设有18个税种,按照直接税和间接税的划分方法,直接税税种10个,间接税税种8个;按照流转税、所得税和财产税的划分方法,流转税税种8个,所得税税种2个,财产税税种8个。① 具体如表3-1所示。

表3-1 我国现行税种分类

划分种类	税收制度种类	所得税税种
流转税	增值税	间接税
	消费税	
	城市维护建设税	
	印花税	
	资源税	
	烟叶税	
	关税	
	环境保护税	
所得税	企业所得税	直接税
	个人所得税	
财产税	房产税	
	城镇土地使用税	
	土地增值税	
	契税	
	耕地占用税	
	车船税	
	车辆购置税	
	船舶吨税	

资料来源：作者根据国家税务总局网站整理。

图3-1为2017年我国主要税种收入占比情况，2017年"营改增"后增值税的税收收入为71404亿元，占比约为45%，② 是目前

---

① 需要说明的是，本书除本章对整体税制结构进行分析外，重点选取了增值税、企业所得税、消费税、个人所得税、房产税和遗产税进行单独研究，这样选取的标准一方面考虑到各税种在整体税制中的比重，另一方面也是考虑到当前税制改革的热点税种。
② 本节中的占比数据均根据各税种2017年的税收收入除以除环境保护税、船舶吨税外的现行各税种总税收收入计算获得。由于2017年尚无年鉴数据，部分数据由国家税务总局或财政部网站获得，或存偏差。

比重最大的税种。企业所得税税收收入为 32337 亿元，占比 20.4%，是比重第二大的税种。消费税和个人所得税的占比分别为 7% 和 7.5%。在 2016 年全面实施"营改增"之后，营业税退出历史舞台，而环境保护税已于 2018 年 1 月 1 日正式开征。

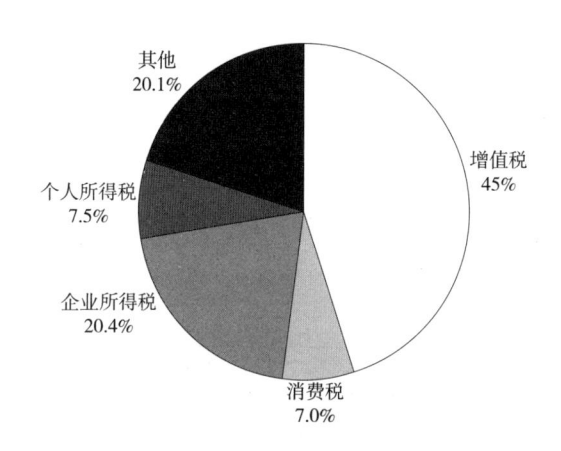

图 3-1　2017 年我国分税种收入占比
资料来源：根据国家税务总局与财政部网站数据整理。

（二）增值税比重下降，企业所得税比重上升，消费税、个税占比稳定

从时间维度看，图 3-2 显示了我国现行的主要税种占税收收入总额比重的变化情况。从图 3-2 中可以看出，增值税一直是我国非常重要的一个税种，虽然近年来在整体税制结构中所占的比重呈现较为明显的下降趋势，但在各税种中其占比始终保持最高。2016 年我国全面推开"营改增"，营业税所占比例部分转移至增值税，增值税占比在 2017 年出现明显上升，达到 45% 左右。消费税所占比例近年来相对稳定，保持在 7%~8%。而企业所得税所占比例总体呈上

升趋势，2017年企业所得税占比达到20%左右。但是另一所得税税种即个人所得税的占比一直较低，维持在6%左右。

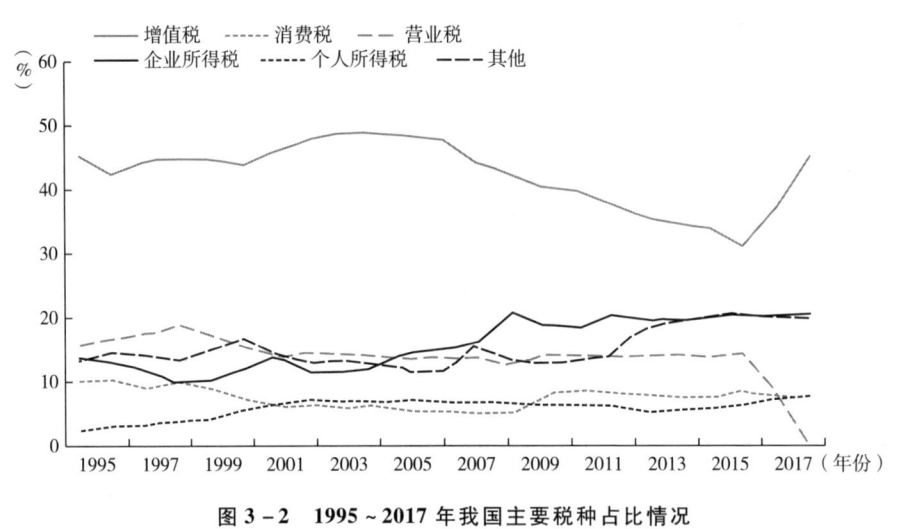

图3-2 1995~2017年我国主要税种占比情况

资料来源：《中国统计年鉴》、《中国税务年鉴》、国家税务总局与财政部网站相关数据整理计算。

（三）间接税比重下降，直接税比重上升，但间接税仍占主体

按照税负负担是否可以转嫁，可以把我国的税种划分为直接税和间接税。图3-3展示了1995~2017年我国直接税和间接税的结构变化趋势。总体来看，间接税比重呈现持续下降的趋势，同时直接税占比呈现不断上升趋势，直接税和间接税占比呈现向中间靠拢的状态趋势。截止到2017年，我国间接税比重下降到60%左右（59.2%），直接税比重上升到40%左右（40.8%）。

（四）流转税比重下降，所得税与财产税比重上升

按征税对象，我国的税种主要划分为流转税、所得税和财产税

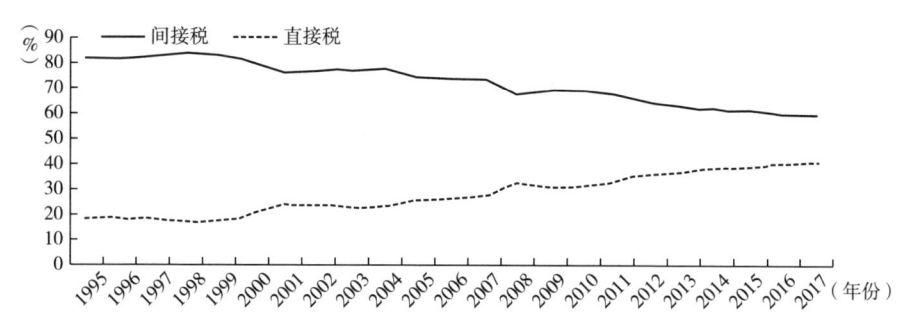

图 3-3　1995~2017 年我国直接税和间接税占比情况

资料来源：根据《中国统计年鉴》、《中国税务年鉴》、国家税务总局与财政部网站相关数据整理计算。

三类。图 3-4 所示为 1995~2017 年我国流转税、所得税和财产税三类税收的结构变化趋势图。从图 3-4 中可以看出，1995 年以来，我国流转税占总税收收入的比重总体呈下降趋势，所得税和财产税比重呈上升趋势。具体来说，我国流转税所占比重从 1995 年的 80% 左右下降到 2017 年的 60% 左右，下降了 20 个百分点左右。所得税所占比重则从 1995 年的 16% 左右增加到 2017 年的 28% 左右，增加了 12 个百分点左右，而财产税所占比重则从 1995 年的 2% 左右上升到 2017 年的 13% 左右。

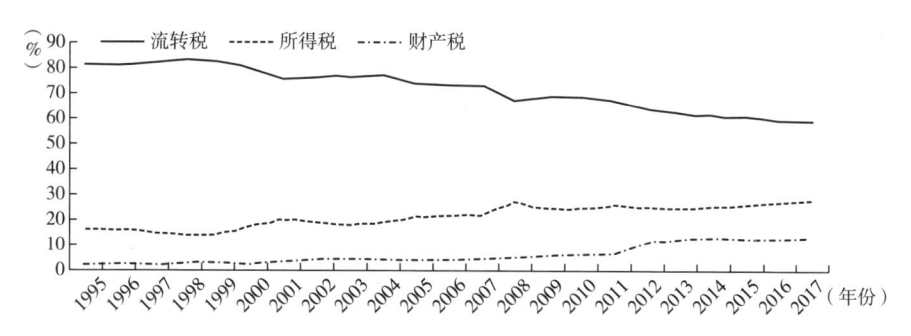

图 3-4　1995~2017 年我国流转税、所得税、财产税占比情况

资料来源：根据《中国统计年鉴》、《中国税务年鉴》、国家税务总局与财政部网站相关数据整理计算。

二 整体税制的收入分配效应

下面重点对我国税制结构的收入分配效应进行实证测算。在数据方面，本部分将综合采用中国家庭收入调查（CHIP）2013年微观数据，并结合2013年资金流量表、《中国税务年鉴2014》中的宏观数据，对2013年税制结构的收入分配效应进行测算，并与2007年结果进行纵向比较。其中，住户层面的微观数据采用中国家庭收入调查（CHIP）2013年数据，全国消费支出总额、财产收入总额、劳动报酬总额等宏观数据来自2013年资金流量表，分税种税收数据来自《中国税务年鉴2014》。

经整理，共获得中国家庭收入调查（CHIP）2013年数据中的家庭住户18187户，其中城镇住户6866户，农村住户10551户，流动人口住户770户，样本覆盖北京、辽宁、广东、江苏、山东、山西、安徽、河南、湖北、湖南、重庆、四川、云南、甘肃、新疆15个省份。在计算过程中，我们对样本进行了加权，以使研究结果具有全国层面代表性。

（一）按消费支出分摊的税负具有累退性特征，按工资性收入和财产性收入分摊的税负具有累进性特征

为观察数据的总体特征，首先对所用数据的主要指标进行描述性统计分析，包括人均可支配收入、人均总消费支出、人均工资性收入和人均财产性收入等（见表3-2）。从表3-2中可以看出，首先，人均总消费支出与收入的比率随收入水平的上升而下降，这意

味着按照消费支出分摊的税负具有累退性特征；其次，人均工资性收入的比重总体上随收入的增加而上升，这说明按照工资性收入分摊的税负具有累进性特征；最后，人均财产性收入与人均可支配收入的比率也随着收入水平的提高而上升，这说明按财产性收入分摊的税负也是累进的。

表 3-2 全国住户主要指标描述性统计

单位：元

收入十等分组	人均可支配收入	与人均可支配收入的比率		
		人均总消费支出	人均工资性收入	人均财产性收入
1	2017	2.507	0.361	-0.085
2	4955	1.087	0.320	0.025
3	6957	0.932	0.422	0.032
4	9156	0.831	0.459	0.034
5	11739	0.786	0.543	0.047
6	14954	0.753	0.569	0.063
7	19081	0.724	0.591	0.073
8	24541	0.691	0.569	0.088
9	32903	0.668	0.574	0.106
10	59738	0.630	0.600	0.116

资料来源：利用CHIP2013调查数据、《中国税务年鉴2014》和2013年资金流量表计算所得。

（二）整体税制有效税率随收入的上升而下降，累退性特征明显

有效税率是指纳税家庭的税负总额与其收入总额之比，是分析税收累进性的常用指标之一。整体税制有效税率＝所有税种的家庭总税负额/家庭税前收入总额。为准确计算有效税率，需要首先准确计算家庭的税负总额和家庭税前收入总额。对于家庭税前收入总额，本研究采用中国家庭收入调查（CHIP）2013年数据中的工资性收

入、经营净收入、财产净收入和转移净收入之和。而要计算家庭税负总额,就必须知道每个家庭在每个税种支付的税收额度。由于中国家庭收入调查(CHIP)并未详细给出每个家庭各税种的税收支出,因此需要利用税收的宏观数据进行税负分摊。

对于流转税和个人所得税来讲,税负分摊的方法均较为确定,但对于企业所得税和财产税,由于税负转嫁具有一定程度的不确定性,每个家庭支付了多少额度的企业所得税和财产税就不是十分清楚,因此需要对税收归宿不明确的两类税种采取不同的税收归宿假定[①]。我们参考岳希明等(2014)的做法[②],对企业所得税作出四种税负转嫁假定,对财产税作出三种税负转嫁假定,并将二者组合在一起得到12种税负转嫁方案,然后在其中选择最具代表性的三种结果:适中累退性、最强累退性和最弱累退性来进行分析。表3-3显示了三种不同税收归宿假定下计算出的收入十等分组下的整体税制有效税率。

表 3-3 不同税负转嫁假定下的整体税制有效税率

单位:%

收入十等分组	累退性适中	累退性最强	累退性最弱
1	47.2	58.6	41.3
2	25.1	29.9	22.0
3	22.7	26.2	19.5
4	21.3	24.1	18.3
5	20.7	22.8	17.6

---

① 税负分摊的具体方法详见本章附录。
② 岳希明、张斌、徐静:《中国税制的收入分配效应测度》,《中国社会科学》2014年第6期,第96~117,208页。

续表

收入十等分组	累退性适中	累退性最强	累退性最弱
6	20.4	22.2	17.5
7	19.7	21.1	16.9
8	19.2	20.4	16.9
9	19.4	20.4	17.4
10	19.4	20.0	17.5
全体	20.6	22.2	18.1

资料来源：利用 CHIP2013 调查数据、《中国税务年鉴 2014》和 2013 年资金流量表计算所得。

总体看，有效税率随收入上升而下降最明显的是收入十等分组中的前8组，后2组的有效税率出现有升有降的变化，但变化幅度非常小。这可能是由于个人所得税、企业所得税以及财产税在高收入组存在累进性从而遏制了整体税制的累退性（见表3-4）。有效税率随收入而下降的趋势在第1、第2组最为明显，这可能是由于在消费的惯性以及收入在短期内大幅下滑的共同作用下，第1组家庭在可支配收入微薄的情况下依然保持相对较高的消费，从而导致第1组家庭具有较高的有效税率。但综合来看，无论采取哪一种假定，我国有效税率都随收入的上升而下降，由此表明我国税制整体上是显著累退的。

（三）累退性税种占比较高是整体税制累退性的主要原因

为深入分析整体税制累退性的原因，有必要观察各分税种的有效税率。各税种有效税率=该税种的家庭税负额/家庭税前收入总额。表3-4分别展示了增值税、消费税、营业税、其他间接税、个人所得税、企业所得税和财产税等各个税种有效税率的计算结果。

从表 3-4 中可以看出，增值税、消费税、营业税和其他间接税的有效税率随收入的增加而呈现明显的下降趋势，累退性特征较为显著。从个人所得税来看，其有效税率随着收入的增加呈现明显的上升趋势，累进性特征明显。[①] 资本所有者和从业人员各承担一半税负转嫁假定下的企业所得税也呈现明显的累进性特征，有效税率随着收入的增加呈现明显的上升趋势。而对于财产税而言，其有效税率在前 5 组随着收入的增长而降低，后 4 组则随着收入的增长而上升，呈现出 U 形变化。相比于增值税等明显累退的税收，财产税在中高收入组表现出一定的累进性，这在一定程度上有利于收入分配的调节。

表 3-4 全国分税种有效税率

单位:%

收入十等分组	增值税	消费税	营业税	其他间接税	个人所得税	企业所得税	财产税	合计
1	23.33	5.73	8.85	3.80	0.01	0.90	4.61	47.23
2	11.75	2.87	4.45	1.91	0.00	1.53	2.56	25.07
3	10.07	2.93	3.82	1.54	0.00	1.99	2.33	22.68
4	9.13	2.79	3.46	1.40	0.01	2.24	2.30	21.33
5	8.57	2.60	3.25	1.32	0.02	2.69	2.21	20.66
6	8.32	2.43	3.16	1.27	0.03	2.97	2.26	20.44
7	7.90	2.19	3.00	1.20	0.06	3.18	2.21	19.74
8	7.53	2.04	2.85	1.14	0.08	3.25	2.33	19.22
9	7.37	2.03	2.79	1.11	0.20	3.48	2.45	19.43
10	6.84	2.01	2.59	1.02	0.70	3.65	2.54	19.35
全体	8.17	2.31	3.10	1.24	0.24	3.09	2.42	20.57

说明：企业所得税按照资本所有者和从业人员各承担一半，财产税按资本所有者和消费者各承担一半。

资料来源：利用 CHIP2013 调查数据、《中国税务年鉴 2014》和 2013 年资金流量表计算所得。

---

① 在最低的三个收入组，个人所得税呈现微弱的累退性特征。

第三章 | 整体税制的收入分配效应

整体来看,全国平均有效税率为20.57%,而增值税、消费税、营业税和其他间接税的有效税率分别是8.17%、2.31%、3.10%和1.24%,累退性税收共占比72.05%。而在累进性税收中,累进性最高的个人所得税仅仅占比1.2%,再加上在特定税负假定下呈现累进性特征的企业所得税占比也仅16.2%。综合来看,累退性税收占比过高是我国整体税制累退性的最主要原因。

(四)增值税、消费税和其他间接税累退性明显,个税累进性明显,企业所得税与财产税的累进性因税负转嫁假定而异

有效税率可以根据收入水平的变化来判断税收的累进性特征,但无法获得累进性大小的确切数值,而Kakwani税收累进性指数则解决了这一问题,其计算方法为:Kakwani指数=税收集中率-税前收入基尼系数。若Kakwaini指数为正数则表示该税种为累进性税收,且绝对值越大表示累进性越强;反之,若指数为负数则表示该税种为累退性税收,且绝对值越大表示累退性越强;如果Kakwani指数等于零则表示该税种为比例税。为进一步考察各税种的性质,下面计算了12种税负转嫁假定下分税种的Kakwani税收累进性指数(如表3-5)。

表3-5 不同税负转嫁假定下分税种累进性指数(全国)

税负转嫁假定		Kakwani 税收累进性指数						
企业所得税	财产税	增值税	消费税	营业税	其他间接税	个人所得税	企业所得税	财产税
1	1	-0.100	-0.083	-0.100	-0.109	0.440	0.183	0.161
1	2	-0.100	-0.083	-0.100	-0.109	0.440	0.183	-0.001
1	3	-0.100	-0.083	-0.100	-0.109	0.440	0.183	-0.065
2	1	-0.100	-0.083	-0.100	-0.109	0.440	-0.036	0.161

续表

税负转嫁假定		Kakwani 税收累进性指数						
企业所得税	财产税	增值税	消费税	营业税	其他间接税	个人所得税	企业所得税	财产税
2	2	-0.100	-0.083	-0.100	-0.109	0.440	-0.036	-0.001
2	3	-0.100	-0.083	-0.100	-0.109	0.440	-0.036	-0.065
3	1	-0.100	-0.083	-0.100	-0.109	0.440	0.080	0.161
3	2	-0.100	-0.083	-0.100	-0.109	0.440	0.080	-0.001
3	3	-0.100	-0.083	-0.100	-0.109	0.440	0.080	-0.065
4	1	-0.100	-0.083	-0.100	-0.109	0.440	0.018	0.161
4	2	-0.100	-0.083	-0.100	-0.109	0.440	0.018	-0.001
4	3	-0.100	-0.083	-0.100	-0.109	0.440	0.018	-0.065

资料来源：利用 CHIP2013 调查数据、《中国税务年鉴 2014》和 2013 年资金流量表计算所得。

从表 3-5 中可以看出，增值税、消费税、营业税和其他间接税的累进性指数在所有不同税收转嫁假定下均取负值，表明其为累退性税收。个人所得税的累进性指数始终为正值，说明个人所得税为累进性税收。这些结论与我们采取有效税率观察法得出的结论基本一致。而企业所得税和财产税累进性指数的正负则因税负转嫁假定的不同而存在差异，企业所得税累进性指数在假定由消费者负担一半时取负值，其他假定下均为正值；财产税累进性指数在假定由消费者负担一部分时取负值，消费者负担的比例越多则累退性越明显。比较企业所得税和财产税的累进性指数变化以及绝对值大小可以得知，无论是企业所得税还是财产税，当税负越来越多地转嫁给消费者时，累退性就会变得越来越强。

（五）整体税制结构的累退性扩大了居民收入差距

税种的累进（退）性特征与收入分配效应之间存在紧密联系，

第三章 | 整体税制的收入分配效应

累进性税收能够有效调节收入分配,而累退性税收则会扩大收入差距。前面我们已经证实了我国整体税制的累退性特征,但其收入分配效应到底有多大,还需要进一步定量测算。对于税收制度收入分配效应的衡量,通常使用 Musgrave 和 Thin 提出的 MT 指数,其计算公式为:MT 指数 = 税前收入基尼系数 – 税后收入基尼系数。当 MT 指数取正数时,税后基尼系数小于税前基尼系数,表明税收制度会缓解收入分配不平等,其绝对值越大,税收制度缓解收入分配不平等的作用越显著;反之,当 MT 指数取负数时,税后基尼系数大于税前基尼系数,表明税收制度会加剧收入分配不平等,其绝对值越大,表示税收制度越不利于改善收入分配。

表 3-6 不同税负转嫁假定下的税收基尼系数和 MT 指数(全国)

税负转嫁假定		税前基尼系数	税后基尼系数	MT 指数	累退性强度
企业所得税	财产税				
1	1		0.425	-0.016	累退性最弱
1	2		0.428	-0.019	
1	3		0.432	-0.023	
2	1		0.432	-0.023	
2	2		0.436	-0.027	
2	3	0.409	0.440	-0.031	累退性最强
3	1		0.426	-0.016	
3	2		0.429	-0.020	
3	3		0.433	-0.024	
4	1		0.429	-0.020	
4	2		0.433	-0.023	
4	3		0.436	-0.027	

资料来源:利用 CHIP2013 调查数据、《中国税务年鉴 2014》和 2013 年资金流量表计算所得。

表 3-6 为不同税收归宿假定下的税前、税后基尼系数和 MT 指

数。从表3-6中可以看出，在所有12种税收归宿假定下，MT指数的取值均为负值，说明我国税收制度对居民收入差距具有扩大效应，加剧了居民收入的不平等，这也是我国整体税制呈现累退性的必然结果。MT指数取值大小因税收归宿假定而异，最弱累退性假定时MT指数为-0.016，最强时为-0.031。这意味着，由于我国整体税制的累退性，可以使我国的基尼系数最高提高3.1个百分点，最低提高1.6个百分点，平均可提高2.2个百分点，整体税制显著扩大了居民收入差距水平。

三 整体税制收入分配效应的城乡差异

（一）农村主要税种的累退性明显高于城镇

在对我国税制的整体收入分配效应进行分析之后，我们进一步区分群体尤其是城乡结构差异。通过比较城镇住户、农村住户和流动人口分税种的累进性指数发现：整体来看，增值税、消费税、营业税和其他间接税在三类群体中都呈现明显的累退性。但从数值大小来看，四类税种最强的累退性都出现在农村，而从个人所得税来看，虽然农村住户、城镇住户和流动人口的个人所得税都表现出明显的累进性，但这一特征在农村地区最弱。企业所得税和财产税的累进性指数因税负转嫁假定而异，而且在农村和城镇之间存在显著区别，农村出现累退性的可能性高于城镇，同为累退性时，农村的累退程度也高于城镇。而对流动人口而言，企业所得税出现累退性的可能性在三类群体中最高，同为累退性时，流动人口企业所得税的累退程度也最高（见表3-7）。

表3-7 不同税负转嫁假定下分税种累进性指数（城乡）

税负转嫁假定		Kakwani 税收累进性指数						
企业所得税	财产税	增值税	消费税	营业税	其他间接税	个人所得税	企业所得税	财产税
城镇								
1	1	-0.069	-0.030	-0.069	-0.075	0.432	0.097	0.124
1	2	-0.069	-0.030	-0.069	-0.075	0.432	0.097	0.016
1	3	-0.069	-0.030	-0.069	-0.075	0.432	0.097	-0.032
2	1	-0.069	-0.030	-0.069	-0.075	0.432	-0.023	0.124
2	2	-0.069	-0.030	-0.069	-0.075	0.432	-0.023	0.016
2	3	-0.069	-0.030	-0.069	-0.075	0.432	-0.023	-0.032
3	1	-0.069	-0.030	-0.069	-0.075	0.432	0.054	0.124
3	2	-0.069	-0.030	-0.069	-0.075	0.432	0.054	0.016
3	3	-0.069	-0.030	-0.069	-0.075	0.432	0.054	-0.032
4	1	-0.069	-0.030	-0.069	-0.075	0.432	0.015	0.124
4	2	-0.069	-0.030	-0.069	-0.075	0.432	0.015	0.016
4	3	-0.069	-0.030	-0.069	-0.075	0.432	0.015	-0.032
农村								
1	1	-0.166	-0.119	-0.174	-0.177	0.398	0.264	0.203
1	2	-0.166	-0.119	-0.174	-0.177	0.398	0.264	-0.032
1	3	-0.166	-0.119	-0.174	-0.177	0.398	0.264	-0.110
2	1	-0.166	-0.119	-0.174	-0.177	0.398	-0.098	0.203
2	2	-0.166	-0.119	-0.174	-0.177	0.398	-0.098	-0.032
2	3	-0.166	-0.119	-0.174	-0.177	0.398	-0.098	-0.110
3	1	-0.166	-0.119	-0.174	-0.177	0.398	0.111	0.203
3	2	-0.166	-0.119	-0.174	-0.177	0.398	0.111	-0.032
3	3	-0.166	-0.119	-0.174	-0.177	0.398	0.111	-0.110
4	1	-0.166	-0.119	-0.174	-0.177	0.398	-0.017	0.203
4	2	-0.166	-0.119	-0.174	-0.177	0.398	-0.017	-0.032
4	3	-0.166	-0.119	-0.174	-0.177	0.398	-0.017	-0.110
流动人口								
1	1	-0.083	-0.013	-0.085	-0.083	0.419	0.081	0.123
1	2	-0.083	-0.013	-0.085	-0.083	0.419	0.081	-0.024

续表

税负转嫁假定		Kakwani 税收累进性指数						
企业所得税	财产税	增值税	消费税	营业税	其他间接税	个人所得税	企业所得税	财产税
				流动人口				
1	3	-0.083	-0.013	-0.085	-0.083	0.419	0.081	-0.056
2	1	-0.083	-0.013	-0.085	-0.083	0.419	-0.065	0.123
2	2	-0.083	-0.013	-0.085	-0.083	0.419	-0.065	-0.024
2	3	-0.083	-0.013	-0.085	-0.083	0.419	-0.065	-0.056
3	1	-0.083	-0.013	-0.085	-0.083	0.419	-0.072	0.123
3	2	-0.083	-0.013	-0.085	-0.083	0.419	-0.072	-0.024
3	3	-0.083	-0.013	-0.085	-0.083	0.419	-0.072	-0.056
4	1	-0.083	-0.013	-0.085	-0.083	0.419	-0.068	0.123
4	2	-0.083	-0.013	-0.085	-0.083	0.419	-0.068	-0.024
4	3	-0.083	-0.013	-0.085	-0.083	0.419	-0.068	-0.056

资料来源：利用 CHIP2013 调查数据、《中国税务年鉴 2014》和 2013 年资金流量表计算所得。

（二）累退性税制对城乡低收入群体显著不利

为考察整体税制累进性的城乡差异，我们进一步计算了城镇住户、农村住户和流动人口的 MT 指数，发现无论是城镇住户、农村住户还是流动人口，MT 指数都为负值，这说明在这三类群体中整体税制的收入分配效应都是负向的。从 MT 指数的大小来看，无论在何种税收归宿转嫁假定下，农村 MT 指数的绝对值都最大，这说明农村整体税制的收入分配逆向调节作用最大，而城镇 MT 指数的绝对值始终是最小的。农村 MT 指数的平均值为 -0.046，城镇 MT 指数的平均值为 -0.015，流动人口 MT 指数的平均值为 -0.020，这说明由于税制的累退性，我国农村住户、城镇住户、流动人口的基尼系数分别提高了 4.6 个、1.5 个、2.0 个百分点，农村住户是城镇住户的 3 倍，是流动人口的 2.3 倍，这足以说明累退性税制对低收入群体显著不利（见表 3-8）。

表 3-8　不同税负转嫁假定下的税收基尼系数和 MT 指数（城乡）

税负转嫁假定		税后基尼系数			MT 指数		
企业所得税	财产税	城镇	农村	流动人口	城镇	农村	流动人口
1	1	0.355	0.431	0.340	-0.010	-0.034	-0.014
1	2	0.357	0.437	0.343	-0.013	-0.040	-0.017
1	3	0.360	0.444	0.345	-0.015	-0.047	-0.019
2	1	0.360	0.443	0.345	-0.015	-0.046	-0.019
2	2	0.363	0.450	0.347	-0.018	-0.053	-0.021
2	3	0.365	0.457	0.350	-0.021	-0.060	-0.024
3	1	0.355	0.432	0.344	-0.010	-0.035	-0.018
3	2	0.358	0.439	0.346	-0.013	-0.041	-0.020
3	3	0.360	0.445	0.348	-0.016	-0.048	-0.022
4	1	0.357	0.438	0.344	-0.013	-0.041	-0.018
4	2	0.360	0.444	0.347	-0.015	-0.047	-0.021
4	3	0.363	0.451	0.349	-0.018	-0.054	-0.023

资料来源：利用 CHIP2013 调查数据、《中国税务年鉴 2014》和 2013 年资金流量表计算所得。

四　整体税制收入分配效应的纵向比较

为从时间维度考察整体税制收入分配效应的变化，本研究将前述研究结果与岳希明等（2014）在 2007 年的研究结果进行比较，从而得到若干结论。[1]

（一）间接税累退性越来越强，个人所得税与财产税累进性也不断提高

将 2013 年各税种的累进性指数与 2007 年进行比较发现，2013

---

[1] 由于本研究的方法基本参考岳希明等（2014）的研究，因此研究结果具有一定的可比性。

年间接税（增值税、消费税、营业税和其他间接税）的 Kakwaini 累进性指数普遍比 2007 年的更小，说明我国间接税的累退性越来越强。企业所得税在呈现累进性特征时的累进性相比 2007 年减弱，而呈现累退性特征时的累退性相对 2007 年增强。个人所得税的累进性指数普遍比 2007 年更大，说明个人所得税的累进性越来越强。而对财产税而言，在呈现累进性特征时的累进性相对 2007 年增强，而呈现累退性特征时累退性相对 2007 年更强（见表 3-9）。这反映出我国税制改革提高了间接税和企业所得税的累退性，同时也提高了个人所得税的累进性，财产税的累进性变化则随税收归宿转嫁假定的不同而异。

表 3-9　不同税负转嫁假定下分税种累进性指数比较

企业所得税	财产税	增值税	消费税	营业税	其他间接税	个人所得税	企业所得税	财产税
1	1	-0.046	-0.085	-0.046	-0.048	0.022	-0.014	0.002
1	2	-0.046	-0.085	-0.046	-0.048	0.021	-0.014	0.010
1	3	-0.046	-0.085	-0.046	-0.048	0.020	-0.015	-0.025
2	1	-0.046	-0.085	-0.046	-0.049	0.019	-0.003	0.007
2	2	-0.046	-0.085	-0.046	-0.049	0.019	-0.003	0.010
2	3	-0.046	-0.086	-0.046	-0.049	0.018	-0.003	-0.025
3	1	-0.044	-0.083	-0.044	-0.047	0.020	-0.016	0.013
3	2	-0.044	-0.083	-0.044	-0.047	0.020	-0.017	0.013
3	3	-0.044	-0.083	-0.044	-0.047	0.019	-0.019	-0.023
4	1	-0.045	-0.084	-0.045	-0.048	0.020	-0.002	0.010
4	2	-0.045	-0.084	-0.045	-0.048	0.019	-0.002	0.012
4	3	-0.045	-0.084	-0.045	-0.048	0.018	-0.003	-0.024

说明：表中数据为 2013 年与 2007 年有效税率的差值。

资料来源：2013 年数据利用 CHIP2013 调查数据、《中国税务年鉴 2014》和 2013 年资金流量表计算所得，2007 年数据来自岳希明、张斌、徐静《中国税制的收入分配效应测度》，《中国社会科学》2014 年第 6 期，第 96~117，208 页。

（二）整体税制结构的累退性越来越强，税收调节收入分配的能力在下降

对于整体税制的累进性变化，单纯比较各个税种的累进性变化是不够的，需要进一步观察 MT 指数的变化情况。将 2013 年整体税制的 MT 指数与 2007 年进行比较可以发现，MT 指数在各种税收归宿假定下均出现负值变化，说明我国整体税制的累退性越来越强。在 MT 指数变化值中，最大变化值为 -0.012，最小变化值为 -0.006，平均变化值为 -0.009，说明 2013 年我国整体税制调节收入分配的功能较 2007 年有所下降，至少增加了基尼系数 0.6 个百分点，至多增加了基尼系数 1.2 个百分点，平均增加了基尼系数约 0.9 个百分点（见表 3-10）。

表 3-10 MT 指数纵向比较

税负转嫁假定		2007 年 MT 指数	2013 年 MT 指数	MT 指数变化值
企业所得税	财产税			
1	1	-0.010	-0.016	-0.006
1	2	-0.012	-0.019	-0.007
1	3	-0.014	-0.023	-0.009
2	1	-0.014	-0.023	-0.009
2	2	-0.017	-0.027	-0.010
2	3	-0.019	-0.031	-0.012
3	1	-0.008	-0.016	-0.008
3	2	-0.011	-0.020	-0.009
3	3	-0.013	-0.024	-0.011
4	1	-0.011	-0.020	-0.009
4	2	-0.014	-0.023	-0.009
4	3	-0.016	-0.027	-0.011

资料来源：2013 年数据利用 CHIP2013 调查数据、《中国税务年鉴 2014》和 2013 年资金流量表计算所得；2007 年数据来自岳希明、张斌、徐静《中国税制的收入分配效应测度》，《中国社会科学》2014 年第 6 期，第 96~117、208 页。

（三）农村整体税制的累退性在增强，但城镇整体税制的累退性有减弱

将 2013 年农村和城镇的 MT 指数分别与 2007 年相比较，可以发现，无论在何种税收归宿转嫁假定下，农村的 MT 指数都在变小，说明农村税制结构的累退性在增强，税制对收入分配的逆向调节作用越来越大，但城镇税制结构的累退性有减弱。而从数值比较来看，农村 MT 指数变化的幅度更大，这说明税制结构对农村收入分配逆向调节作用的增加更为明显。农村 MT 指数变化的最大值为 -0.018，最小值为 -0.008，平均值为 -0.013，而城镇 MT 指数变化的最大值为 0.002，最小值为 0，平均值为 0.001，这说明整体税制的收入分配逆向调节作用使农村的基尼系数至多增加了 1.8 个百分点，至少增加了 0.8 个百分点，平均增加了 1.3 个百分点，而使城镇的基尼系数至多下降了 0.2 个百分点，平均下降了 0.1 个百分点（见表 3-11）。

表 3-11 MT 指数城乡差异的纵向比较

税负转嫁假定		城镇			农村		
企业所得税	财产税	2007 年 (1)	2013 年 (2)	(2)-(1)	2007 年 (3)	2013 年 (4)	(4)-(3)
1	1	-0.010	-0.010	0.000	-0.026	-0.034	-0.008
1	2	-0.013	-0.013	0.000	-0.030	-0.040	-0.010
1	3	-0.016	-0.015	0.001	-0.034	-0.047	-0.013
2	1	-0.016	-0.015	0.001	-0.034	-0.046	-0.012
2	2	-0.019	-0.018	0.001	-0.038	-0.053	-0.015
2	3	-0.023	-0.021	0.002	-0.042	-0.060	-0.018
3	1	-0.010	-0.010	0.000	-0.026	-0.035	-0.009
3	2	-0.013	-0.013	0.000	-0.030	-0.041	-0.011
3	3	-0.016	-0.016	0.000	-0.034	-0.048	-0.014
4	1	-0.013	-0.013	0.000	-0.030	-0.041	-0.011

续表

税负转嫁假定		城镇			农村		
企业所得税	财产税	2007年(1)	2013年(2)	(2)-(1)	2007年(3)	2013年(4)	(4)-(3)
4	2	-0.016	-0.015	0.001	-0.034	-0.047	-0.013
4	3	-0.019	-0.018	0.001	-0.038	-0.054	-0.016

资料来源：2013年数据利用CHIP2013调查数据、《中国税务年鉴2014》和2013年资金流量表计算所得；2007年数据来自岳希明、张斌、徐静《中国税制的收入分配效应测度》，《中国社会科学》2014年第6期，第96~117、208页。

五 小结

本章采用中国家庭收入调查（CHIP）2013年微观数据，并结合2013年资金流量表、《中国税务年鉴2014》中的宏观数据，对我国整体税制的收入分配效应进行了实证分析，主要得出以下结论。

（1）从分税种来看，虽然增值税所占的比重总体呈下降趋势，但仍高于其他税种占比，2016年全面推开"营改增"使增值税比例显著上升。消费税所占比例总体来说相对稳定，企业所得税占比总体呈上升趋势，而个人所得税的占比一直较低，维持在6%左右。从整体税制结构的变化来看，我国直接税占比一直呈现不断上升趋势，而间接税比重总体呈现下降趋势，到2017年直接税占比达到40%左右，但目前我国税制结构中仍然是间接税占主体。

（2）我国税制结构整体上仍呈现累退性特征，增值税、消费税、营业税和其他间接税的累退性及其在整体税制中较高的占比是导致整体税制出现显著累退性的主要原因。个人所得税始终表现出累进性特征，而当企业所得税和财产税越来越多地转嫁给消费者时，企业所得税和财产税的累退性变得越来越强。整体税制的累退性特征加剧了收入不平等。从城乡差异来看，农村整体税制的收入分配逆向调节作用比城镇更大。

（3）通过时间纵向比较发现，增值税、消费税、营业税和其他间接税的累退性在不断增强，同时个人所得税的累进性也在不断增强；但从整体税制的累进性来看，2013年之后我国整体税制的累退性在增强，调节收入分配的能力在下降。从城乡差异的横向比较来看，整体税制在农村累退性的增强更为明显，说明税制在农村调节收入分配能力的下降更加明显。[①]

附　录

（一）流转税税负调整与税负分配[②]

1. 流转税税负调整

流转税主要是以商品生产、交换和提供商业性劳动为征税前提，征税范围比较广，另外流转税既对国内商品征税也对国外商品征税，税源比较充足。2013年我国流转税包括增值税、消费税、营业税、

[①] 受数据所限，本章仅对2013年整体税制的收入分配效应进行了分析，而未能对2013年之后尤其是2016年全面"营改增"后我国税制的收入分配效应作出研究，这也将是本研究未来的拓展方向。

[②] 现有税种中船舶吨税是对进入我国港口的国际航行船舶征收的一种税，本研究不予考虑；另有其他税收界定不明确，且额度较小（30万元）未予考虑；环境保护税因2018年才开征本研究也未予考虑。

城市维护建设税、印花税、资源税、烟叶税和关税共八个税种。

在这八个税种中城市维护建设税属于一种附加税,它没有独立的征税对象或税基,而是以纳税人实际缴纳的消费税、增值税和营业税税额为计税依据,分别与消费税、增值税和营业税同时缴纳,因此城市维护建设税可以按各税种的比例分摊至三个税种中。

此外,增值税、消费税和营业税三个税种待分摊的税负总额与统计上的税收收入总额不一致,需要进行调整(见附表3-1~附表3-3)。参考现有文献的做法:

待分摊的增值税总额=国内增值税+进口货物增值税+城市维护建设税按增值税分拆的部分-出口货物退增值税-免抵调减增值税-改征增值税出口退税。其中,应退未退增值税没有相关统计数据支持且预测数额相对较小,因此本研究未予统计。

附表3-1 2013年增值税税负调整

单位:万元

项 目	金 额
国内增值税	289333463
进口货物增值税	132415119
城市维护建设税按增值税分拆的部分	21050596.26
出口货物退增值税	75450746
免抵调减增值税	28544490
改征增值税出口退税	1030895
待分摊的增值税总额	337773047.26

资料来源:《中国税务年鉴2014》。

待分摊的消费总额=国内消费税总额+进口消费品消费税+城市维护建设税按消费税分拆的部分-出口消费品退消费税

附表 3-2 2013 年消费税税负调整

单位：万元

项　目	金　额
国内消费税总额	82939384
进口消费品消费税	8013716
城市维护建设税按消费税分拆的部分	4539711.73
出口消费品退消费税	162272
待分摊的消费税总额	95330539.73

资料来源：《中国税务年鉴 2014》。

待分摊的营业税总额 = 营业税 - 转让无形资产 - 销售不动产 + 城市维护建设税按营业税分拆的部分

附表 3-3 2013 年营业税税负调整

单位：万元

项　目	金　额
营业税	172385361
转让无形资产	1579462
销售不动产	51343079
城市维护建设税按营业税分拆的部分	8604213.01
待分摊的营业税总额	128067033.01

资料来源：《中国税务年鉴 2014》。

2. 流转税税负分配

在计算每个家庭的流转税税负时，除消费税和烟叶税两个税种外，均采用家庭消费支出总额/全国消费总额×该税种税收收入的方法来计算税负分摊金额。由此可以看出，每个家庭所负担的税负大小主要取决于家庭消费支出总额。家庭消费支出还要包括农户自产自销产品折算的消费支出，主要是因为在生产过程中需要有中间产品的投入，会产生一定的纳税额。此外，在实际计算中，受数据所限，增值税并没有进行不同税率下的区别计算。

消费税的税负分配。在计算每个家庭的消费税和烟叶税时，应根据其消费的消费税相应税目支出额以及烟消费支出额计算，而不是像流转税中的其他税目一样根据所有商品的消费支出总额计算。在消费税中，共计15个税目，各个税目之间纳税金额差距很大，但主要集中在烟、酒和小汽车纳税部分。对于烟、酒和小汽车所需要采用的消费税税率，本书参照《中国税务年鉴2014》的划分标准和税率，对香烟采用56%（每标准条调拨价格在70元以上）和36%（每标准条调拨价格在70元以下）两档近似税率来估算；对小汽车采用3%（排气量超过1升，不超过1.5升）、5%（排气量超过1.5升，不超过2升）、9%（排气量超过2升，不超过2.5升）、12%（排气量超过2.5升，不超过3升）和25%（排气量超过3升，不超过4升）五档税率近似估算；至于酒的消费税税率，因为无法得知每个家庭的具体消费酒类，因此难以进行具体的分类，所以统一采取15%的酒类消费税估算。对这三类消费品划分好计算税率后，还要确定每个计算税率所对应的适用家庭范围。我们对调查住户的家庭可支配收入进行升序排序，划分成十等分组，并假定可支配收入越高的组购买质量更好的烟、酒和小汽车，以此为依据确定了计算税率的适用家庭范围。上述三种消费品之外的其他消费品税负由于住户数据中缺少相应的数据且所占比例比较小，采用家庭消费支出总额占全国消费总额乘以未分摊的消费税额来计算（见附表3-4）。

附表3-4 烟、酒、小汽车三类消费税税率划分

消费品	分类依据	官方税率	实际计算税率	适用家庭
烟	每标准条调拨价格在70元以下	约为36%	36%	1~2组
	每标准条调拨价格在70元以上	约为56%	56%	3~10组

续表

消费品	分类依据	官方税率	实际计算税率	适用家庭
酒	白酒	20%	15%	1~10组
	啤酒、黄酒等其他酒类	约为10%		
小汽车	排气量不超过1.0升的	1%	1%	不适用
	排气量超过1.0升，不超过1.5升的	3%	3%	1组
	排气量超过1.5升，不超过2.0升的	5%	5%	2~3组
	排气量超过2.0升，不超过2.5升的	9%	9%	4~7组
	排气量超过2.5升，不超过3.0升的	12%	12%	8~9组
	排气量超过3.0升，不超过4.0升的	25%	25%	10组
	排气量超过4.0升的	40%	40%	不适用

烟叶税的税负分配。烟叶税的税负分配也不应根据家庭消费支出总额计算，而应按照纳税人收购烟叶的收购金额和规定的税率计算。但是在计算家庭烟叶税税负时，目前可以利用的数据只是各个家庭的烟草消费支出，因此我们只能反推收购烟叶的成本，方法是从家庭烟草消费支出中刨除烟草消费的增值税和消费税以及烟草企业的利润，据此得到的数值就可以认为是烟叶的收购金额，然后乘以规定的税率20%，即得到每个家庭的烟叶税税负。

附表3-5所示即为流转税各税种的税负分配方法。

附表3-5 流转税税负分配方法

流转税	税负分配方法
增值税	（家庭消费支出总额/全国消费支出总额）×该税种税收收入
消费税	家庭烟消费税额＋家庭酒消费税额＋家庭汽车消费税额＋（家庭消费支出总额/全国消费支出总额）×全国其他消费品消费税收入
营业税	（家庭消费支出总额/全国消费支出总额）×该税种税收收入
城市维护建设税	按三税比例分摊到增值税、消费税和营业税中
印花税	（家庭消费支出总额/全国消费支出总额）×该税种税收收入
资源税	（家庭消费支出总额/全国消费支出总额）×该税种税收收入

续表

流转税	税负分配方法
烟叶税	[家庭的烟草消费支出 - （烟草消费支出/1.17×0.17）即烟草消费的增值税 - （家庭烟草消费支出×0.36 或 0.56）* 即烟草消费的消费税 - （家庭烟草消费支出×0.1）即假定的烟草企业利润] ×20%
关税	（家庭消费支出总额/全国消费支出总额）×该税种税收收入

* 按收入十等分组的前两组采用0.36的税率，后八组采用0.56的税率。

（二）所得税税负转嫁假定与税负分配

1. 所得税税负转嫁假定

所得税是以所得额为课税对象税种的总称。目前我国征收的所得税中，包括个人所得税和企业所得税两种。其中，个人所得税是以本国公民、居住在本国境内的个人所得以及境外个人来源于本国的所得为课税对象所征收的税，假设其不能转嫁到其他人身上，因此个人所得税应全部由纳税个人负担，从而可知每个家庭的个人所得税税负等于家庭内所有成员的个人所得税总和。

企业所得税是指对我国境内的企业和其他取得收入的组织以其生产经营所得为课税对象所征收的税。与个人所得税不同，企业所得税可以通过提高产品的价格转嫁到消费者身上，也可以通过降低工人工资转嫁到工人身上，因此企业所得税的税负转嫁存在不确定性。为了降低企业所得税税负转嫁的不确定性，本书参照文献做法，采取以下四种税负转嫁假定，并分别计算每个假定对应的税负总额。具体假定内容见附表3-6。

2. 所得税税负分配

对于个人所得税，由于假设其税负不能转嫁，因此家庭中所有成员缴纳的个人所得税总和即为该家庭承担的个人所得税税负。

附表 3-6 企业所得税的税负转嫁假定

类别	假定内容
假定 1	税负由资本所有者承担
假定 2	税负由资本所有者和消费者各承担一半
假定 3	税负由资本所有者和从业人员各承担一半
假定 4	税负由资本所有者承担一半,消费者和从业人员各承担四分之一

对于企业所得税,不同的税负转嫁假定对应不同的税负分配方法:由资本所有者承担的部分,可通过住户调查中每户的财产性收入占全国财产收入总额的比重乘以承担税负数额进行计算;由消费者承担的部分,可按家庭一般生活消费支出占全国居民消费支出总额的比重乘以承担税负数额进行计算;由从业人员承担的部分,可按家庭工资性收入占全国从业人员报酬总额的比重乘以承担税负数额进行计算(见附表 3-7)。

附表 3-7 企业所得税的税负转嫁假定

类别	税负转嫁假定	税负分配方法
假定 1	税负由资本所有者承担	家庭财产性收入/全国财产收入总额×该税种税收收入
假定 2	税负由资本所有者和消费者各承担一半	(家庭财产性收入/全国财产收入总额)×1/2 该税种税收收入 + (家庭消费支出总额/全国消费支出总额)×1/2 该税种税收收入
假定 3	税负由资本所有者和从业人员各承担一半	(家庭财产性收入/全国财产收入总额)×1/2 该税种税收收入 + (家庭工资性收入/全国从业人员报酬总额)×1/2 该税种税收收入
假定 4	税负由资本所有者承担一半,消费者和从业人员各承担四分之一	(家庭财产性收入/全国财产收入总额)×1/2 该税种税收收入 + (家庭消费支出总额/全国消费支出总额)×1/4 该税种税收收入 + (家庭工资性收入/全国从业人员报酬总额)×1/4 该税种税收收入

(三) 财产税税负转嫁假定与税负分配

财产税是以纳税人所有或属其支配的财产为课税对象的一类税收。目前我国征收的财产税包括房产税、城镇土地使用税、土地增值税、契税、耕地占用税、车辆购置税以及车船税。

与企业所得税类似，财产税也存在税负转嫁的不确定性。参照经典研究的做法，本书对房产税、城镇土地使用税、土地增值税、契税及耕地占用税这五种财产税采取以下三种不同的税负转嫁假定，由此产生的负税人分别为资本所有者和消费者，具体如附表3-8。

附表3-8　五种财产税的税负转嫁假定与税负分配

类别	税负转嫁假定	税负分配方法
假定1	税负由资本所有者承担	(家庭财产性收入/全国财产收入总额) ×该税种税收收入
假定2	税负由资本所有者和消费者各负担一半	(家庭财产性收入/全国财产收入总额) ×1/2该税种税收收入 + (家庭消费支出总额/全国消费支出总额) × 1/2该税种税收收入
假定3	税负由消费者承担	(家庭消费支出总额/全国消费支出总额) ×该税种税收收入

至于车辆购置税以及车船税，两税种税收收入不仅有企业保有和购买车辆缴纳的税收，而且有家庭因自用购买车辆所缴纳的税收。由于缺少两税在企业和家庭之间分布的信息，本文参照经典研究的做法，假定车辆购置税和车船税由企业和家庭各承担一半。其中企业负担的部分，按每户的财产性收入占全国财产收入总额的比重乘以对应税种税收总额的一半进行计算；由家庭负担的部分，则需要分开讨论，其中车船购置税按该家庭购车款总额除以 (1 + 17%)，

然后乘以10%的车船购置税率计算。

而家庭负担的车船税则参照当年税务年鉴的划分标准分为五个档次（见附表3-9）。车船税的计算，主要取决于排气量的大小。在住户调查数据中，我们可以得到生活用汽车和摩托车的具体台数，但无法得到具体的排气量和具体的税额标准，所以在计算车船税时统一采取每种标准的平均值进行计算，且对于排气量小于1升和排气量大于4升的不计算在内，主要是这两类汽车的使用量占比非常小，可以忽略不计。

附表3-9 车船税税率划分

税目		官方税额标准	实际计算税额标准	适用家庭
乘用车（按排气量分档）	排气量不超过1.0升的	每年60元至360元	不适用	不适用
	排气量超过1.0升，不超过1.6升的	每年300元至540元	420元/辆	1组
	排气量超过1.6升，不超过2.0升的	每年360元至660元	510元/辆	2~3组
	排气量超过2.0升，不超过2.5升的	每年660元至1200元	930元/辆	4~7组
	排气量超过2.5升，不超过3.0升的	每年1200元至2400元	1800元/辆	8~9组
	排气量超过3.0升，不超过4.0升的	每年2400元至3600元	3000元/辆	10组
	排气量超过4.0升的	每年3600元至5400元	不适用	不适用
摩托车	—	每年36元至180元	108元/辆	1~10组

（本章作者：孟凡强、万海远）

第四章 个人所得税的收入分配效应

一 中国的个人所得税制度

我国最早从1980年开始征收个人所得税。1980年9月10日第五届全国人民代表大会第三次会议审议通过了《中华人民共和国个人所得税法》，并同时公布实施。这一时期的个人所得税主要是适应改革开放政策，为了解决来华工作的外国人所得的征税问题。为了有效调节国内社会成员间的收入差距问题，国务院于1986年1月7日、9月25日分别制定了针对不同纳税主体的个人所得税法。1993年10月31日第八届全国人民代表大会常务委员会将前述三类税法合并统一，并于1994年1月1日开始执行统一以后的《个人所得税法》[1]。总体来看，我国个税法的不断完善是从1980年开始的，我们在本部分中简称为"1980年税制"。后来在1999年、2005年、2007年和2011年又分别进行了修正。最引人关注的修正是在后三次：2005年10月，将工薪所得的免征额从800元提高到1600元，并于2006年1月开始执行；2007年12月29日将工薪所得的免征额再次提高到2000元，

---

[1] 岳树民：《中国税制》，北京大学出版社，2010。

于 2008 年开始执行；2011 年 6 月不仅将工薪所得的免征额提高到 3500 元，也对工薪所得和工商所得的税率结构进行了调整（岳树民，2010）。我们根据相应规定的执行年份，分别将这三次调整后的税制简称为"2006 年税制"、"2008 年税制"和"2011 年税制"。

二 个人所得税设计与收入分配效果的关系

评价税收收入再分配的直观方法是比较税前和税后的收入分布：若税后收入不平等程度下降了，则表明具有较好的收入再分配效果。其中的影响因素可以从两个角度来看，即个税制度的设计和征税对象的个体特征。

（一）个税制度设计

结合已有文献不难发现，从个税制度角度看，单一比例税率的个税制度几乎不能够改变收入分布的形态；有一定起征点或税率结构具有累进性的税制一般能够缩小收入不平等；当社会群体的收入构成差异较大时，分类税制和综合所得税制带来的结果也是不一样的。因而，从制度角度看，大体有三个方面的因素会影响到收入再分配效果，即起征点高低、税率结构和分类税制与综合税制的选择。目前国内外大部分文献都分别讨论过这三个方面的影响。

一般来说，在既定收入分布下，对一部分富人缴税的同时免除一定比例的穷人税收，显然能够缩小收入不平等。当其他条件不变时，再分配效果最佳的起征点方案肯定不是零或者无穷大，而是收入分布中间位置的某个数。具体数值高低决定于整体收入分布的位置，并且受到税率结构的影响。

在税率结构方面，一般情况下累进税率比单一比例税率能够发挥更好的再分配效果，因而几乎所有国家个税的主要成分都采用了超额累进税率。中国2011年税制的工薪所得税使用了七级超额累进税率结构，但是它能否发挥足够的效果，还取决于征税对象的人群特征和收入分布等。

分类税制和综合税制再分配效果的好坏并不单纯依赖制度本身，而是更多地取决于征税对象的特征和税法的执行效率。综合税制根据家庭总收入确定税率，并且可能会考虑家庭内的一些特殊性支出项目。由于家庭内部收入一般是共享的，综合税制在理论上更能体现出"劫富济贫"的思想，可能会有更好的再分配效果。但是，获取每个家庭完整且准确的收入信息并不容易，若执行不到位，偷税漏税情况可能会非常严重。因而，在缴税系统不完善的前提下，分类税制相对而言更具有实际意义。不过，在未来家庭收支信息基本透明的情况下（例如接近当前欧美发达国家的水平），综合税制将是更好的选择。

（二）征税对象特征

从征税对象角度看，主要有四方面的影响因素：①相对于个税起征点的社会平均收入高低；②不同收入段的收入构成差异；③不同类型收入的收入差距；④税收的征收效率。[①] 这里研究的是在税制不变、收入分布变动的情况下，税制再分配效果可能表现出什么样的特点。它在中国国情下理应得到更多重视，因为改革开放以来中国收入分布变化很快，不同于欧美发达国家。中国收入分布变化的同时还

---

① 詹鹏：《我国个人所得税的再分配效果分析》，《北京工商大学学报》（社会科学版）2015年第4期，第16~27页。

表现在平均收入增加、不同人群收入构成的快速变化，采用一成不变的个税制度，或者使用单一年份数据进行的政策评估并不合适。

社会平均收入的高低决定了个税覆盖人群的规模。在发展中国家，由于收入普遍较低，个税真正能够覆盖的人群比例有限，大大限制了个税作用的发挥。[①] 若固定个税制度不变，随着收入水平增加，个税覆盖面增多，在一定时期内很可能会增强个税的再分配效果。但这种增强不一定是持续的，在一定的税率结构下，若绝大部分人都需要缴纳最高税率，那么相当于个税从累进税率变为单一税率了，税制再分配效果肯定会下降。不过，后者只是理论上的存在，现实中分级税率的界限若低于一定水平，政府一般会及时进行调整。

收入构成差异是造成个税负面效果的主要原因。总的来看，最主要的两类构成是劳务收入（包括工资性收入等）和资本收入。前者一般集中于中低收入群体，而后者一般集中于高收入群体。理论上，若需要个税发挥更好的再分配效果，应加大资本性收入的征税，但在人员可以在国家之间自由流动的社会背景下，可能会导致大量优秀人才和资本外流。因此，确定一个让更多人接受并且执行的方案并不容易。

收入不平等程度也会对个税再分配效果产生影响。若绝大多数人集中于同一税率组，累进税制的累进性效果肯定会受到削弱。不过，一般情况下在短期内收入差距的变动不会非常大，因而总的影响可能比较微弱。最后，税收的执行效率是困扰税制改革的难点之一。公民的纳税意识、偷逃税审查和惩罚力度、法制健全程度等都可能影响个

---

① 詹鹏、徐建炜：《应该对富人征收更重的个人所得税吗？》，李实、岳希明《〈21世纪资本论〉到底发现了什么》，中国财政经济出版社，2015。

税的实际执行效果（徐建炜等，2013）。中国的税制改革也必须依赖于法制、信息等基础性系统逐步完善才能更好地向前发展。

三　动态评价个税制度的收入再分配效应

鉴于前述可能影响个税效果的两方面因素，我们需要动态地看待税制的优劣。应用微观住户数据的文献大都认为，2011年新税制降低了个税的再分配效果和累进性[1]，并据此认为2011年税制在再分配方面的功能比2008年的旧税制要弱。不过，这个结论主要基于2009年及之前的住户数据，随着收入分布特征的变化，2011年税制的再分配效果不一定是最差的。

（一）居民收入特征与个税的关系

表4-1报告了1988~2013年我国不同收入的构成趋势。[2] 总的来说，过去30年的收入变化主要体现在三个特征：平均收入水平不断提高；工资性收入占比逐渐下降；经营性收入和财产性收入占比逐渐增加

---

[1] 岳希明、徐静：《我国个人所得税的居民收入分配效应》，《经济学动态》2012年第6期，第16~25页；岳希明、徐静、刘谦等：《2011年个人所得税改革的收入再分配效应》，《经济研究》2012年第9期，第113~124页；徐建炜、马光荣、李实：《个人所得税改善中国收入分配了吗——基于对1997~2011微观数据的动态评估》，《中国社会科学》2013年第6期，第53~71页。

[2] 对表格具体结果的解释参考赵人伟、里基·格里芬、朱玲等《中国居民收入分配研究》，中国社会科学出版社，1994；赵人伟、李实、李思勤《中国居民收入分配再研究》，中国财政经济出版社，1999；李实、史泰丽、古斯塔夫森《中国居民收入分配研究Ⅲ》，北京师范大学出版社，2008；李实、佐藤宏、史泰丽《中国收入差距变动分析：中国居民收入分配研究Ⅳ》，人民出版社，2013；李实、岳希明、史泰丽等《中国收入分配格局的最新变化——中国居民收入分配研究Ⅴ》，中国财政经济出版社，2017。

(见表4-1)。全国的收入差距在最近30年不断扩大，目前仍处于高位[①]。不过，根据国家统计局公布的分组数据，城镇内部收入差距在2008年之后似乎有下降的趋势，城镇最低收入组的名义增加率明显快于高收入组，而农村居民内部的收入差距仍保持在高位（见图4-1和图4-2）。

表4-1 不同年份的城乡收入构成

单位：元，%

类别	年收入					实际收入增长率			
年份	1988	1995	2002	2007	2013	1995	2002	2007	2013
城镇									
人均总收入	1330	4794	8380	16445	27143	6.8	6.8	11.8	5.5
工资性收入	1107	3825	6088	11305	17372	6.1	5.3	10.6	4.2
经营性收入	13	34	291	1216	2076	2.4	34.2	30.0	6.1
财产性收入	11	83	108	175	2795	18.8	2.3	7.6	54.0
转移性收入	200	853	1894	3749	4900	9.4	10.5	12.0	1.5
农村									
人均总收入	—	—	—	4263	9795	—	—	—	11.4
工资性收入	—	—	—	1727	4254	—	—	—	12.6
经营性收入	—	—	—	2242	3592	—	—	—	4.9
财产性收入	—	—	—	117	558	—	—	—	25.7
转移性收入	—	—	—	176	1390	—	—	—	36.8

说明：①这里的收入定义与国家统计局的收入定义一致，不包含自有住房估算租金。因而，结果与赵人伟等（1994）、赵人伟等（1999）、李实等（2008）、李实等（2013）等不同。②以上结果均为按当年价格计算的名义收入。③实际收入增长率分别按照城镇和农村CPI进行调整。若2013年为价格基准（2013=1），1988~2007年的城镇累计物价指数分别为0.2947、0.6718、0.7430、0.8345，农村累计物价指数分别为0.2991、0.6672、0.7287、0.8297。根据国家统计局城乡居民消费物价指数（CPI）计算得到。

资料来源：作者根据CHIP数据计算得到。

[①] 李实：《中国收入分配格局的变化与改革》，《北京工商大学学报》（社会科学版）2015年第30卷第4期，第1~6页；谢宇、靳永爱：《中国民生发展报告（2014）》，北京大学出版社，2014。

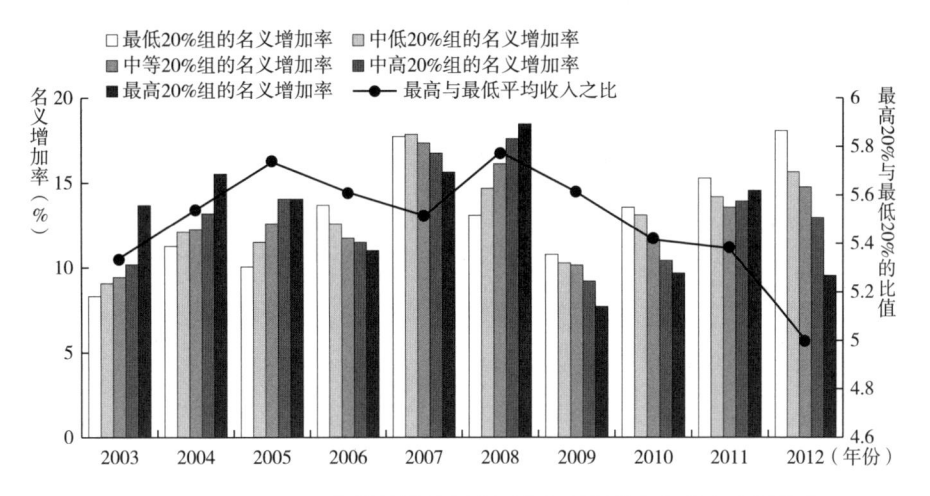

图 4-1　2003~2012 年城镇居民可支配收入不同收入组的名义增长率

资料来源：国家统计局网站（http：//data.stats.gov.cn），经作者计算得到。

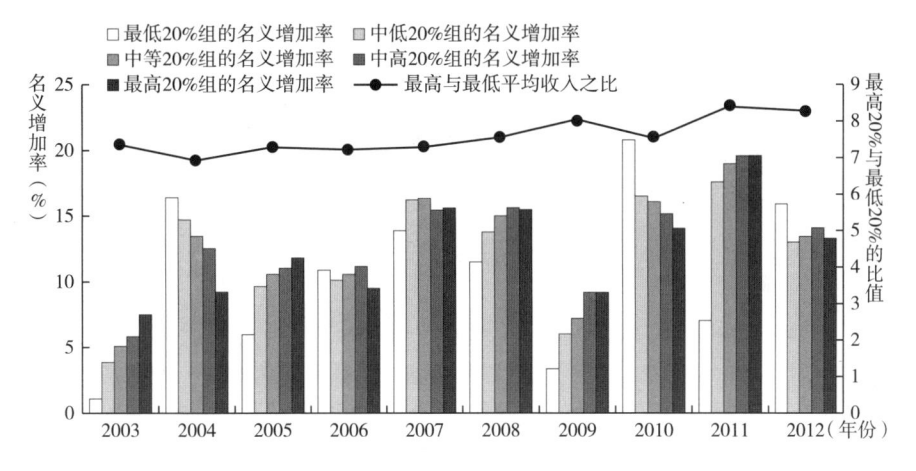

图 4-2　2003~2013 年农村居民人均纯收入不同收入组的名义增长率

资料来源：国家统计局网站（http：//data.stats.gov.cn），并经作者计算得到。

由于目前的个税是分类征收的，收入构成的变化可能会导致整体个税效果的变化。例如，工资性收入的整体占比下降，针对工资性收入的分级税率结构的效果将会缩小，最终个税的整体收入再分配效果可能会下降。下一节的推算将进一步展示收入构成的变化与个税再分配效果的关系。

图 4-3 报告了 2002 年至 2013 年城镇和农村个人总收入的密度分布曲线。这里需要注意，图 4-3 主要是为了辅助下一节的个税分析，并没有将家庭总收入平摊到家庭成员，而是原始的个人总收入。这样做会导致图中的密度分布曲线比我们一般理解的收入不平等更严重。然而它并不是用来计算基尼系数，而是为了更直观地了解"到底有多少人需要缴纳个人所得税"，以及"在每一个级别的税率上大概有多少比例的人群"。同时，这里的曲线是个人总收入，实际上工资性收入应在这个曲线左边。

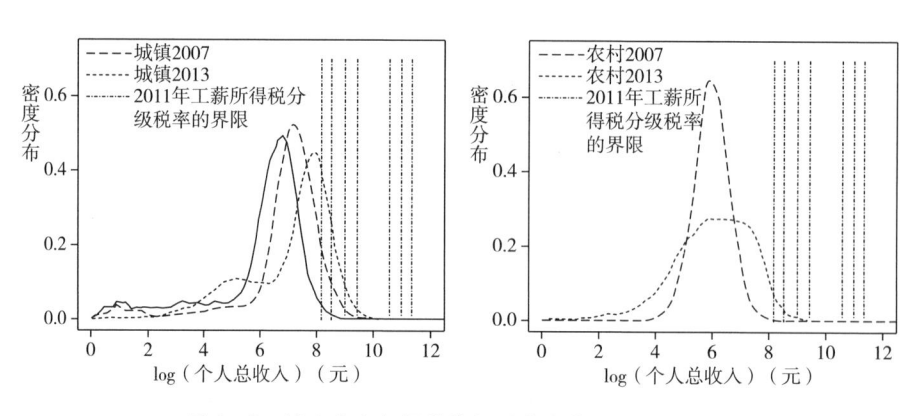

图 4-3 城乡个人每月总收入（名义收入）对数曲线

说明：①这里将年收入除以 12 得到每月收入。②这里的结果与一般的收入分布图有所差异。一般的收入分配研究中会将家庭内部收入平均分摊给每位家庭成员，然后计算收入不平等指数或绘制收入分布图。然而，个税是本部分主要研究内容之一，若将家庭收入平摊给每个人，将低估个税支出。因而，这里的收入分布图是按照个人原始总收入绘制得到。③图中的竖线为 2011 年个人所得税制规定的工薪所得税结构，它的分界点分别是 3500 元、5000 元、8000 元、12500 元、38500 元、58500 元、83500 元等（中国注册会计师协会，2013a）。④2007 年农村个人每月总收入的密度分布曲线存在一定误差，因为由于数据所限，2007 年农村个人总收入是由家庭总收入除以家庭成年人口数得到。由于家庭内部的个人收入往往存在差异，这种处理会抹掉家庭内部差距。因而，上图农村部分 2007 年收入对数密度曲线过于集中。

资料来源：根据 CHIP 数据计算得到。

作为参考，图 4-3 中也给出了 2011 年个人所得税中工薪所得税分级税率的分界值（图 4-3 中竖线）。不难发现，2002 年和 2007

年绝大部分人不用缴纳个人所得税。随着收入的增加，城镇群体中一部分人的个人月总收入超过了3500元的界限，但是人数占比仍然较低。而对于农村，即使在2013年也只有极少数人缴纳个税。因而很多关于个税的研究直接忽略农村部分。不过，随着新时期收入水平的持续提高，农村居民收入的密度曲线也会逐渐进入需要征缴个税的范围，从而需要缴税的人群比例也会逐渐增加。

（二）基于微观数据的个税再分配效应

表4-2和表4-3报告了5个年份数据在四类税制下的收入再分配评估结果，包括总体收入再分配效果、横向不公平和纵向不公平的估算。其中总体收入再分配效果的指标是收入再分配差距变化，即基尼系数下降的幅度；横向不公平表示相同收入水平的人纳税比例的不公平程度，而纵向不公平表示不同收入水平的人纳税比例差异性的不公平程度。在此基础上可以从两个角度理解这些结果。从横向维度，可以比较历次税制改革带来的再分配效果变化；从纵向维度，可以比较某一税制在不同时期的再分配效果。

第一，历次税制改革削弱了个税再分配效果。若仅考虑2007年及之前的结果，三轮个税改革都减小了收入再分配效果。但对于2013年数据，2006年税制和2008年税制的收入再分配效果都比1980年税制更好。如岳希明等（2012）和徐建炜等（2013）均采用了2009年及其之前的数据进行测算，他们的结论与本部分结果是一致的。随着平均收入增加和收入结构的变化，虽然以提高起征点为主的个税改革对收入再分配效果的影响并不是单一的，但总体上历次税制改革都削弱了个税的再分配效果（见图4-4）。

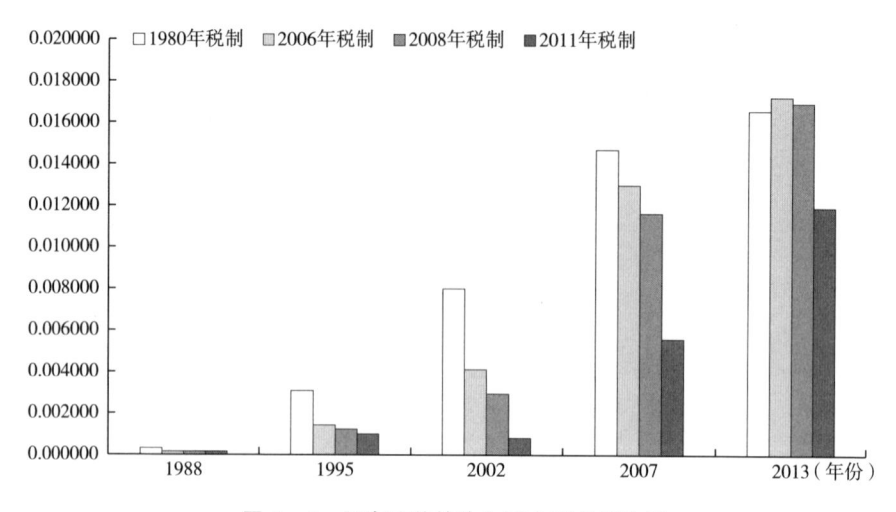

图 4-4 历次改革的收入再分配效果比较

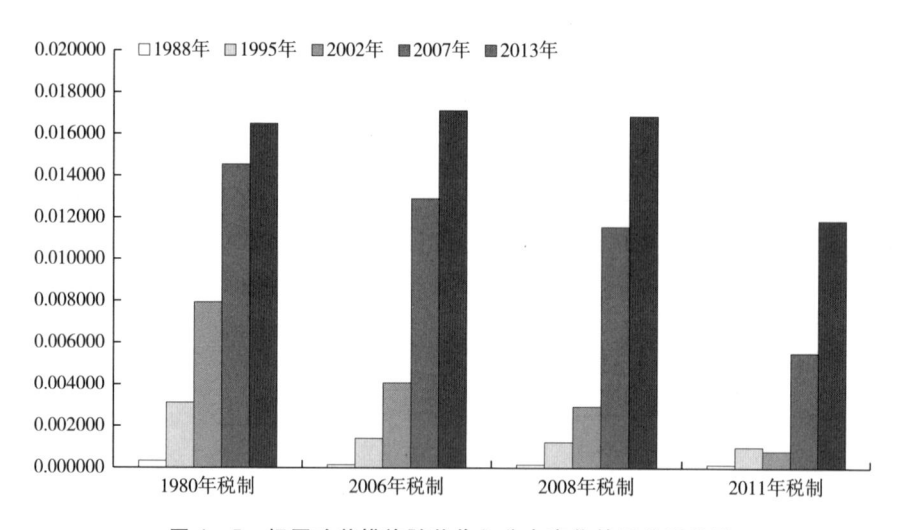

图 4-5 相同改革措施随着收入分布变化的再分配效果

第二,对于同一套税制,随着时间推移其正向收入再分配效果基本上都会逐渐上升。出现这个结果的主要原因是,由于需要缴纳个税的人群比例仍然较低,随着时间的推移会出现居民收入的显著增长和收入分布的整体右移,需要缴纳个人所得税的人群比例会明显增加,即个税会逐渐覆盖到更多人群,整体的平均税率会不断上

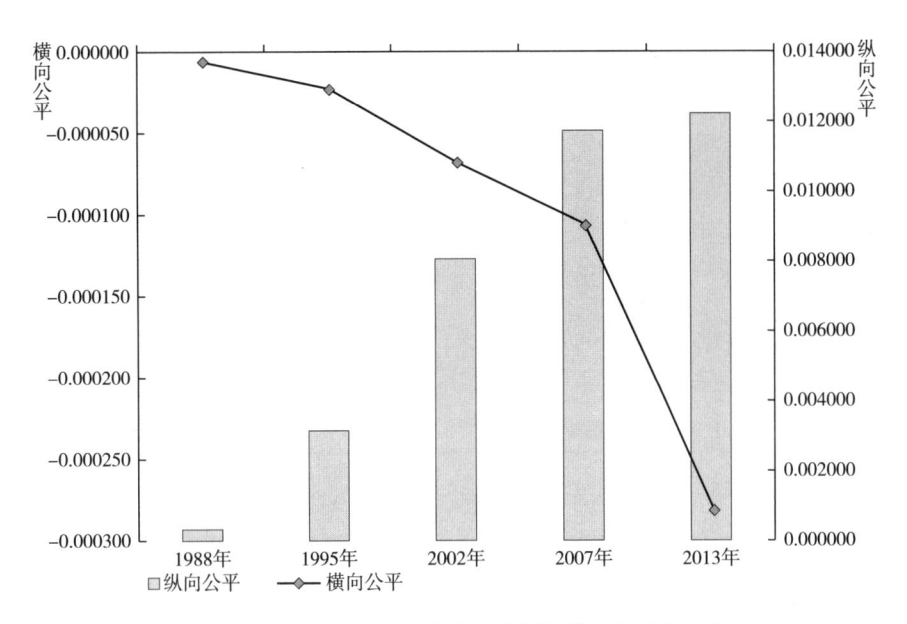

图 4-6　1988~2013 年横向不公平和纵向不公平趋势

升，个税再分配效果也会越来越明显（见图 4-5）。

第三，若将收入再分配效果按横向公平和纵向公平分解，收入再分配效果的提升仅仅来源于纵向公平的提高，而横向公平程度却逐渐恶化。横向公平指相同收入水平的人应缴纳相同比例的税收。然而，无论采用哪种税制进行评估，1988~2013 年横向公平指数都大幅下降。其主要原因是收入来源多样化，收入构成比例逐渐复杂化。这样在改革税制方案时，考虑的因素就不能仅限于工薪收入，资产性收入及其他收入来源也应充分考虑。这也给综合所得税的推行带来更大难度，因为在收入多样化之后获取各种收入信息的难度会更大（见图 4-6）。

第四，从税制累进性看，个税改革对实际税率累进性影响出现倒 U 形现象。根据 2013 年数据进行评估，历次税制改革增强了个税累进性程度；根据 1988 年数据推算，历次税制改革减弱了个税累进性程度；根据 2002 年数据计算，当采用 2008 年税制时累进性指数取值最高（见图4-7）。由于1988年名义收入比2013年低很多，若个税起征点的位置在2013年收入分布的中等偏右某处，那么它应该在1988年收入分布的最右端。因而，当固定收入分布，将起征点不断增加时（从中间位置向右移动），个税的累进性预期会先增加后减小。也就是说，以起征点提高为主要方式的个税改革对实际税率结构累进性的影响呈现先增加后下降的倒U形特征[1]。

表4-2 不同税制对不同时期城镇家庭的收入再分配效果

年份	指标	不同税制			
		1980年税制	2006年税制	2008年税制	2011年税制
2013	再分配效果	0.016555	0.017214	0.016905	0.011871
	横向公平	-0.000625	-0.000519	-0.000466	-0.000280
	纵向公平	0.017179	0.017733	0.017371	0.012150
2007	再分配效果	0.014640	0.012993	0.011584	0.005528
	横向公平	-0.000249	-0.000134	-0.000106	-0.000044
	纵向公平	0.014889	0.013127	0.011690	0.005572
2002	再分配效果	0.007972	0.004072	0.002894	0.000792
	横向公平	-0.000067	-0.000017	-0.000011	-0.000007
	纵向公平	0.008039	0.004088	0.002905	0.000798
1995	再分配效果	0.003079	0.001372	0.001191	0.000983
	横向公平	-0.000022	-0.000018	-0.000018	-0.000018
	纵向公平	0.003101	0.001390	0.001209	0.001001
1988	再分配效果	0.000277	0.000135	0.000118	0.000113
	横向公平	-0.000004	-0.000004	-0.000004	-0.000004
	纵向公平	0.000282	0.000140	0.000123	0.000117

说明：每一行表示某个年份的城镇收入分布在四类不同税制下的测算结果，每一列表示同一种税制在不同年份的再分配效果测算结果。

资料来源：根据CHIP城镇数据计算得到。

---

[1] 这一结论在岳希明等（2012）和詹鹏等（2015）等有相应证据。岳希明、徐静、刘谦等《2011年个人所得税改革的收入再分配效应》，《经济研究》2012年第9期，第113～124页；詹鹏：《我国个人所得税的再分配效果分析》，《北京工商大学学报》（社会科学版）2015年第4期，第16～27页。

第四章 个人所得税的收入分配效应

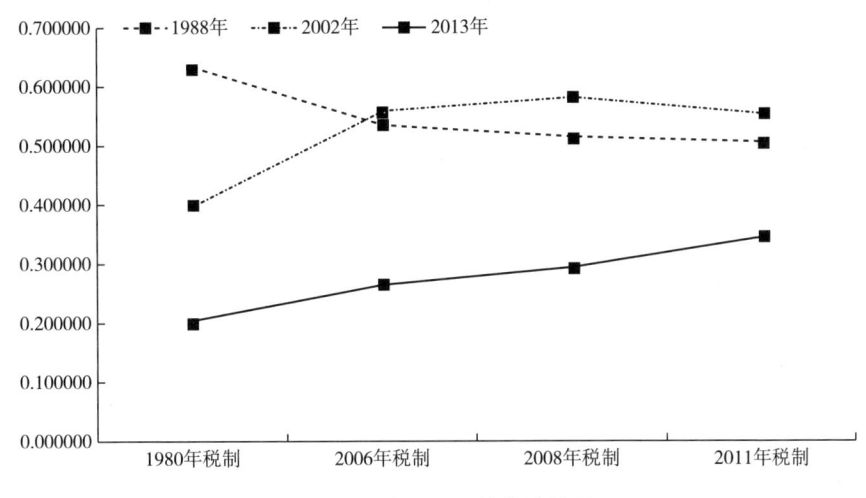

图 4-7 个税累进性估计结果

表 4-3 不同税制对不同时期农村家庭的收入再分配效果

年份	指标	1980 年税制	2006 年税制	2008 年税制	2011 年税制
2013	再分配效果	0.012257	0.010421	0.009606	0.006799
	横向公平	-0.000105	-0.000056	-0.000113	-0.000086
	纵向公平	0.012362	0.010477	0.009720	0.006885
2007	再分配效果	0.002062	0.001553	0.001507	0.001320
	横向公平	-0.000025	-0.000024	-0.000024	-0.000024
	纵向公平	0.002087	0.001576	0.001531	0.001343

说明：①每一行表示某个年份的城镇收入分布在四类不同税制下的测算结果，每一列表示同一种税制在不同年份的再分配效果测算结果。②2007 年农村个人收入根据"家庭收入除以 16 周岁以上家庭成员数目"得到，因而 2007 年结果存在一定程度的低估。

资料来源：根据 CHIP 农村数据计算得到。

第五，农村地区的个税再分配效果一般都小于城镇。对于农村地区而言，在 2007 年的收入再分配效果相对较小，即使采用起征点最低的 1980 年税制也才 0.0021，远低于城镇地区的 0.0146。因而，在一些相关研究中都直接忽略掉了农村地区。不过，2013 年农村地区的收入再分配效果已经能够达到城镇地区的一半以上。

在2011年税制下,农村地区的收入再分配效果为0.0068,相当于城镇地区的57%;农村地区平均税率也达到了1.4%,相当于城镇地区的41%。

(三)个税收入再分配效果的动态变化

从长期来看,不同税制的再分配效果有怎样的特征?本节根据未来收入分布的变化趋势进行初步估计。从近几年收入构成的变动趋势看,城镇居民整体的收入水平在大幅上升,其中经营性收入和财产性收入增长较快,在总收入中的占比也越来越大。从最近几年的趋势看,最低20%人群在最近10年的平均名义增速是13.68%,而最高20%人群的平均名义增速是13.21%,可见城镇的收入差距倾向于缓慢缩小。在趋势预测中若保持这种一致的增加率,则只考虑总体名义收入水平的增加会得到模拟A的结果,若考虑不同收入构成的不同增加率则得到模拟B的结果,若考虑不同收入组的不同增加率则会得到模拟C的结果。

如果只是单纯人均收入增加,2011税制的MT指数会在2022年左右达到极大值,随后会出现下降。同时我们还发现三个现象:①免征额越低,越早到达极大值点。1980年税制的免征额只有800元,在2015年左右就会到达极大值点,而2006年税制和2008年税制分别在2016年左右和2018年左右。②免征额越高,再分配效果越强。在模拟A的结果中,2011年税制的MT指数取第一个极大值时超过了0.025,高于另外三种税制,1980年税制的MT指数极大值是最小的。这说明,虽然在短期内个税免征额的提高会降低个税的再分配效果,但从长远来看提高免征额有利于增加个税的再分配效果。③当收入无限增加下去,不同税制的再分配效果会趋于一致。但这种状况实际上是几乎所有人的收入都超过了免征额,此时的免征额相比于整体收入水平已经非常低了,它的微小差异也不会对再分配结果造成很大影响。

根据模拟 B,当收入构成按照近 10 年的趋势发生变化,所有税制达到极大值点的时间向后推移,而且几乎所有税制的 MT 指标极大值都提高了。这是因为在收入构成的变动中经营性收入和财产性收入的增速较快。绝大部分财产性收入是按比例征税的,所以该比例增加会降低再分配效果,使得再分配极大值点向后推移。但经营性收入大多分布在中高收入阶层,而工薪收入大多分布在中低收入阶层。虽然财产性收入的增加抑制了个税的再分配效果,但经营性收入的增加会增加个税的整体再分配效果。在这种共同作用下,最终再分配效果会增强。模拟 C 的结果显示,收入差距变动带来的影响比较微弱;随着城镇内部收入差距的缩小,个税达到最优再分配效果(MT 取第一个极大值)的时间可能会提前一两年左右。

综合三个模拟结果发现,如果我国城镇收入水平和收入构成按照当前趋势继续发展下去,2011 年税制最终可能会在 2020 年至 2030 年之间达到再分配效果的最大值。三种模拟中,随着收入特征的变化,个税的累进性均会不断下降,最终趋于稳定。这里需要注意,2011 年税制改革降低了个税的再分配效果,收入分布的持续变化并不是单纯弥补这一税制改革带来的负面影响,而是在新税制时可以获得更高的 MT 指数。从衡量税制角度看,随着整体收入水平的提高,免征额较高的 2011 年税制显然更适合未来 10 年左右的中国国情。

表4-4　2002~2012年城镇居民人均收入和年均名义增长率

单位：元,%

类别	2012年人均值	2002年人均值	年均名义增长率（2002~2012）
人均总收入	26959.00	8177.40	12.67
最低20%	11467.10	3180.35	13.68
中低20%	18374.80	5209.20	13.43
中等20%	24531.40	7061.40	13.26
中高20%	32758.80	9438.00	13.25
最高20%	56674.15	16381.75	13.21
人均工资性收入	17335.60	5740.00	11.69
人均经营净收入	2548.30	332.20	22.60
人均财产性收入	707.00	102.10	21.35
人均转移性收入	6368.10	2003.20	12.26
人均可支配收入	24564.70	7702.80	12.30

资料来源：历年《中国统计年鉴》。

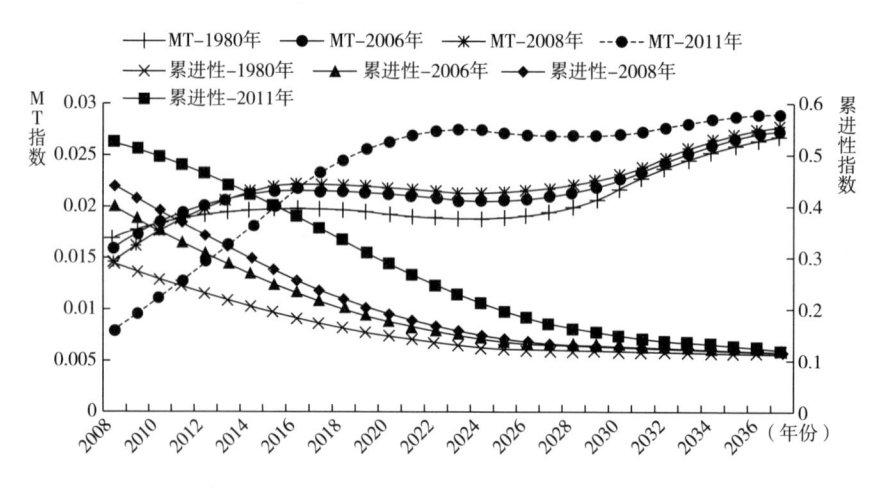

图4-8　单纯平均收入增加假定下的税制再分配效果和累进性指数

专栏：中国家庭收入调查数据（CHIP）介绍

本部分使用了历年中国家庭收入调查数据，包括 CHIP1988、CHIP1995、CHIP2002、CHIP2007 和 CHIP2013。受数据限制，房产税的研究仅包含了 2002 年、2007 年的城镇地区；个税的研究分析了 1988 年、1995 年、2002 年、2007 年和 2013 年的城镇地区，以及 2007 年和 2013 年的农村地区。由于农村个税收入占比极低，前三个年份不考虑农村地区不会对全国层面的研究带来很大影响①。对数据的其他处理包括三个方面：第一，2007 年农村数据没有包含个人收入信息，本部分将各类家庭收入平均分摊给 16 周岁以上家庭成员。这种处理可能会低估个税支出。第二，农村数据中的家庭经营性收入包含了家庭经营净收入、税费支出和家庭经营费用支出，本部分重新计算了"含税的家庭经营净收入"。由于这个调整，家庭总收入可能会比其他文献的结果偏低。第三，2002 年、2007 年和 2013 年城镇数据中还包括一些没有分摊给个人的家庭收入，它们一般来自家庭的集体经营。为了便于计算，本部分将这些收入平均分配给家庭成员。

为了让微观数据结果更具有代表性，本部分进行了加权。前三个年份的权重由作者计算得到，方法与李实等（2013）的

---

① 这种做法类似于岳希明、徐静、刘谦等《2011 年个人所得税改革的收入再分配效应》，《经济研究》2012 年第 9 期，第 113~124 页；徐建炜、马光荣、李实：《个人所得税改善中国收入分配了吗——基于对 1997~2011 年微观数据的动态评估》，《中国社会科学》2013 年第 6 期，第 53~71 页。

附录二类似；后两个年份来自岳希明和史泰丽（2015）介绍的第一类权重。计算权重过程中需要全国总体信息，它们来自一些官方统计资料：《中国统计年鉴》《第五次人口普查资料汇编》《第六次人口普查资料汇编》等。五次调查都没有涉及所有省份或直辖市，所以需要两重权重：第一，所有地区划分为四个片区——直辖市、东部、中部、西部，各片区内的省份样本作为该片区的代表，相应片区的权重根据该片区内总人口数和样本覆盖省份的总人口数确定；第二，对每个片区内的单个省份，根据每个省份实际总人口数与样本总人口数确定。由于前四轮调查的城乡是分开进行的，所以权重也按农村和城镇分别计算。例如，假设在某年全国城镇（或农村）总人口是 N_t，各片区的总城镇（或农村）人口数是 $N_{t,i}$（$i=1,2,3,4$），第 i 片区第 j 个省份的城镇（或农村）总人口数是 $N_{t,ij}$（$j=1,2,\cdots,m_i$，m_i 表示第 t 年所有样本省份个数），样本人口数为 $n_{t,ij}$，那么第 i 个片区的权重是 $w_i = N_{t,i} / \sum_{i \in I} N_{t,ij}$，第 i 个片区内某个省份的权重是 $w_{i,j} = N_{t,ij}/n_{t,ij}$，最终权重为 $w_{i,j} = w_i \cdot w_i$。这样就使得样本人口数相对较少的省份被赋予相对较大的权重，以平衡由于地区之间样本偏差带来的观测误差。

四 不同个税起征点、税收结构与居民收入分配的评估

（一）提高免征额会大幅降低个税的收入再分配效果

自 1999 年以来的几轮个税改革均以工薪所得税为核心，主要方

第四章 个人所得税的收入分配效应

式是调整免征额,而当前舆论也仍然存在继续提高工薪所得免征额的声音。本节在 2011 年税制基础上,分别模拟了免征额为 0 元、500 元、1000 元……9500 元、10000 元时的个税收入再分配效果,由此对个税的收入再分配效应进行定量分析。

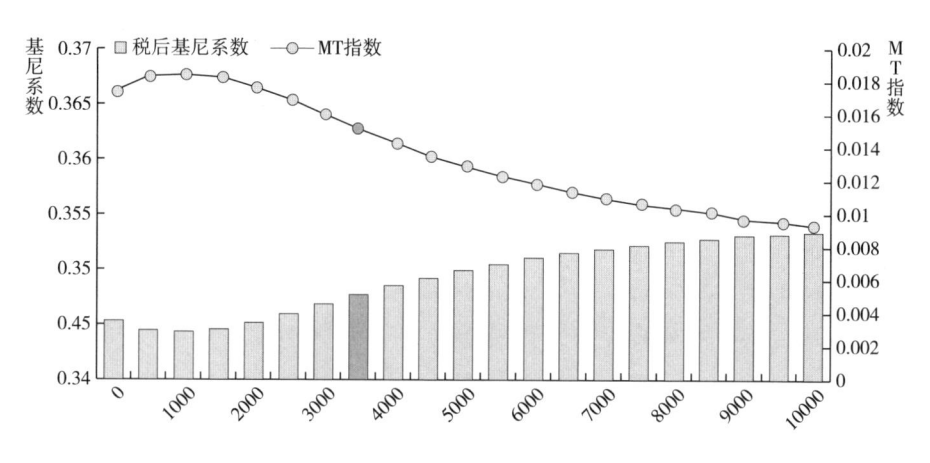

图 4-9 不同免征额下的个税再分配效果

表 4-5 的微观模拟结果发现,在现行个税制度下提高免征额,会降低个税的再分配效果。现行税制在 2011 年的再分配效果是 0.0152,即能够使得收入基尼系数下降 0.0152。若将免征额提高到 4000 元,再分配效果将下降至 0.0144;若将免征额降低为 3000 元,再分配效果将上升至 0.0161;若将免征额提高至 10000 元,个税再分配效果仅 0.0095,对收入基尼系数的影响非常小。

表 4-5 不同免征额下的个税再分配效果

单位:%

免征额	税前基尼系数	税后基尼系数	MT 指数	平均税率
0	0.3628	0.3452	0.0177	9.1
500	0.3628	0.3444	0.0184	7.5

续表

免征额	税前基尼系数	税后基尼系数	MT 指数	平均税率
1000	0.3628	0.3442	0.0186	6.3
1500	0.3628	0.3445	0.0183	5.2
2000	0.3628	0.3451	0.0177	4.3
2500	0.3628	0.3459	0.0169	3.6
3000	0.3628	0.3468	0.0161	3.1
3500	0.3628	0.3476	0.0152	2.7
4000	0.3628	0.3484	0.0144	2.3
4500	0.3628	0.3492	0.0137	2.0
5000	0.3628	0.3498	0.0130	1.8
5500	0.3628	0.3504	0.0124	1.6
6000	0.3628	0.3509	0.0119	1.4
6500	0.3628	0.3514	0.0114	1.3
7000	0.3628	0.3518	0.0110	1.1
7500	0.3628	0.3521	0.0107	1.0
8000	0.3628	0.3524	0.0104	1.0
8500	0.3628	0.3527	0.0101	0.9
9000	0.3628	0.3530	0.0099	0.8
9500	0.3628	0.3532	0.0097	0.8
10000	0.3628	0.3534	0.0095	0.7

说明：MT 指数表示税前与税后基尼系数之差；当 MT 指数大于 0 时，则表明个税缩小了收入不平等程度。

免征额大小与个税再分配效果之间存在倒 U 型关系，现行个税制度的免征额不在顶点附近。从模拟结果看，收入再分配效果最大的免征额在 1000 元/月附近。这实际上与特定时期收入分布有关。随着名义人均收入水平的增加，这个顶点位置会不断向右移动。因而，适时调整个税免征额是有必要的，但是现行个税制度的免征额并没有位于收入再分配效果最高的位置；从收入再分配效果的角度看，目前的免征额已经远高于最佳位置，不宜再盲目继续提高。

（二）随着免征额增加，平均税率的减少幅度逐渐缩小

根据模拟结果，当免征额降到 0 元/月时，工薪收入平均税率为 9.1%；当提高到 10000 元/月时，平均税率水平仅为 0.7%。平均税率与免征额之间存在单调递减的关系。并且，随着免征额的提高，平均税率的下降幅度逐渐减小。在现行税制下继续提高免征额，平均税率的减小幅度较小。若提高至 4000 元，平均税率仅下降 0.4 个百分点；若提高到 5000 元，仅下降 0.9 个百分点。因而，从减少居民税收负担角度看，在现行税制下继续提高免征额的意义并不大。

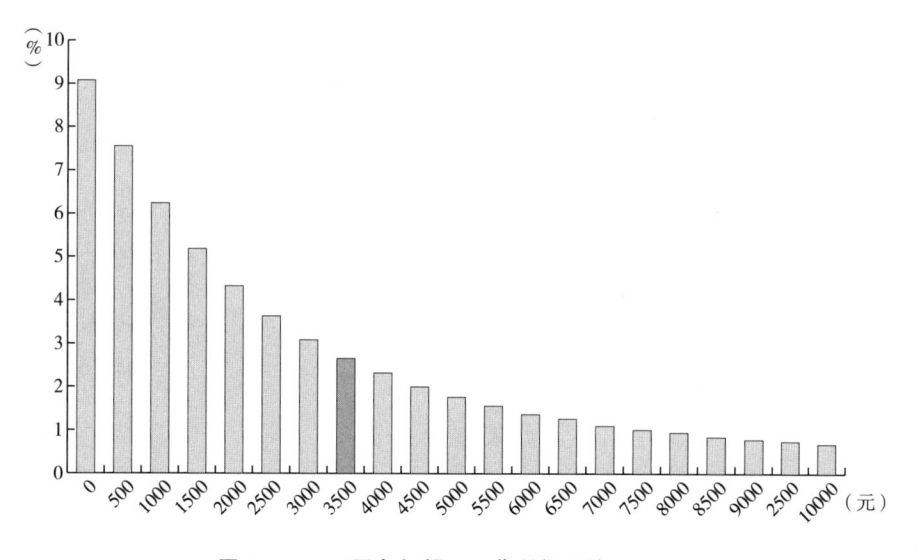

图 4-10 不同免征额下工薪所得税的平均税率

（三）当免征额提高到 10000 元/月，需要缴纳工薪收入的家庭比例仅 4.3%

当免征额为 0 元时，所有工薪收入大于 0 的家庭都需要缴纳工

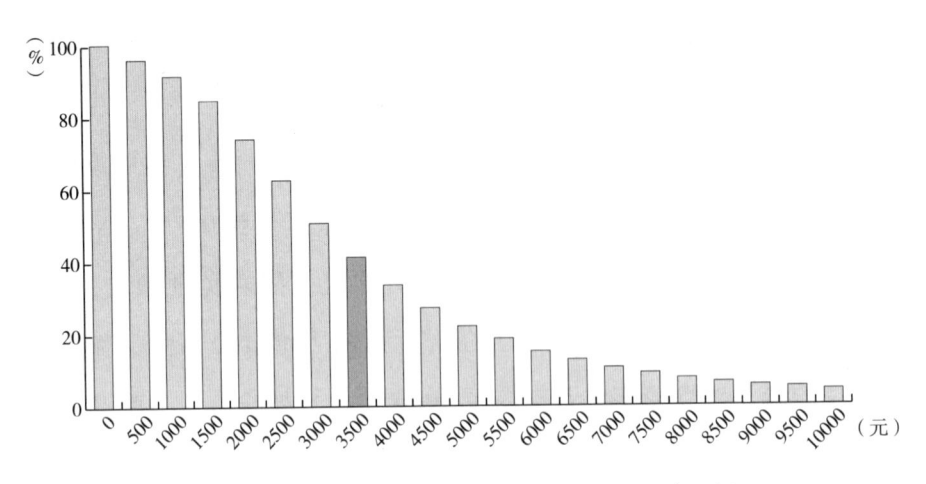

图 4-11 不同免征额下工薪所得税的纳税家庭比例

薪所得税，纳税比例为 100%。若免征额提高至 10000 元，仅 4.3% 的家庭需要缴纳工薪所得税。随着免征额的增加，纳税比例不断下降，并且下降幅度呈现"先增加后减缓"的趋势，在中间某个收入段变化最大。这是由于收入分布一般会呈现橄榄形特征，即收入分布中间位置的人数比例相对较多，而两端的人数比例相对较少。根据模拟结果，当免征额在 1500 元至 4500 元之间时，纳税比例的下降幅度较快，从 66.4% 快速下降至 21.3%。现行税制正好处于这个区间内，因而当前并无很大必要显著提高免征额，而应让纳税比例逐年快速增加，并显著提升税法的执行效率，让应交群体尽快足额缴纳个人所得税。

表 4-6 不同免征额下的纳税比例

单位:%

免征额	该项收入大于 0 的家庭占比	纳税家庭与该项收入大于 0 的家庭之比	纳税家庭与所有家庭之比
0	78.8	100.0	78.8

续表

免征额	该项收入大于0的家庭占比	纳税家庭与该项收入大于0的家庭之比	纳税家庭与所有家庭之比
500	78.8	95.7	75.4
1000	78.8	91.3	71.9
1500	78.8	84.3	66.4
2000	78.8	73.9	58.2
2500	78.8	62.4	49.2
3000	78.8	50.8	40.0
3500	78.8	41.0	32.3
4000	78.8	33.2	26.2
4500	78.8	27.1	21.3
5000	78.8	22.1	17.4
5500	78.8	18.3	14.4
6000	78.8	15.2	12.0
6500	78.8	12.7	10.0
7000	78.8	10.6	8.3
7500	78.8	8.8	6.9
8000	78.8	7.5	5.9
8500	78.8	6.4	5.0
9000	78.8	5.6	4.4
9500	78.8	5.0	3.9
10000	78.8	4.3	3.4

（四）工薪所得税和劳务所得税的纳税比例存在不公平

在工薪所得大于0的个人中，只有26.5%需要缴纳工薪所得税。然而，在劳务所得大于0的个人中，达到46.5%的人需要缴纳劳务所得税，根本原因是劳务所得税的免征额最低只有800元，在历次税改中都没有调整。而工薪所得税的免征额经过四轮税改，达到3500元，达到劳务所得税的4倍以上。作为对比，当工薪所得税的免征额为2000元时（2007年税制），工薪所得大于0的个人中有54.4%的人需要缴纳工薪所得税，2011年税改使得纳税人数下降了一半。

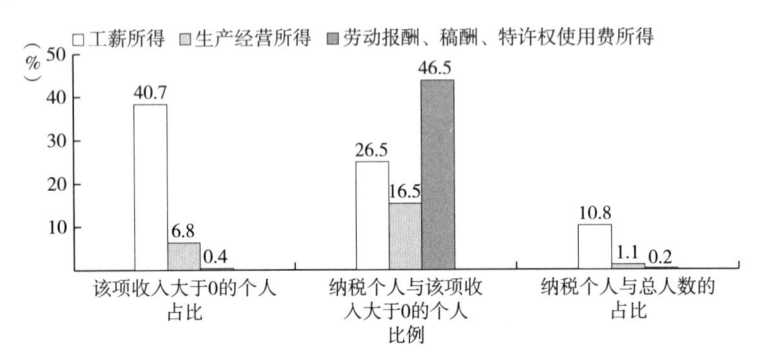

图4-12 2011年税制的纳税个人比例

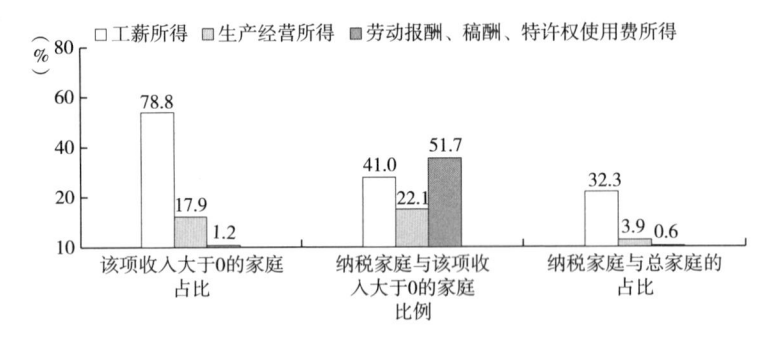

图4-13 2011年税制的纳税家庭比例

在工薪所得大于0的家庭中，只有41.0%的人需要缴纳工薪所得税；然而，在劳务所得大于0的家庭中，达到51.7%的家庭需要缴纳劳务所得税。由于家庭内部存在收入共享，一个问题是家庭内部的收入共享能否平衡纳税人数较低的问题。根据微观分析，在工薪所得大于0的家庭中，需要交纳工薪所得税的家庭仍不到一半，大多数家庭不用缴纳工薪所得税。这一比例在2007年税制下达到74%，与此相对比，一半以上的家庭需要缴纳劳务报酬所得税。

在生产经营所得大于0的个体中，仅16.5%的个人需要缴纳生产经营所得税，若按家庭算，这个比例也仅为22.1%，即生产经营所得的纳税人数比例过低。由于生产经营所得需要自行纳税，更容易出现逃税漏税问题，实际的纳税比例可能更低。从这个角度看，我国未来税制改革的重点在于提高税收征缴率，让自然人在规定的期限内及时足额缴纳个人所得税。

五 个税再分配效果的国际比较

若以微观住户调查数据估算的税前税后基尼系数变化（MT指数）作为参考指标，OECD国家的个税再分配效果大体在0.03左右，而按其他学者测算的中国城镇个税再分配效果仅为0.012左右（与巴西差不多），2011年税制改革以后则进一步降至0.006左右。总体来看，中国个税在调节收入分配方面的效果还比较微弱，与发展中国家个税再分配效果普遍较低的事实是一致的。[①] 对于OECD国家，最近几年个税再分配效果有所增强，不过并非是由于高收入人群实际税率的增加，而是因为政府通过各项政策减少了低收入群体的税负支出。[②]

[①] 徐建炜、马光荣、李实：《个人所得税改善中国收入分配了吗——基于对1997~2011年微观数据的动态评估》，《中国社会科学》2013年第6期，第53~71页。

[②] Keeley B. Income Inequality: The Gap between Rich and Poor. Paris: OECD Insights, OECD Publishing, 2015.

采用结构性模型的文献大多没有估算直接税的整体再分配效果（如基尼系数的变化），更多是评价税制改革带来的收入不平等的变化。表4-7报告了采用CGE模型或微观模拟方法的部分文献估算的个税再分配效果（MT指数）。总的来说，提高个税占比一般都可以缩小收入不平等，减轻个税的结果往往都会扩大收入不平等。

表4-7 部分文献的MT指数（直接影响）估算结果

国家	年份	MT指数	出处	说明
加拿大	1976	0.030	Heisz和Murphy（2015）	根据统计图估计
加拿大	2011	0.043	Heisz和Murphy（2015）	根据统计图估计
丹麦	1987	0.032	Wagstaff等（1999）	
芬兰	1990	0.043	Wagstaff等（1999）	
法国	1989	0.015	Wagstaff等（1999）	
德国	1988	0.028	Wagstaff等（1999）	
爱尔兰	1987	0.045	Wagstaff等（1999）	
意大利	1991	0.024	Wagstaff等（1999）	
荷兰	1992	0.033	Wagstaff等（1999）	
西班牙	1990	0.039	Wagstaff等（1999）	
瑞士	1990	0.040	Wagstaff等（1999）	
瑞典	1992	0.017	Wagstaff等（1999）	
英国	1993	0.035	Wagstaff等（1999）	
美国	1987	0.038	Wagstaff等（1999）	
澳大利亚	1997	0.017	Smith（2002）	
韩国	2000	0.022	Jin和Lim（2005）	
巴西	2003	0.014	Jin和Lim（2005）	
中国（城镇）	2009	0.0121	徐建炜等（2013）	当年税制
中国（城镇）	2009	0.0129	岳希明等（2012）	当年税制
中国（城镇）	2009	0.0062	岳希明等（2012）	2011年税制

第四章 | 个人所得税的收入分配效应

表4-8 部分文献结构式模型的估算结果

国家	数据年份	对收入不平等的影响	出处	说明
巴基斯坦	2007	泰尔指数降低0.005	Bhatti等（2015）	CGE模型，住户部门分为9组；个税规模增加2.5%；预算赤字内生
巴基斯坦	2007	泰尔指数降低0.004	Bhatti等（2015）	CGE模型，住户部门分为9组；个税规模增加2.5%；预算赤字外生固定
印度尼西亚（农村）	2005	基尼系数增加0.002	Amir等（2013）	CGE模型，农村和城镇居民分别为100组；降低边际税率的个税改革
印度尼西亚（城镇）	2005	基尼系数增加0.004	Amir等（2013）	CGE模型，农村和城镇居民分别为100组；降低边际税率的个税改革
印度尼西亚	2005	基尼系数增加0.003	Amir等（2013）	CGE模型，农村和城镇居民分别为100组；降低边际税率的个税改革
中国	2006	基尼系数增加0.004320	万相昱（2013）	CNSM-I微观模拟模型；2006年税制取代1994年税制
中国	2007	基尼系数增加0.004026	万相昱（2013）	CNSM-I微观模拟模型；2006年税制取代1994年税制
中国	2008	基尼系数增加0.003513	万相昱（2013）	CNSM-I微观模拟模型；2006年税制取代1994年税制
中国	2006	基尼系数增加0.0016	万相昱（2013）	CNSM-I微观模拟模型；2008年税制取代2006年税制；根据文献报告的十等分组数据计算得到
中国	2010	基尼系数降低0.004179	王韬等（2015）	CGE-MSA模型；免征额2000元，七级累进税率
中国	2010	基尼系数降低0.006492	王韬等（2015）	CGE-MSA模型；免征额3000元，七级累进税率
中国	2010	基尼系数降低0.005754	王韬等（2015）	CGE-MSA模型；免征额4000元，七级累进税率
中国	2010	基尼系数降低0.006996	王韬等（2015）	CGE-MSA模型；免征额3000元，九级累进税率
中国	2010	基尼系数降低0.006457	王韬等（2015）	CGE-MSA模型；免征额4000元，九级累进税率

资料来源：作者根据相关资料整理。

六　小结

本章对我国个税制度的收入再分配功能进行了研究。由于个税的征收依据就是收入本身，它对收入分布的影响也是最为直接的。不过，由于实际缴纳个税的人数比例较低，个税效果并没有欧美发达国家那么明显。中国的个税制度是随着经济发展而不断变化的，因而本章的测算主要集中于"个税制度"与"收入分布"分别对个税收入分配功能的影响，即什么样的税制在什么样的收入分布条件下会发挥更好的收入再分配效果。

根据本章研究结果，已有的历次税制改革在当年都减弱了个税的再分配功能，但是从长期看适当的改革是必须发生的。过去仅仅以增加起征点作为个税改革的主要形式，随着居民收入构成的多样化，这种形式的改革已经不能够适应当前形势。现今的个税改革应该放在如何在保证征收效率的前提下，平衡各种收入来源的实际税率，减少横向不公平，并且坚持累进税率，加强个税的再分配功能。

（本章作者：詹鹏、万相昱）

第五章 企业所得税的收入分配效应

企业所得税是对企业的生产经营收入或者其他收入征收的一种税,在国外也被称为"公司税"、"公司所得税"、"法人税"或"法人所得税"。英国自1909年起就开始征收公司所得税,是较早实行公司税制的国家,此后其他国家也相继开征公司所得税。当前,企业所得税在全球内具有广泛的影响力。总体上看,虽然企业所得税的主要作用在于保证财政收入和调控宏观经济,但是我们并不能忽视它的收入分配效应。

一 企业所得税演变的历史进程

新中国成立以来,我国的企业所得税经历了一个复杂的发展过程。从1950年开始实施的工商业税到2008年1月1日实施至今的企业所得税,我国的企业所得税制度不断完善,无论是在政府组织收入的过程中,还是在政府利用税收杠杆扩大投资需求、促进经济增长的过程中,企业所得税都扮演了不可或缺的角色。企业所得税对我国社会经济发展的贡献逐渐加大,这一点可以从表5-1中看出。总体来看,我国企业所得税演变的历史进程大体分为七个阶段。

表 5-1 1997~2017 年我国企业所得税情况

年份	企业所得税（亿元）	企业所得税占各项税收的比重（%）	企业所得税占GDP的比重（‰）
1997	963.2	11.7	12.1
1998	925.5	10.0	10.9
1999	811.4	7.6	9.0
2000	999.6	7.9	10.0
2001	2630.9	17.2	23.7
2002	3082.8	17.5	25.3
2003	2919.5	14.6	21.2
2004	3957.3	16.4	24.5
2005	5343.9	18.6	28.5
2006	7039.6	20.2	32.1
2007	8779.3	19.2	32.5
2008	11175.6	20.6	35.0
2009	11536.8	19.4	33.0
2010	12843.5	17.5	31.1
2011	16769.6	18.7	34.3
2012	19654.5	19.5	36.4
2013	22427.2	20.3	37.7
2014	24642.2	20.7	38.3
2015	27133.9	21.7	39.4
2016	28851.4	22.1	38.8
2017	32337.4	20.4	—

资料来源：1997~2016 年的数据来自《中国统计年鉴》，2017 年税收数据来自国家税务总局网站。

（一）1950 年建立新税制

新中国成立初期，财政、经济极为困难，党中央、政务院高度重视税收工作，立即着手建立新税制。1950 年 1 月 30 日，中央人民政府政务院发布《全国税政实施要则》，规定全国共设 14 种税，但此时企业所得税尚未独立设置,而是包含在工商业税中。①

(二) 1958 年和 1973 年简化税制

1958 年,我国进行了新中国成立以后的第二次大规模税制改革,其主要内容是简化工商税制,试行由货物税、工商业税、商品流通税和印花税合并而成的工商统一税,甚至一度在城市国营企业试行"税利合一",在农村人民公社试行"财政包干"。由于违背了经济规律,这些改革没有取得成功。② 至此,我国的税制共设 14 个税种,其中包括工商所得税(沿用原工商业税中的所得税部分)。1973 年,中国实施了第三次大规模的税制改革。国营企业只需要缴纳工商税,集体企业只需缴纳工商税和工商所得税,农业生产单位一般也只需缴纳农业税。③

(三) 1978~1982 年的涉外税收制度

财税部门从 1978 年底开始继续研究税制改革问题。为了配合对外开放政策,适应我国对外开放初期引进外资、开展对外经济合作的需要,开始改革对外征税的问题。④ 1980 年 9 月 10 日,第五届全国人大第三次会议通过了《中华人民共和国中外合资经营企业所得税法》,这是新中国成立以后制定的第一部企业所得税法⑤。1981 年12 月 13 日,第五届全国人大第四次会议通过并公布了《中华人民

---

① 李卓:《新中国 60 年税制建设回眸》,《税务研究》2009 年第 10 期,第 8~12 页。
② 刘佐:《中国税制改革 50 年》,《当代中国史研究》2000 年第 5 期,第 65~73 页。
③ 李卓:《新中国 60 年税制建设回眸》,《税务研究》2009 年第 10 期,第 8~12 页。
④ 刘佐:《中国税制改革 50 年》,《当代中国史研究》2000 年第 5 期,第 65~73 页。
⑤ 史玲、谢芬芳:《改革开放三十年我国企业所得税改革的历程与评价》,《湖南社会科学》2008 年第 4 期,第 96~99 页。

共和国外国企业所得税法》,并自 1982 年 1 月 1 日起施行。至此我国初步形成了一套大体适用的涉外税收制度。[①]

(四) 1984 年后全面的企业所得税制改革

新中国成立后的较长一段时期内,国家对国有企业并不征收企业所得税,而是采取利润上交的形式。[②] 1984 年 9 月,国务院颁布了《中华人民共和国国营企业所得税条例(草案)》和《国营企业调节税征收办法》,对国营企业全面征收所得税,并对国营大中型企业征收国营企业调节税。

1985 年 4 月 11 日,为统一不同行业集体企业所得税负担,国务院颁布了《中华人民共和国集体企业所得税暂行条例》。该《条例》的制定结束了中国多年来集体企业所得税征税办法不统一的局面,实现了集体企业所得税制度的统一与规范。为了引导私营经济的健康发展,国务院于 1988 年 6 月 25 日颁布了《中华人民共和国私营企业所得税暂行条例》,开征了私营企业所得税。[③]

1991 年,第七届全国人大第四次会议将中外合资经营企业所得税法与外国企业所得税法合并为《外商投资企业和外国企业所得税法》。[④] 税制的统一和所得税负担水平的普遍降低,极大鼓舞了外商

---

① 马海涛、肖鹏:《中国税制改革 30 年回顾与展望》,《税务研究》2008 年第 7 期,第 27~30 页。
② 史玲、谢芬芳:《改革开放三十年我国企业所得税改革的历程与评价》,《湖南社会科学》2008 年第 4 期,第 96~99 页。
③ 史玲、谢芬芳:《改革开放三十年我国企业所得税改革的历程与评价》,《湖南社会科学》2008 年第 4 期,第 96~99 页。
④ 马海涛、肖鹏:《中国税制改革 30 年回顾与展望》,《税务研究》2008 年第 7 期,第 27~30 页。

的投资热情,这项政策在调整当年就初见成效。① 至此形成了内、外两套企业所得税制度并存的状况。

(五)1994年统一内资企业的企业所得税

1992年党的"十四大"提出了建立社会主义市场经济的经济体制改革目标后,为适应市场经济的内涵要求,1994年我国启动了新中国成立以来规模最大、范围最广、内容最深刻的工商税制改革。② 取消原来分别设置的国营企业所得税、国营企业调节税、集体企业所得税和私营企业所得税,对内资企业实行统一的企业所得税。同时,国营企业不再执行企业承包上缴所得税的包干制。以所得税而言,基本实现了各类内资企业平等纳税。③ 至此,中国1994年税制改革的主体工程完成,新税制初步建立,并确定了市场经济下我国税收制度的基本格局。

(六)2007年的"两法"合并

随着社会主义市场经济的不断完善,结合国内经济形势的变化,我国又推行了内外资企业所得税合并的税制改革。2007年,全国人民代表大会将过去对内资企业和外资企业分别征收的企业所得税,合并为全国统一的企业所得税制度。④ 由此实现了纳税

---

① 史玲、谢芬芳:《改革开放三十年我国企业所得税改革的历程与评价》,《湖南社会科学》2008年第4期,第96~99页。
② 马海涛、肖鹏:《中国税制改革30年回顾与展望》,《税务研究》2008年第7期,第27~30页。
③ 刘佐:《社会主义市场经济中的中国税制改革》,《中国流通经济》2003年第1期,第44~47页。
④ 刘佐:《艰苦的历程,辉煌的成就——改革开放30年来中国税制改革的简要回顾》,《税务研究》2008年第10期,第8~10页。

人、税基税前扣除、税率、税收优惠和征收管理的统一，并极大地简化了税制，合理地调整了税负，有利于促进中外企业发展和平等竞争。①

二 企业所得税收入分配效应研究现状

十八届三中全会非常明确地提出要逐步提高直接税的比重，而直接税的基本概念是指税负难以转嫁，由纳税人直接承担的税，但是学术界对于企业所得税的性质以及改革取向等仍有不同看法。因此在深化税制改革的节点上，有必要对企业所得税的收入分配效应进行全面分析和研究。

（一）国外关于企业所得税收入分配效应的研究

企业所得税对收入分配的影响主要通过要素分配渠道实现，而不是直接体现在居民收入分配上。Musgrave（1953）强调说，税收会通过同时改变要素相对回报而影响要素收入和改变商品相对价格，由此这两条税负转嫁途径会影响最终的税收负担。税收通过要素收入渠道对居民收入分配发挥作用的机理体现在两个方面（如图5-1所示）：一方面，居民通过要素取得收入，由于拥有要素的类型和数量存在差异，税收通过收入效应影响居民收入分配；另一方面，居民消费商品或服务，由于不同商品或服务含税量不同、不同居民消

---

① 刘佐：《阔步前进　走向辉煌——2002年以来中国税制改革的简要回顾》，《税务研究》2012年第9期，第3~7页。

费结构存在差异以及不同收入群体消费占收入比重不同,税收通过消费效应影响居民实际收入分配。①

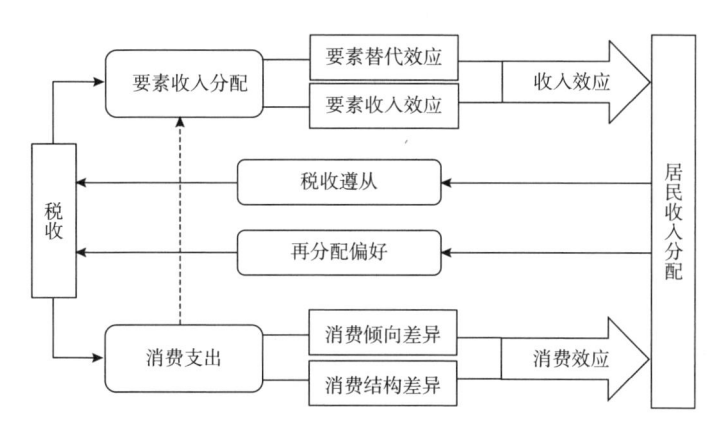

图 5-1 税收影响收入分配的作用机理

资料来源:葛玉御、安体富《税收如何影响收入分配:文献述评》,《经济研究参考》2014 年第 56 期,第 56~68 页。

1. 在一般均衡的背景下,劳动与资本共同分担税负

为了找寻企业所得税税负转嫁的有力证据,学者们尝试了许多经验分析,但分析的结论并不确定,甚至相互矛盾。Harberger(1962)建立两部门一般均衡模型分析公司所得税税负归宿发现:长期内,企业所得税可能由资本要素和劳动要素共同承担;短期内,企业所得税只由资本要素承担。在 Harberger 模型的基础上放宽条件、进行扩展研究,有些学者发现,企业所得税确实由资本要素承担(Shoven & Whalley,1972;Bradford,1978);也有学者发现,企业所得税由资本所有者和消费者按比例承担(Musgrave et al,1974);还有学者发现,企业所得税由资本所有者和企业劳动者承担,即相当一部分企业所得

---

① 葛玉御、安体富:《税收如何影响收入分配:文献述评》,《经济研究参考》2014 年第 56 期,第 56~68 页。

税的税收负担（有些高达80%以上）转嫁给了企业劳动者（Feldstein，1974；Ballentine，1978；Fuchs et al，1997；Randolph，2006）。虽然对企业所得税的税负转嫁并未达成共识，但在一般均衡的背景下，通常认为存在劳动与资本共同分担税负的现象。

2. 企业所得税对收入分配的影响很大程度上取决于税负归宿

分析税负在资本要素所有者和劳动要素所有者之间的分布具有重要意义。由于资本要素大部分被高收入人群持有，劳动要素大部分被低收入人群持有，因此针对资本要素征收的所得税在理论上是累进的，如果对资本所得征收的税收有很大部分转嫁给劳动要素，那就说明税制是不公平的。[①]

公司税对收入分配的影响很大程度上取决于公司税的税负归宿。Pechman（1972）发现，假设公司税由资本所有者承担时的累进程度显然要高于假设其由消费者承担时的累进程度。由于公司所得税只对资本所得课税，而高收入阶层拥有更多的资本，不论是假设公司税由公司资本所有者承担还是由全体资本所有者承担，公司税的累进程度都显著高于个人所得税。但是，其进一步对美国家庭负担公司税情况的修正研究发现，如果假设公司税一半由资本所得承担，一半由消费者承担，则公司税呈现累退性，尤其是在中低收入阶层具有更为明显的累退性（Joseph，1985）。

（二）国内企业所得税收入分配效应的研究

1. 企业所得税的税负主要由资本要素承担

在我国，从收入分配的角度研究企业所得税的文献，更多是围

---

① 张阳：《中国企业所得税税负的动态分布》，《南方经济》2009年第1期，第3~10页。

绕企业所得税负担在资本要素和劳动要素之间的分布展开，直接探讨企业所得税对居民收入分配影响的经验研究文献非常少。席卫群（2005）以乔根森的资本使用成本模型为基础，研究发现资本承担的企业所得税税负高于劳动承担的企业所得税税负，劳动承担的税负一定低于33%。张阳（2008）运用一般均衡分析方法，计算出在生产要素总供给不变的短期情况下，资本要素只承担了企业所得税税负总额的83%，其余17%转嫁给了劳动要素承担。宋春平（2011）使用哈伯格模型并结合两部门同时征收资本要素税的情形，发现资本要素至少承担了76.9%的企业所得税税负，该比例显著低于张阳估计的83%。[①] 总体来看，目前国内研究认为企业所得税的税负主要由资本要素承担。[②]

2. 不同行业的企业所得税归宿存在差异

王德祥和戴在飞（2015）测算了分行业企业所得税的归宿水平。如表5-3所示，基础材料和金融行业的归宿值高于全行业平均值，其他各行业的归宿值低于全行业平均归宿值，其中一般消费品行业的归宿值低于50%。如果将所有行业分为两大类，即资本密集型和非资本密集型行业，则可以发现：资本密集型行业（包括基础材料、信息技术、工业制造、能源、公用事业）的平均归宿值为65.23%（略高于全行业平均归宿水平），而非资本密集型行业（金融、医疗健康、常用消费品、一般消费品）

---

① 这里原因有三个：一是劳动要素在边际上承担了大部分企业所得税的超额负担；二是模型使用了包含税收的参数以考察中国现行税制；三是模型使用了希克斯价格需求弹性系数。

② 也有少数研究有不同的观点，利用劳资双方博弈模型，王德祥和戴在飞（2015）发现我国企业所得税税负在短期中有65%由企业员工承担，在长期中则约有50%是由企业员工负担。

的归宿值平均为 59.16%。资本密集型行业的税负归宿较高。这说明近年来资本密集型的基础产业和核心制造业（通常以大中企业、国有企业居多）由于产能过剩和资本比重大，将税收负担的大部分转嫁给了员工，相比非资本密集型行业（民营企业和中小企业较多）的税负转嫁更为严重，这对我国制造业转型发展、缩小收入差距都是不利的。

表 5-2 中国企业所得税的税收归宿

作者	基本假定	研究方法	税收归宿
席卫群（2005）	假定企业具有最大的债务能力，通过保持最高水平的负债/资本率，能充分利用利息支付的税前扣除，资本是企业债权和股权的总价值。企业的投资资金来源主要通过三种方式取得，一部分是借入的固定份额，一部分是发行新股，一部分是通过利润留存筹集。分析时不考虑个人所得税的影响	以乔根森的资本使用成本模型为基础，结合我国企业所得税状况对乔根森模型改进	资本承担的企业所得税税负高于劳动承担的企业所得税税负。我国企业所得税名义税率是 33%，但测算出来的资本实际税率都超过了 33%，即使是资本实际税率最低的行业——采掘业总体上也超过了 40%，这说明劳动承担的税负一定低于 33%，和其他国家相比，我国的资本税负比较沉重
张阳（2008）	两个部门的生产技术是规模报酬不变的。整个经济中可利用的资本和劳动总量固定。两种要素可以在两个部门间完全自由流动。厂商竞争追求最大利润，所有价格具有完全的弹性。所有消费者的偏好都相同，税收不会通过影响人们的收入用途而对分配产生影响	局部要素税两部门一般均衡模型	我国企业所得税并不完全由资本承担，资本只承担了税负 83% 左右，还有 17% 左右转嫁给劳动要素。由于要素的流动性，资本承担的 83% 税负部分不只是由企业所得税主要征收部门的资本承担的，而是由全社会资本共同承担的

续表

作者	基本假定	研究方法	税收归宿
宋春平(2011)	假设每种要素的总供给量是固定的,且要素在各个部门间是完全流动的。厂商生产技术具有规模收益不变的特性,并且追求利润最大化。市场是完全竞争的,价格具有完全弹性,厂商的经济利润为零。假设所有的消费者(包括政府)具有相同的同类偏好	引入"实际收入"因素的哈伯格模型	我国资本要素在总体上至少承担了76.94%的现行企业所得税总负担,而劳动要素则承担了其余的23.06%。而在边际上,资本要素则至少承担了60.2%的现行企业所得税总负担,这说明边际上资本要素的税负转嫁能力更强
王德祥、戴在飞(2015)	假定一个典型企业有两种生产要素:资本和劳动,企业的管理者和资本所有者以利润最大化为目标,以取得税后的最低利润为前提;企业员工以取得工资收益为目标,以保证最低工资为前提。如果征收企业所得税后企业的净利润减少,企业管理者和资本所有者与员工之间就会围绕税负承担问题(是降低资本的回报率,还是降低工资率等)进行博弈	劳资双方博弈模型	目前我国企业所得税税负在短期有65%由企业员工承担,在长期则约有50%由员工负担;不同行业的企业向员工转嫁税负的程度不同,其中,资本密集型行业的企业的转嫁程度比非资本密集型行业高

表5-3 9个行业的企业所得税归宿模拟值及排序

类别	变化幅度	归宿值
基础材料	-34.048	0.8731
金融	-8.166	0.7045
医疗健康	2.596	0.6344
信息技术	3.654	0.6275
工业	6.792	0.6071
能源	7.913	0.5998
常用消费品	14.11	0.5594

续表

类别	变化幅度	归宿值
公共事业	14.867	0.5545
一般消费品	28.133	0.4681
行业平均	0	0.6513

资料来源：见王德祥、戴在飞《现阶段我国企业所得税的归宿：理论模型与实证检验》，《经济学动态》2015年第7期，第61~69页。

此外，还有研究者认为不同规模企业资源利用效率的差异以及享受税收优惠政策等方面的差异，也会引起税负分布的差异。投资于中小企业的资本所有者的实际税负小于投资于大企业的资本所有者，而大企业对企业所得税的单位资本贡献率超过中小企业（万莹，2013）。

3. 企业所得税具有累进性，但提高企业所得税不利于低收入阶层

万莹（2013）利用2001~2010年我国上市公司数据对企业所得税在不同资本规模企业间的分布及其对居民收入分配的影响进行了综合分析（见表5-4）。研究认为，企业所得税的累进性判断与税收归宿的假设前提密切相关，当假设税负由全部社会资本承担时，十年中有六年企业所得税呈微弱累退性，Suits指数①的平均值为-0.0355；而当假设税负由公司资本承担时，所有年度企业所得税都呈现出一定的累进性，Suits指数的平均值为0.1256，但2005年

---

① Suits指数是衡量税收累进程度的指标，该指标的计算和基尼系数类似，横坐标是按收入高低排序后累计收入占全部收入的比例，纵坐标是负担的累积税收占全部税收的比例。若Suits指数取值为负表示低收入家庭的税收份额超过了他们的收入份额，代表税收是累退的，反之则反。

以后累进程度有所减弱。最终得到以下两点结论：第一，若假设税负由全部社会资本承担，企业所得税呈现微弱的累退性，若假设税负仅由公司资本承担，则企业所得税呈现一定的累进性，若税负归宿是以上两种情况的某种组合，则企业所得税的负担相对资本而言可能是接近比例分布的。第二，考虑到资本要素大部分为高收入者所持有，企业所得税对居民收入分配的影响应该是累进的，企业所得税整体上应有助于缩小居民收入差距。

表 5-4 企业所得税相对资本分布的 Suits 指数

年度	以社会资本排序	以公司资本排序	年度	以社会资本排序	以公司资本排序
2001	0.06300	0.17021	2006	-0.10023	0.08464
2002	-0.0001345	0.14235	2007	-0.06698	0.07266
2003	0.00116	0.17333	2008	-0.09073	0.06578
2004	0.01819	0.19872	2009	-0.09225	0.06654
2005	0.00853	0.19388	2010	-0.08246	0.08803

资料来源：见万莹《我国企业所得税收入分配效应的实证分析》，《中央财经大学学报》2013年第6期，第18~22页。

但是，田志伟（2015）进一步发现，对于不同收入群组，企业所得税平均税率随着收入水平的上升呈先下降后上升的 U 形分布（见表5-5），其中平均税率最高的为"最高收入户（1.33%）"，其次分别为"困难户（1.05%）"与"最低收入户（1.01%）"，平均税率最低的为"中等收入户（0.67%）"，最高平均税率与最低平均税率之比为1.99。企业所得税累进性有限，P 指数[①]为0.08604，且其收入再分配效应（MT 指数）只有0.000777，可以使基尼系数下

---

① P 指数即为税收集中率与税前基尼系数的差值，若某种税收的 P 指数小于0，表示该税种为累退税，反之则反。

降 0.243%，相对于个人所得税而言，企业所得税的累进性及其收入再分配效应均较为有限。

表 5-5 直接税不同收入分组平均税率、P 指数及 MT 指数

单位：%

收入分组	个人所得税	企业所得税	合 计
平均	0.78	0.89	1.67
困难户	0.04	1.05	1.08
最低收入户	0.05	1.01	1.05
低收入户	0.07	0.82	0.88
中等偏下户	0.17	0.72	0.89
中等收入户	0.31	0.67	0.98
中等偏上户	0.62	0.75	1.37
高收入户	1.01	0.86	1.87
最高收入户	1.78	1.33	3.10
最高/最低	47.04	1.99	3.52
P 指数	0.37126	0.08604	0.21887
MT 指数	0.002919	0.000777	0.003729

资料来源：见田志伟《中国五大税种的收入再分配效应研究》，《现代财经（天津财经大学学报）》2015 年第 8 期，第 33~43 页。

综合来看，提高企业所得税平均税率虽然能改善收入分配，提高中等收入群体收入占总收入的比重，降低高收入群体收入占总收入的比重，但是整体上并不利于低收入阶层。王德祥和戴在飞（2015）认为，企业所得税税负向企业员工转嫁的主要原因在于企业内缺乏合理的收入分配制度，企业经营者和资本所有者在利益博弈中处于强势地位，因此现阶段我国的企业所得税不能被视为具有公平分配作用的税种。

三 企业所得税收入分配效应的测算

（一）估算企业所得税再分配效应的方法

在对现有企业所得税收入分配效应研究进行总结之后，我们尝试利用税收数据对我国企业所得税的收入分配效应进行实证测算。在指标选择方面，参考经典做法我们采用了有效税率、Kakwani 累进性指数和 MT 指数等三个指标，关于指标的含义前文已有论述，此处不再赘述。要计算企业所得税的有效税率，需要知道家庭的企业所得税税负总额和家庭税前收入总额。对于家庭税前收入总额，可以利用 2013 年 CHIP 数据中家庭的工资性收入、经营净收入、财产净收入、转移净收入数据加总获得 2013 年家庭税前收入总额，并利用 2013 年至 2017 年四类收入各自的收入增长率①，计算得到 2017 年四类收入数据，四类收入的加总即得到 2017 年家庭税前收入总额。对于家庭的企业所得税税负，我们沿用第三章中的四种税负转嫁假定。

（二）企业所得税的累进性特征

表 5-6 所示即为企业所得税有效税率的计算结果。为便于进行时间维度上的比较，我们在表 5-6 中加入了 2007 年的计算结果。从有效税率的计算结果来看，在按照资本所有者和从业人员各承担一半的税负转嫁假定下，企业所得税的有效税率随着收入的提高呈

---

① 四类收入各年增长率的数据来自国家统计局网站。

现上升趋势，这说明在这种假定下，企业所得税表现出累进性的特征，这一结论对于 2007 年、2013 年和 2017 年均成立。

表 5-6 企业所得税有效税率

收入十等分组	2007 年	2013 年	2017 年
1	3.2	0.90	0.75
2	2.6	1.53	1.45
3	2.5	1.99	1.89
4	2.5	2.24	2.14
5	2.5	2.69	2.56
6	2.6	2.97	2.80
7	2.7	3.18	2.98
8	2.8	3.25	3.04
9	2.8	3.48	3.23
10	2.9	3.65	3.39
全体	2.8	3.09	2.89

说明：企业所得税按照资本所有者和从业人员各承担一半。

资料来源：2007 年数据来自岳希明、张斌、徐静《中国税制的收入分配效应测度》，《中国社会科学》2014 年第 6 期，第 96~117 页；2013 年和 2017 年数据利用 CHIP2013 调查数据、《中国税务年鉴 2014》、国家税务总局与财政部网站相关数据和 2013 年资金流量表计算所得。

考虑到企业所得税的税负转嫁存在不确定性，我们进一步测算了四种税负转嫁假定下企业所得税的 Kakwani 累进性指数，结果如表 5-7 所示。从表中可以看出，只有当企业所得税假定由资本所有者和消费者各承担一半时，才表现出累退性的特征，在其他三种税负转嫁假定下，企业所得税均表现出累进性的特征。同时也发现，当税负全部由资本所有者承担时，企业所得税的累进性最为明显。这一结论也与文献中的研究结果吻合。

表 5-7　不同税负转嫁假定下企业所得税的累进性指数（全国）

税负转嫁假定	2007 年	2013 年	2017 年
1	0.197	0.183	0.191
2	-0.033	-0.036	-0.031
3	0.097	0.080	0.085
4	0.020	0.018	0.024

资料来源：2007 年数据来自岳希明、张斌、徐静《中国税制的收入分配效应测度》，《中国社会科学》2014 年第 6 期，第 96~117 页；2013 年和 2017 年数据利用 CHIP2013 调查数据、《中国税务年鉴 2014》、国家税务总局与财政部网站相关数据和 2013 年资金流量表计算所得。

（三）企业所得税的收入分配效应估算

为进一步考察企业所得税的收入分配效应，我们计算了企业所得税的 MT 指数，并考察了其城乡差异。从表 5-8 的计算结果来看，除税负假定由资本所有者和消费者各承担一半时 MT 指数为负值外，在其他税负转嫁假定下，企业所得税的 MT 指数均为正值，这表示企业所得税对于收入分配具有正向调节作用。从 2017 年与 2013 年的比较来看，除税负假定全部由资本所有者负担之外，其余情况下企业所得税的 MT 指数都变大，这意味着与 2013 年相比，2017 年企业所得税的收入分配正向调节作用有所增强。即便是在全部由资本所有者负担的假定下，企业所得税收入分配效应的负向变化也非常微小（-0.00006）。考虑到我国企业所得税不可能全部由资本所有者负担，因此可以认为企业所得税的收入分配正向调节作用在 2013 年至 2017 年之间有所增强。

表 5-8 企业所得税的 MT 指数

单位:%

年份		2013			2017			(2)-(1)
类别	税负转嫁假定	税前收入基尼系数	税后收入基尼系数	MT指数(1)	税前收入基尼系数	税后收入基尼系数	MT指数(2)	
全国	1	0.4091	0.4063	0.0028	0.4070	0.4042	0.0028	-0.0001
	2		0.4106	-0.0015		0.4082	-0.0012	0.0003
	3		0.4066	0.0025		0.4044	0.0025	0.0000
	4		0.4086	0.0005		0.4063	0.0007	0.0002
城镇	1	0.3447	0.3429	0.0018	0.3377	0.3359	0.0018	0.0000
	2		0.3458	-0.0011		0.3383	-0.0006	0.0004
	3		0.3428	0.0019		0.3358	0.0019	0.0000
	4		0.3443	0.0005		0.3370	0.0007	0.0002
农村	1	0.3971	0.3942	0.0029	0.3904	0.3873	0.0031	0.0001
	2		0.4011	-0.0040		0.3937	-0.0034	0.0006
	3		0.3946	0.0026		0.3875	0.0028	0.0003
	4		0.3978	-0.0006		0.3906	-0.0002	0.0004
流动人口	1	0.3260	0.3256	0.0005	0.3170	0.3165	0.0005	0.0001
	2		0.3281	-0.0021		0.3187	-0.0017	0.0004
	3		0.3284	-0.0024		0.3185	-0.0015	0.0009
	4		0.3282	-0.0022		0.3186	-0.0016	0.0006

资料来源:2007 年数据来自岳希明、张斌、徐静《中国税制的收入分配效应测度》,《中国社会科学》2014 年第 6 期,第 96~117 页;2013 年和 2017 年数据利用 CHIP2013 调查数据、《中国税务年鉴 2014》、国家税务总局与财政部网站相关数据和 2013 年资金流量表计算所得。

(四)企业所得税收入分配效应的城乡差异

从城乡的比较来看,对于城镇住户来说,与全国的结论一致,只有当税负假定由资本所有者和消费者各承担一半时,企业所得税对收入分配的调节作用才是逆向的,其他情况下均为正向。而从时间维度来看,2013 年至 2017 年,城镇住户中企业所得税的收入分配正向调节作用在增强,在逆向的情况下,逆向调节效应也在减弱。

对于农村住户而言，当税负假定由消费者承担一半或者四分之一的情况下，企业所得税的收入分配效应都是逆向的，并且消费者负担的越多，这种逆向调节作用越强。从时间维度来看，无论是何种税负假定下，2013年至2017年农村住户中企业所得税的收入分配正向调节作用都在增强，在逆向的情况下，逆向调节作用也在减弱。从流动人口来看，企业所得税只有在假定全部由资本所有者负担时才对收入分配有正向调节作用，在其他情况下均表现出逆向调节作用，这说明流动人口对于企业所得税的税负转嫁更为敏感。从时间维度来看，2013至2017年，流动人口中企业所得税对收入分配的逆向调节作用在减弱，正向调节作用在增强。

四 小结

作为当前我国税制结构中的第二大税种，企业所得税的收入分配效应也应引起关注。虽然企业所得税是面向企业征收的税种，但却可以通过要素分配渠道实现对居民收入分配的影响。现有研究显示，企业所得税的收入分配效应取决于最终的税负归宿。本章的研究结果表明，当税负全部由资本所有者承担时，企业所得税表现出的累进性最为明显，而当税负越来越多地转嫁给消费者时，其累进性越来越弱。在税负假定由资本所有者和消费者各承担一半时，企业所得税表现出累退性的特征，对于收入分配会产生逆向调节作用。从时间维度的比较来看，除税负假定全部由资本所有者负担之外，其余假定下2017年企业所得税的收入分配正向调节作用相比2013年都有所增强。考虑到企业所得税基本上不可能全部由资本所有者负担,因此可以认为企业所得税的收入分配正向调节作用在 2013 年至 2017 年之间有所增强。从城乡差异来看,无论是对于城镇住户、农村住户还是流动人口,2013 到 2017 年间企业所得税的收入分配正向调节作用都在增强,在逆向的情况下,逆向调节作用也在减弱。

(本章作者:吴彬彬、孟凡强)

第六章 房产税的收入分配效应

一 关于房产税的争论

房产税是以房屋为征税对象的税种。由于房产在居民财富中的占比较大①，一旦对个人所有房产征税，对居民福利的影响会非常强烈。目前我国的房产税并没有对所有居民完全推行。1986年10月实施的《中华人民共和国房产税暂行条例》规定了对部分房产征收城市房地产税，但不包括"个人所有非营业用的房产"。从收入不平等和财富不平等的角度看，是否对居民非营业用房产征税是关键，如何征税也是很关键的问题。自1998年房改以来，全国各地的房地产价格出现了大幅上涨。到2010年，房价问题成为大众讨论的热点话题，与此有关的房产税也成为业内外热议的焦点。2010年5月31日，国务院批转国家发改委《关于2010年深化经济体制改革重点工作意见的通知》明确提出"逐步推进房产税改革"。随后在上海、重庆等地开始试点对"个人所有非营业用房产"征收的房产税。

---

① 李实、万海远、谢宇：《中国居民财产差距的扩大趋势：北京师范大学中国收入分配研究院工作论文》，北京师范大学中国收入分配研究院工作论文，2014。

许多学者对上海、重庆两地居民住房房产税制度进行了详细分析，褒贬不一。较多研究指出了两地政策实施的不足之处，例如征税对象过窄、计税依据不合理、税率过低、税种性质不清等。不过，部分研究也看到它积极的一面，认为两地的房产税探索符合理论预期，有效调整了住房供需结构，并且在一定程度上抑制了房价快速增长，最主要的是"用较小的阻力和代价"顺利开展此项税收，起到了为房产税改革"探路"的作用。[1]

二 房产税如何影响收入不平等

居民房产税对收入不平等能够产生多大影响取决于三方面因素：房产分布与收入分布的关系；居民房产税税率结构；居民房产税免征规定。图6-1简单展示了这些关系。

首先，按家庭收入从低到高排序，若户均房产价值向右上方倾斜（曲线b随着家庭收入越来越高），且按固定比例征税，高收入家庭将缴纳更多房产税数额。然而，在不考虑免征额的情况下，若房产分布曲线比收入分布曲线更平坦，高收入家庭的房产税平均税率将低于低收入家庭，房产税将扩大收入不平等。相反，若房产分布

---

[1] 例如谷成《房产税改革再思考》，《财经问题研究》2011年第4期，第91~97页；郭鹏《现行房产税制度及其改革的几点建议》，《天津大学学报》（社会科学版）2014年第1期，第41~45页；李永刚《中国房产税制度设计研究——基于沪渝试点及国际经验借鉴视角》，《经济体制改革》2015年第1期，第180~184页；李振伟《我国房地产税制改革研究》，《中共中央党校》，2014；潘明星、王杰茹《财产税属性下房产税改革的思考》，《财政研究》2011年第8期，第5~8页；谭荣华、温磊、葛静《从重庆、上海房产税改革试点看我国房地产税制改革》，《税务研究》2013年第2期，第44~47页。

的曲线比收入分布的曲线更陡峭，房产税将缩小收入不平等。

其次，若把固定比例税率换成超额累进税率，在房产分布并不是特别平坦的情况下，房产税仍然有可能减小收入不平等。表现为图中曲线 c 变得更陡峭。

再者，若提高免征额，住房条件较差的一部分家庭将不用缴纳房产税，他们大多数收入相对较低，房产税的累进性会增强（图中曲线 d），从而在一定程度上增加再分配能力（缩小收入不平等）。但是，若免征额过高，排除了绝大多数家庭（图中曲线 e），房产税的整体平均税率将变得非常小，其对收入分布的影响也会大幅减弱。

综上，理想的房产税税制应该是在特定房产分布和收入分布的背景下，选择合适的税率结构和免征额。

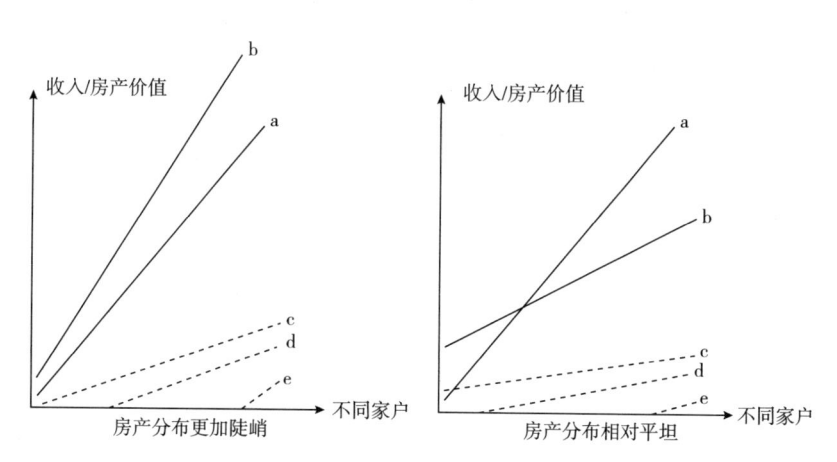

图 6-1　房产税效果的理论分析图示

说明：图中横坐标是按照家庭收入从低到高排列的不同家户，纵坐标表示家庭收入金额或房产价值金额。曲线 a 表示不同家庭的收入，曲线 b 表示不同家庭的房产价值，曲线 c 表示固定比例税率且没有免征规定时的房产税税收，曲线 d 表示固定比例税率且免征面积较小的房产税税收，曲线 e 表示固定比例税率且免征面积较大的房产税税收。

资料来源：见詹鹏、李实《我国居民房产税与收入不平等》，《经济学动态》2015 年第 7 期，第 14~24 页。

三 房产税收入再分配效果估算

（一）税制设计

房产税税制设计主要有以下要点。

应税房产的确定。一方面，应税房产是家户的全部存量住房，还是当年新购住房？若是存量住房，那么房产税将取决于家庭的房产总额。由于房产是家庭资产的一部分，此时的房产税从性质上属于"财产税"。若仅对新购住房征税，房产税在性质上与一般的商品税更类似，而不同于财产税。这种性质上的差异，对收入分配和财富分配具有重要意义。作为财产税的房产税，若配合超额累进税率，高收入家庭的税负将相对较高，它就能够发挥再分配效果。相对地，作为商品税的房产税，即使配合使用超额累进税率，其再分配效果可能仍会大打折扣。另一方面，在实际操作中可能还会考虑是否对商品房之外的产权房征税，例如被继承或赠与的房产。商品房一般与家庭的购买力紧密相关，而继承的房产可能没有太大相关性。若对所有住房征税，很可能加大低收入家庭的负担。

减免额的确定。大体有三大类减免方式，分别是按住房面积、按房产套数、按住房每平方米单价（区分高端住房和低端住房）。若按住房面积确定，既要考虑住房面积又可以按人均住房面积或总住房面积；若按套数确定，经常考虑对首套住房（现住房）减免；若从单价角度，可考虑对单价低于当地均价一定比例的房产减免房产税。从可操作性上看，按住房整体面积或按房产套数作为减免标准相对容易。

不过对于人口数差异较大的家庭之间存在不公平。所以，在现实中选用人均住房面积的方案比较多。考虑到开征房产税的难度，一些地区可能首先瞄准高端住宅，这种税制方案相当于按照每平方米单价设置一个减免额。

税率的确定。结合其他类似税种，房产税税率的备选税率有两大类，即固定比例税率或超额累进税率。考虑到低收入家庭收入水平较低，对低收入家庭适用较低税率理应更合理。超额累进税率的确定可考虑按住房面积、套数或每平方米平均单价来确定。

基于以上考虑，本部分从两个角度定量模拟我国房产税对收入不平等的影响。首先将上海和重庆现行税制推广至全国，模拟其收入再分配效果，然后考虑更一般性的税制设计，模拟多种可能性下的情形。

1. 上海和重庆税制及其税制对比

2011年，上海和重庆地区开征了房产税。不过由于条件限制，力度很小。开征房产税是否对房价、地方财政或其他方面发挥足够作用，目前在学术界还存在争论。表6-1报告了上海和重庆的房产税方案。其中，重庆市的房产税主要针对新购住房，并非存量房。从性质上看，重庆市的房产税属于商品税，并非财产税。在此种情况下，其更多的是调节市场行为，而对财富分配或收入分配没有太大影响。不过，重庆的税率类似于超额累进税率，对更高档住宅的税率更高，从这个角度能够发挥一些再分配效果。上海的税制考虑了存量房，理论上更接近财产税。其税率设计也考虑了一定程度的累进，不过层级较少，税率较低，税率差异也比较小，不一定能够发挥很好的再分配效果。相比于目前的人均住房面积，两地的减免面积都比较大。① 总的来说，重庆和上海的试点都非常小心。

表 6 – 1　上海和重庆的房产税

类别	方案 1	方案 2
来源	重庆	上海
范围	主城 9 区	18 个市行政辖区
对象	本地：个人拥有的独栋商品住宅；个人新购的高档住房（价格超过主城九区近两年新建商品房均价 2 倍及以上） 外地：无户籍、无工作、无企业的个人新购第二套以上的普通住房	本地：家庭第二套及以上的住房 外地：在本市新购住房
税率	平均价格 3 倍以下 0.5%；3～4 倍 1%；4 倍以上 1.2%	低于平均价格 2 倍 0.4%；2 倍以上 0.6%
计税依据	新购住房应税面积×新购住房单价×相应税率×70%	应税建筑面积×建筑面积交易单价的 70%×对应税率
减免标准	本地：人均 60 平方米 外地：符合国家和本市规定引进的高层次人才；持有本市居住证满 3 年并在本市工作生活的购房人，期在本市新购住房，且该住房属于家庭唯一住房	原有独栋住房，免税面积为 180 平方米，新增独栋住宅和高档住房为 100 平方米
备注	引自安体富等（2012）	引自安体富等（2012）

为了简便运算和方便比较，本部分在模拟中对重庆和上海的税制进行了简化（方案 1 和方案 2）：不区分本地居民和非本地居民；应税对象（应税房产）为城镇居民拥有产权的所有住房，不仅包括新购房产，也包括存量房产；减免标准按本地居民的规定。

---

① 根据《中国统计年鉴 2014》的数据，2012 年城镇居民人均住房建筑面积 32.9 平方米。重庆的减免面积是人均 60 平方米。上海按总面积算，对本地居民的减免面积为 180 平方米。按一个城镇家庭大约三口人计算，人均也是 60 平方米左右。两地都对外地居民采取了更高的约束。

作为对比,本部分还假定了另外三种税制方案。其中两类方案参考了现行《中华人民共和国房产税暂行条例》(以下简称《房产税暂行条例》)中关于企业经营性住房和企业出租房的相关规定(见表6-2)。方案3主要根据相应房产的原值确定房产税税额,方案4主要根据出租房的租金收入确定税额。这里将城镇居民住房的市场价估计值作为房产原值的代理值。而城镇居民住房的租金收入实际上可以视为虚拟租金收入,或者被称为自有住房估算租金。本部分参考佐藤宏等(2013)介绍的方法[①]进行计算。方案3中的税率不唯一,为了计算便捷,本部分固定为20%。胡海生和刘红梅等(2012)在用CGE模型进行房产税研究中使用了一个固定比例税率——0.8%,本部分也将其作为参考(方案5)。

2. 一般性税制组合

以上是对重庆和上海房地产税制的简单模拟,但现实中的争论远比这个复杂。为了明确不同税率和不同减免额会产生多大影响,本部分进一步基于不同税率和减免规定分别计算了相应的收入再分配效果。这些税率分别包括0.1%、0.5%、1%、1.5%、2%的固定比例税率,以及一类累进税率组合——低于当地平均价格按0.1%、当地平均价格1~2倍之间按0.5%、当地平均价格2~3倍之间按

[①] 佐藤宏介绍了四种估算方法,本文选择了其中的"基本估计"公式,即等于房产价值乘以收益率。佐藤宏和史泰丽等(2013)使用的收益率是30年政府债券利率,2002年和2007年分别是0.0290和0.0427。本文使用的收益率是五年期定期银行存款利率,2002年至2009年初分别是 0.0288、0.0279、0.0279、0.0360、0.0360、0.0414、0.0585、0.0360。数据来源:中国人民银行网站(http://www.pbc.gov.cn)。佐藤宏、史泰丽、岳希明《住房所有权与中国的收入不平等(2002~2007年)》,李实、佐藤宏、史泰丽《中国收入差距变动分析:中国居民收入分配研究Ⅳ》,人民出版社,2013。

1%、当地平均价格3~4倍之间按1.5%、当地平均价格4倍以上按2%。免征额按三类方案，一类是按人均住房面积，分别包括10平方米、20平方米、30平方米、40平方米、50平方米、60平方米、70平方米、80平方米、90平方米等；另一类按总住房面积，分别包括30平方米、60平方米、90平方米、120平方米、150平方米、180平方米、210平方米、240平方米、270平方米等；第三类是对首套房免征。这部分模拟相当于包括114组方案。

表6-2 本部分参考的另外三种房产税方案

类别	方案3	方案4	方案5
来源	《房产税暂行条例》（1986）关于企业自用房的规定	《房产税暂行条例》（1986）关于企业出租房的规定	胡海生等（2012）（胡海生等，2012）
范围	全国	全国	全国
对象	企业经营性自用房	企业出租房的租金收入	城镇居民所有非经营性住房
税率	1.20%	12%	0.80%
计税依据	房产原值×（1%~10%至30%）×税率	房产租金收入×税率	房产原值×税率
减免标准	房产原值×（10%~30%）	无	无
备注	参考中国注册会计师协会（2013）	参考中国注册会计师协会（2013）。房产估算租金的计算方法参考了佐藤宏、史泰丽和岳希明（2013）	

（二）上海、重庆房产税对收入的影响

根据估算，我们首先得到了五类基本方案下城镇家户的税负比例（见表6-3），大体可以有以下发现：首先，重庆和上海的房产税力度很微弱，非常小心谨慎。在五个方案中，方案1和方案2平

均税率最低，所有年份都不超过 0.2%。它们分别代表了重庆和上海房产税税制，并且方案 1 实际上比重庆房产税覆盖的范围还更宽，将房产税覆盖范围扩大到了新购房产之外的存量房产。这个数值不仅低于作为参考的另外三个方案，也低于美国居民不动产税的有效税率。美国居民不动产税在 1988~2007 年间的平均有效税率在 0.9%~1.2% 之间。① 这说明重庆和上海的房产税试点都非常小心谨慎，作为初探的税制设计，没有过多考虑它的调控功能，而是考虑它的可行性。

表 6-3 2002 年和 2007 年城镇地区收入十等分组的房产税税负比例

单位:%

收入组	2002 年					2007 年				
	方案1	方案2	方案3	方案4	方案5	方案1	方案2	方案3	方案4	方案5
1	0.01	0.01	4.44	1.60	3.70	0.10	0.04	7.63	3.95	6.35
2	0.01	0.00	3.99	1.44	3.32	0.07	0.03	6.61	3.42	5.51
3	0.03	0.01	3.32	1.19	2.76	0.09	0.03	6.14	3.18	5.12
4	0.01	0.01	3.47	1.25	2.89	0.07	0.04	5.56	2.88	4.63
5	0.02	0.02	3.56	1.28	2.97	0.05	0.04	5.36	2.77	4.47
6	0.01	0.01	3.26	1.17	2.72	0.05	0.03	4.91	2.54	4.09
7	0.02	0.01	3.28	1.18	2.73	0.10	0.06	5.08	2.63	4.24
8	0.04	0.03	3.47	1.25	2.89	0.14	0.09	5.29	2.74	4.41
9	0.03	0.04	3.36	1.21	2.80	0.22	0.15	5.54	2.87	4.62
10	0.04	0.04	3.01	1.08	2.51	0.20	0.18	5.22	2.70	4.35
全部	0.03	0.02	3.35	1.21	2.80	0.14	0.10	5.45	2.82	4.55

说明：由于 CHIP13 数据缺失了"其他房产"信息，结果与其他年份不可比，也没有实际意义，因而没有在文中报告。

资料来源：根据 CHIP 数据计算得到。

---

① Haveman M, Sexton T A. Property Tax Assessment Limits: Lessons from Thirty Years of Experience. Cambridge, MA: Lincoln Institution of Land Policy, 2008.

其次,由于沪渝房产税都考虑了一定的累进性,即按照房价高低对不同家庭采用不同税率,因而低收入组家庭的平均税负比例相对更低,高收入组家庭相对较高,能够发挥积极的再分配效果。而在作为参考的另外三类税制中,不同收入组家庭的税负高低完全取决于房产价值,低收入组的实际税负实际上略高一些。从这个角度看,考虑了一定累进性的沪渝房产税在效果上是积极的,未来的房产税制度应坚持这一设定。

表6-4 2002年、2007年五类房产税方案的再分配效果

单位:%

年份	指标	方案1	方案2	方案3	方案4	方案5
2002	MT	0.000040	0.000071	-0.002049	-0.000589	-0.001613
	横向公平	-0.000002	-0.000004	-0.000570	-0.000068	-0.000388
	纵向公平	0.000043	0.000075	-0.001478	-0.000521	-0.001225
	累进性指标	0.179443	0.264513	-0.042711	-0.042711	-0.042711
2007	MT	0.000215	0.000303	-0.002434	-0.001082	-0.001789
	横向公平	-0.000068	-0.000019	-0.000799	-0.000258	-0.000439
	纵向公平	0.000283	0.000322	-0.001635	-0.000824	-0.001350
	累进性指标	0.230974	0.292937	-0.028654	-0.028654	-0.028654

说明:由于CHIP13数据缺失了"其他房产"信息,结果与其他年份不可比,也没有实际意义,因而没有在文中报告。

资料来源:根据CHIP数据计算得到。

最后,根据MT指数结果,不同税制的收入分配效果更加清晰。与前一部分的论述结论类似,方案1和方案2的累进性都相对较高,能够降低收入不平等,不过由于平均税率较低,基尼系数的减幅很小——按2007年数据的MT指数分别是0.000215和0.000303,这意味着收入分配效果微弱。而方案3、方案4和方案5都扩大了收入不平等,MT指数分别为-0.002434、-0.001082和-0.001789。相比

于间接税的 MT 指数,它的影响并不小。聂海峰和岳希明(2012)估算了 2007 年间接税对城镇和农村的收入再分配效果,其 MT 指数分别是 -0.0079 和 -0.0112,其中包含了几乎所有间接税。而房产税方案 3 的 MT 指数已经达到了间接税 MT 指数的 31%。方案 3、方案 4 和方案 5 的 MT 指数显著为负的主要原因是它们的累进性特征:由于都没有考虑免征,相当于纯粹的单一比例税率,加上前述的房产分布特征,三个参考方案的累进性指标都相同且为负。这三类备选方案的 MT 指数差异主要来自平均税负比例的差别。

从 2002 年至 2007 年,随着收入分布和房产分布的变化,方案 1 和方案 2 的再分配效果增强,而方案 3 至方案 5 变化不大。预计进入"新常态"时期以后,随着居民房产数量和价值的增加,沪渝房产税的再分配效果可能进一步增强。不过,由于力度过轻,总的影响还是会很微弱。

(三)更多方案的模拟结果

根据前面的分析,相对理想的税制应该是免征额与税率结构的某一组合。那么减免幅度应该多大、税率应该如何设计会更有利于房产税的收入再分配效果呢?这一部分以 2007 年数据为基础,根据前文设计的税制组合分别模拟得到不同情形下的 MT 指数和平均税负比例。我们发现如下现象。

首先,随着减免人均面积的提高,房产税的收入再分配效果并不是呈现单调变化。当采用固定汇率时,减免的人均面积越高,应纳税家庭越少,房产税的收入再分配效果会出现先增强后较弱的趋势。当减免面积为 20~30 平方米/人(或家庭总面积为 60~90 平方米）时，房产税的收入再分配效果在不同的单一比例税率下都达到了最大值。而若采用累进税率，房产税的收入再分配效果在免征面积最小的情形达到最大。

表6-5 2007年114组房产税方案下的反事实估计（MT指数）

单位:%

免征规定	税率						缴税家户占比
	0.10	0.50	1.00	1.50	2.00	累进税率	
按人均面积							
10	0.00003	0.00006	-0.00021	-0.00089	-0.00188	0.00115	88.75
20	0.00017	0.00076	0.00142	0.00166	0.00177	0.00158	69.21
30	0.00018	0.00081	0.00155	0.00217	0.00242	0.00136	39.43
40	0.00014	0.00065	0.00120	0.00178	0.00213	0.00098	21.51
50	0.00010	0.00046	0.00090	0.00112	0.00140	0.00056	12.58
60	0.00007	0.00032	0.00065	0.00083	0.00093	0.00030	7.91
70	0.00004	0.00020	0.00044	0.00057	0.00065	0.00022	5.07
80	0.00003	0.00012	0.00022	0.00037	0.00041	0.00006	3.33
90	0.00002	0.00008	0.00012	0.00026	0.00029	0.00003	2.34
按家庭面积							
30	0.00007	0.00031	0.00040	-0.00010	-0.00094	0.00143	89.12
60	0.00027	0.00118	0.00243	0.00331	0.00389	0.00219	67.46
90	0.00027	0.00123	0.00237	0.00341	0.00420	0.00186	32.99
120	0.00020	0.00094	0.00177	0.00263	0.00330	0.00132	16.26
150	0.00015	0.00068	0.00123	0.00172	0.00217	0.00075	9.16
180	0.00010	0.00047	0.00085	0.00125	0.00145	0.00041	6.32
210	0.00007	0.00032	0.00057	0.00080	0.00094	0.00027	4.16
240	0.00005	0.00023	0.00040	0.00057	0.00067	0.00017	2.76
270	0.00004	0.00017	0.00031	0.00043	0.00051	0.00013	1.92
第一套房	0.00018	0.00082	0.00151	0.00230	0.00277	0.00102	10.22

资料来源：根据CHIP数据计算得到。

表 6-6 2007 年 114 组房产税方案下的反事实估计（平均税负比例）

单位：%

免征规定	税率					
	0.10	0.50	1.00	1.50	2.00	累进税率
按人均面积						
10	0.37853	1.89267	3.78533	5.67800	7.57066	2.30763
20	0.22146	1.10729	2.21459	3.32188	4.42918	1.38397
30	0.12690	0.63451	1.26901	1.90352	2.53802	0.81658
40	0.07625	0.38125	0.76251	1.14376	1.52501	0.49471
50	0.04830	0.24148	0.48295	0.72443	0.96591	0.31372
60	0.03135	0.15674	0.31348	0.47023	0.62697	0.20496
70	0.02032	0.10159	0.20318	0.30477	0.40636	0.13092
80	0.01346	0.06728	0.13457	0.20185	0.26913	0.08464
90	0.00939	0.04694	0.09389	0.14083	0.18778	0.05998
按家庭面积						
30	0.39023	1.95115	3.90229	5.85344	7.80458	2.38058
60	0.23086	1.15431	2.30862	3.46294	4.61725	1.44466
90	0.13326	0.66628	1.33255	1.99883	2.66511	0.85024
120	0.08164	0.40820	0.81639	1.22459	1.63278	0.52785
150	0.05364	0.26819	0.53638	0.80458	1.07277	0.35059
180	0.03586	0.17932	0.35864	0.53797	0.71729	0.22938
210	0.02413	0.12064	0.24127	0.36191	0.48254	0.14689
240	0.01684	0.08421	0.16843	0.25264	0.33686	0.09834
270	0.01248	0.06242	0.12485	0.18727	0.24969	0.07378
第一套房	0.08346	0.41729	0.83458	1.25187	1.66916	0.59115

其次，虽然累进税率下房产税的收入再分配效果不一定完全好于单一比例税率，但无论起征点高低，它的再分配效果都是正的。并且它能够在保持较低平均税负的前提下获得更高的整体累进性和收入再分配效果。

再次，若简单以第一套房作为免征标准，2007 年仅有 10% 的家

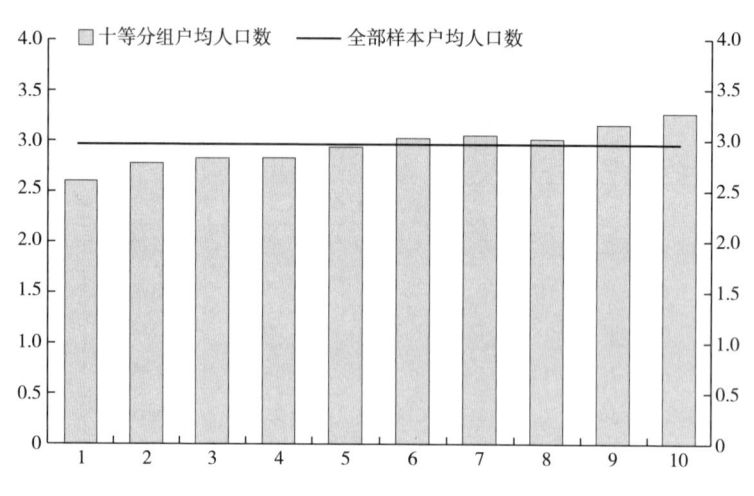

图 6-2　2007 年收入十等分组户均家庭人口数

说明：横坐标是收入十等分组，并按家庭总收入从小到大排列。
资料来源：根据 CHIP 数据计算得到。

庭需要缴税，这一方案的收入再分配效果在固定税率下均高于以人均面积为免征标准的税制方案，相当于按家庭总面积 120~150 平方米之间的收入再分配效果。

最后，虽然从感觉上按人均面积为减免标准更加公平，但从测算结果看，按家庭总面积作为减免标准更加有利于缩小收入不平等。其中原因主要是整体上高收入家庭的人口相对较多，在其他条件都相同且以人均面积作为减免标准时，人口较多的高收入家庭减免面积也相对较多，纳税额度会降低，从而削弱房产税的再分配效果。因此，从对收入不平等的调节上看，房产税采用家庭总面积作为减免依据似乎更合理一些。

四　小结

根据本部分的评估，重庆和上海在推行房产税税制时都非常谨慎,将其做法推广至全国城镇居民,其平均税负比例(平均税率)也不足 0.2%。但由于采用了累进税率,它们的居民房产税都能够减少收入不平等。而没有考虑减免规则,且没有使用累进税率的另外三个基本方案都扩大了收入不平等。可见,重庆和上海的房产税试点是一个很好的开端。

本部分模拟了不同减免规则、税率结构等因素下的房产税再分配效果,涉及了现实税制设计中应考虑的一些细节。例如,本部分研究发现,在固定比例税率下,当减免面积基本接近人均住房面积(或家庭总住房面积)时,房产税的再分配效果最强。由于目前可支配收入较高的家庭人口数更多,采用家庭总住房面积作为减免依据好于人均住房面积作为减免依据。然而,若采用合理的累进税率,即使没有免征额,房产税在较低的税率下也能发挥很好的再分配效果。

总的来说,从房产税直接影响的角度看,它的收入分配功能比较乐观。由于现行税种中绝大多数间接税都是累退的,低收入群体承担了更多税收,几乎只有个税的实际税率是累进的。虽然房产税的预期再分配效果只有个税的 1/3 至 1/2,但在收入差距处于高位运行的大背景下,房产税的收入再分配功能仍然具有积极意义。

专栏:CHIP 数据中的房产信息

数据中的住房包括"现住房"和"其他住房","其他住房"包括出租房、偶尔居住房和其他用途房。所有年份数据均包含详细的现住房信息,但非常可惜的是 2013 年数据没有包含其他住房信息。从后续的估算结果看,2013 年的数据问题不影响对房价分布走势的判断,但会低估房产税税负比例。在房产税的再分配效果方面,CHIP2013 的结果与其他结果存在一些差异。① 因而,本部分研究主要依据 2007 年数据来判断房产税的再分配效果。

2013 年数据直接给出了住房性质是否为"自有",而 2002 年和 2007 年数据的"现住房"分为六类产权类型:租赁公房、租赁私房、原有私房、房改私房、商品房和其他。我们将"原有私房"、"房改私房"和"商品房"定义为家户拥有产权的现住房。"其他住房"没有进一步区分,这里假定若数量大于零即拥有产权。数据中报告了"现住房"的总建筑面积、按市场价的估计值,"其他住房"的套数和面积,但没有"其他住房"的市场价估计值。对此我们分两类处理,对于拥有"现住房"且拥有"其他住房"的家户,假定"其他住房"的每平方米单价与"现住房"相同,进而推算其市场价估计值;若"现住房"没有产权,而"其他住房"套数和面积大于零,则按家户所在县平均单价作为其单价估计值。此外,部分年份中有极个别的家户所在县没有报告"现住房"的市场价估计值和面积,对此,本部分将利用其所在省份的平均单价作为其替代值。

(本章作者:詹鹏)

---

① 比较对象包括:2002 年和 2007 年结果,以及詹鹏和李实(2015)中使用 2009 年数据的估计结果。詹鹏、李实《我国居民房产税与收入不平等》,《经济学动态》2015 年第 7 期,第 14~24 页。

第七章 遗产税的收入分配效应

一 开征遗产税的讨论

新中国成立以来，我国从来没有征收过遗产税，但关于遗产税的讨论却一直存在。我国对遗产税的关注最早可追溯到1912年，北洋政府财政总长周学熙在其财政施政方针中提出，税制更新在于新税替代旧税，印花、遗产二税，"即为中国向来未有之税目，而又无重复之可虞"，这是较早记载于官方文件的遗产税信息。新中国成立以后，在1950年1月颁布的《全国税收实施要则》将遗产税作为拟开征的重要税种之一。但同年6月召开的第二届全国税务会议上又决定暂不开征遗产税。1955年12月，中共财政部党组向中共中央报送了《关于工商税制建设和对国营企业推行周转税等问题的请示报告》，其中提出遗产税应当在1956年内开征。但1956年1月底至2月初召开的全国财政厅（局）长、税务局长会议上，又再次决议暂不开征遗产税。1985年，《关于〈中华人民共和国继承法〉（草案）的说明》提到设立遗产税问题："现在有些遗产数额较大，而且有增长趋势，征收遗产税的问题需要研究，如果要征收遗产税，可以另行制定有关税法。"1990年，国家税务局《关于今后十年间工商税制改革总体设想》中正式提出了开征遗产税和赠与税的设想。同年12月30日,党的十三届七中全会通过了《关于制定国民经济和社会发展十年规划和"八五"计划的建议》,其中提出要通过遗产税和赠与税等对过高的收入进行必要的调节。随后在1992年、1993年均有不少文件提及遗产税。在1994年的税制改革中,也将遗产税列为可能开征的税种之一。随后一直到现在,几乎每隔一两年都会有文件提及"要开征遗产税",但最后都不了了之。最近的一次官方文件是2013年2月,国务院转发国家发改委等部门《关于深化收入分配制度改革的若干意见》,其中表明在适当时期开征遗产税问题,但随后的文件中又不见了遗产税的踪影。

二 简单模拟模型设定

简单来看,一般遗产主要由家庭成员继承,或者关系比较紧密的亲戚朋友继承。这些人的贫富水平大体上应与死亡个体的贫富水平差不多,所以遗产不太可能直接跨越很大幅度的贫富差距,基本上是同一财产阶层内部的积累。我们可以使用一个简单的数学模型来解释财产代际转移对财产不平等可能带来怎样的影响。

由于基尼系数等不平等指标主要评判相对不平等程度,我们将社会群体简单分为富人和穷人两个群体,他们的财产存量分别为 x_1 和 x_2,人数分别为 n_1 和 n_2。他们的财产差距可以简单表示为

$$A = \frac{x_2/n_2}{x_1/n_1} \tag{1}$$

假定穷人和富人的死亡率分别为 r_1 和 r_2 ($0 < r_1, r_2 < 1$),个体

死亡以后的财产存量变为 $x_1(1-r_1)$ 和 $x_2(1-r_2)$，在不考虑新增人口的情况下，人均财产保持不变。他们死后留下来的财产为 $x_1 r_1 + x_2 r_2$。如果穷人能够从中继承的比例为 a，富人能够继承的比例为 $1-a$，那么财产差距将变成

$$B = \frac{[x_2(1-r_2) + (1-a)(x_1 r_1 + x_2 r_2)] / [n_2(1-r_2)]}{[x_1(1-r_1) + a(x_1 r_1 + x_2 r_2)] / [n_1(1-r_1)]} \quad (2)$$

当穷人只能从穷人获取遗产时，$a = x_1 r_1 / (x_1 r_1 + x_2 r_2)$，此时

$$B' = \frac{x_2 / [n_2(1-r_2)]}{x_1 / [n_1(1-r_1)]} = \frac{x_2 n_1 (1-r_1)}{x_1 n_2 (1-r_2)} \quad (3)$$

根据目前已经征收遗产税国家的实践，遗产税一般主要针对富人，相当于在富人可以继承的财产中再扣除一个比例 β。那么相对财产差距变为

$$C = \frac{[x_2(1-r_2) + (1-a-\beta)(x_1 r_1 + x_2 r_2)] / [n_2(1-r_2)]}{[x_1(1-r_1) + a(x_1 r_1 + x_2 r_2)] / [n_1(1-r_1)]} \quad (4)$$

显然，当穷人和富人的死亡率相同时，财产的相对差距不变；当穷人的死亡率高于富人时，由于分摊财产的人数减少，穷人人均财产增加，财产相对差距缩小；反之，当穷人的死亡率较低时，财产差距会扩大。由于这个简单公式只是静态考虑，没有加入人口增加因素，现实情况可能存在差异。但它还是体现了以下几个问题：第一，财产的代际转移不一定扩大或缩小财产不平等。从相对不平等角度看，富人和穷人的财产都会出现积累，二者之间比值的变化可能多种多样。所以，财产代际转移能否扩大或减小不平等在不同环境下的状况不同。第二，遗产税显然能够降低财产的不平等。这

与绝大多数文献的观点一致。① 第三，如果政府希望在财产继承过程中减小不平等，那么应该尽可能增加穷人获得遗产的比例 a。在存在遗产税的情况下，应把遗产税收入尽可能分配给穷人。经验表明，同样的一笔资金，分配给最穷的人将发挥更大的缩小不平等效果。

模型设定

本部分主要采用独立重复的蒙特卡洛模拟模型。采用这个模型主要出于以下几方面考虑：第一，简明清晰地展现遗产转移过程中发生的现象。目前的许多经济模型主要从代际财产转移的角度入手，但对遗产继承中形成的其他流向关注不多。本部分尝试简明清晰地展现遗产转移中的基本现象，其中不仅包含代际财产转移，还考虑到现实中可能发生的配偶之间转移和流向父母的转移。第二，在讨论不平等问题中，本部分的主要指标是基尼系数。包含随机过程的蒙特卡洛模拟能够重现现实生活中的各种可能现象，而不仅仅是一个平均意义上的影响。在某些情况下，平均意义上的结果不一定能够发生。而且，对于基尼系数之类的离散指标，以平均水平为主要目标的模型可能存在不足。第三，本部分的数据包含较好的财产信息，但没有遗嘱信息，对遗产转移方式的假定可能偏强。因此在模型结果中也做了多方面的扩展比较，尽可

---

① 例如 Heer（2001）、Piketty（2003）和 Batchelder（2009）等的研究都支持遗产税在减小不平等上的作用。Heer B. Wealth Distribution and Optimal Inheritance Taxation in Life–cycle Economies with Intergenerational Transfers. Scandinavian Journal of Economics, 2001, 103 (3): 445–465. Piketty T. Income inequality in France, 1901–-1998. Journal of political economy, 2003, 111 (5): 1004–1042. Batchelder L. L. What Should Society Expect from Heirs? The Case for a Comprehensive Inheritance Tax. Tax Law Review, 2009, 63 (1): 1–112.

第七章 遗产税的收入分配效应

能予以弥补。

本部分模型主要包含三个子部分：家庭内财产分配机制、遗产发生机制、遗产继承机制。

- 家庭内财产分配。原始数据询问了自有住房信息的产权登记人[①]，但是其他房产和其他财产没有具体指明。所以，考虑到家庭内部的很多财产是共享的，我们假定自有房产之外的财产被家庭成员平分。

- 遗产发生。假定遗产是由于个体死亡发生的，死亡是一个随机过程，其概率依赖于这个个体的理论死亡率。每个个体在某次模拟中是否死亡根据相应理论死亡率的二项分布随机确定。

- 遗产继承。按照我国继承法，如果去世的人在生前没有立遗嘱，他的财产将首先被第一顺序继承人继承，如果没有第一顺序继承人，则由第二顺序继承人继承。第一顺序继承人包括配偶、子女和父母，第二顺序继承人包括兄弟姐妹、孙子女、祖父母。不过，本部分所使用样本中并没有第二顺序继承人信息，所以如果没有第一顺序继承人，那么死亡个体的遗产被认为消失。同时，在现实生活中，如果去世人的自有房产与其他人共有，那么他去世以后，这个房产应归于其他在世的登记人名下，而不会让其他家庭成员继承。如果没有在世的房产登记人，而且去世人的配偶仍然在世，那么他的配偶一般将继续在

[①] 自有住房的信息也存在少量缺失，但比例不高。对于这些信息缺失的房产，按照平摊方式处理。作者也曾把所有自有住房平摊给所有人，并进行同样模拟，其结论与本文第四部分结论基本一致。所以，自有住房的处理更多的是影响细节，对整体结论的影响不大。

自住房内生活。相当于去世个人的自住房给了配偶。具体应作以下处理：第一，自住房的继承，如果还有其他房产登记人在世，则平均分配给其他在世房产登记人。如果没有其他在世的房产登记人，而且配偶健在，则由配偶继承；如果配偶不在，那么由其他第一继承人按房产价值平分。第二，自住房之外的其他财产，按照继承顺序由第一继承人平分。得到最终数据以后，再计算相应指标。

本部分的模拟会遍历每个样本个体。对于24428个样本个体，逐一根据相应年龄和性别随机判断是否死亡（理论死亡概率来自人口普查数据）。如果死亡，则将他的财产分配给相应继承人。如果没有死亡，则不处理他的初始财产（没有死亡的人可能会继承到别人的遗产）。一组模拟实际上需要运算24428次，独立重复了100组（每组模拟中，具体哪些人会死亡根据理论死亡率随机确定）。这个模拟主要是静态财产转移中的现象及影响，暂未考虑财产存量在时间上的动态变化。

三 遗产税的再分配效应

（一）遗产流向

根据以上模拟模型重复多次，并取所有模拟的平均值，得到遗产流向的一些结果。总的来看，主要包括这些现象。首先，房产在遗产流向中的影响比较强。表7-1的遗产转移矩阵中对角线附近的比例都相对较高，其中自有住房的转移占了很大比例。这主要因为模型设定中将自有住房留给了健在的配偶，而当前房产在总财产的比重非常大。最终，总遗产中有85.5%会流向配偶（见表7-3）。若将自有住房部分排除，剩余部分将平分给遗产继承人（剩余部分含其他住房），转移矩阵对角线附近的比例下降（见表7-2），遗产的流向将变得更加分散，配偶获得的遗产比例降至53%，而流向子女的比例上升至43.9%（见表7-3）。

表7-1 遗产转移矩阵

单位：%

类别		死亡者							获得遗产比重
		(15, 25]	(25, 35]	(35, 45]	(45, 55]	(55, 65]	(65, 75]	(75, 85]	(85, Inf]	
遗产继承者	(15, 25]	8.83	3.98	14.13	4.58	1.13	0.13	0.03	0.00	1.98
	(25, 35]	26.00	64.34	4.58	11.72	6.25	1.30	0.19	0.89	4.94
	(35, 45]	27.98	14.39	76.47	14.31	3.99	7.75	5.70	3.69	12.18
	(45, 55]	34.64	1.42	2.70	63.21	14.64	2.25	4.74	35.43	14.08
	(55, 65]	2.56	14.11	1.02	5.90	66.90	26.81	6.10	35.77	28.28
	(65, 75]	0.00	1.71	0.93	0.13	6.67	58.40	32.27	4.49	27.89
	(75, 85]	0.00	0.06	0.16	0.14	0.37	3.32	50.28	19.73	10.51
	(85, Inf]	0.00	0.00	0.00	0.01	0.04	0.04	0.71	0.00	0.15
遗留遗产比重		0.43	1.61	6.92	12.52	24.12	34.92	17.63	1.84	100.00

资料来源：根据CFPS数据模拟计算得到。除最后一行外，中间部分的比例是按列计算的，即每列和为100。"遗留遗产比重"是按行计算的比例分布。

其次，遗产主要有三个流向——父母、配偶和子女。这三个群体与死亡者之间往往存在一定的年龄差。所以不同死亡者的遗产一般将流向跨越两个年龄组的被继承人。这在不考虑自有住房的转移矩阵中尤其明显。由于不同年龄个体死亡率和财产分布特征，最终的遗产主要由65~75岁组老年人形成，而获得遗产的主要也是这一年龄组。结合表7-4也可以得到类似的判断。

表 7-2 不考虑自有住房部分的遗产转移矩阵

单位:%

类别		死亡者							获得遗产比重
		(15, 25]	(25, 35]	(35, 45]	(45, 55]	(55, 65]	(65, 75]	(75, 85]	(85, Inf]	
遗产继承者	(15, 25]	3.78	1.34	53.41	12.11	5.23	0.05	0.13	0.00	6.98
	(25, 35]	27.76	51.95	5.56	34.88	22.25	3.31	0.90	1.47	13.74
	(35, 45]	28.27	6.75	32.60	2.12	10.18	29.67	17.98	6.09	17.94
	(45, 55]	37.63	3.38	2.06	40.02	17.93	4.37	16.77	57.44	17.46
	(55, 65]	2.56	32.35	3.41	10.06	32.98	4.72	19.36	22.99	15.17
	(65, 75]	0.00	4.07	2.59	0.35	9.84	54.69	8.30	5.32	21.49
	(75, 85]	0.00	0.14	0.38	0.44	1.41	3.15	36.27	6.70	7.11
	(85, Inf]	0.00	0.00	0.00	0.03	0.18	0.04	0.29	0.00	0.10
遗留遗产比重		1.57	2.77	7.18	15.79	21.08	32.15	14.87	4.58	100.00

资料来源:根据 CFPS 数据模拟计算得到。除最后一行外,中间部分的比例是按列计算的,即每列和为100。"遗留遗产比重"是按行计算的比例分布。

表 7-3 遗产流向分布

单位:%

类别	全部			排除自有住房		
	流向父母	流向配偶	流向子女	流向父母	流向配偶	流向子女
占比	0.8	85.5	13.7	3.1	53.0	43.9
继承者年龄						
(15, 25]	0.0	0.1	13.7	0.0	0.2	15.7
(25, 35]	0.0	1.7	25.2	0.0	4.2	26.2
(35, 45]	15.1	8.8	33.2	14.7	5.3	33.5
(45, 55]	21.1	13.8	15.4	22.2	19.4	14.8
(55, 65]	36.6	30.9	11.3	38.2	19.2	8.6
(65, 75]	12.3	32.4	0.6	10.6	39.4	0.6
(75, 85]	12.2	12.1	0.4	12.5	12.2	0.6
(85, Inf]	2.7	0.1	0.0	1.7	0.1	0.0
全部	100.0	100.0	100.0	100.0	100.0	100.0

资料来源:根据 CFPS 数据模拟计算得到。"占比"表示父母、配偶和子女分别得到的遗产占总遗产的比例。"遗产的流向分布"表示流向父母、配偶或子女的遗产分别在 8 个年龄组的分布比例。

表 7-4 继承人所获得遗产与初始财产的平均比值

单位:%

继承者年龄	全部				排除自有住房			
	全部	父母	配偶	子女	全部	父母	配偶	子女
(15, 25]	13.1	—	76.9	12.5	11.3	—	17.2	11.2
(25, 35]	27.8	25.0	67.7	22.1	18.8	25.0	24.6	18.0
(35, 45]	46.7	49.6	124.8	22.9	16.8	44.8	11.3	18.1
(45, 55]	65.2	33.7	96.0	23.9	19.7	32.8	20.4	18.0
(55, 65]	111.1	26.9	128.8	40.5	14.5	26.0	12.2	24.1
(65, 75]	96.2	14.7	98.7	38.2	18.1	11.7	18.2	27.5
(75, 85]	88.3	13.3	93.4	100.0	14.6	12.6	14.2	100.0
(85, Inf]	33.5	7.0	98.9	—	5.5	4.1	8.8	—
全部	67.9	22.6	106.3	21.6	16.5	20.8	16.1	16.9

说明：这里的数值表示遗产继承人所获得的遗产规模与自身初始财产规模的平均比值。

资料来源：根据 CFPS 数据模拟计算得到。

再次，遗产继承人所获得的遗产规模占初始财产的平均比值为 67.9%，若排除自有住房的转移，这一比例将降低至 16.5%。从表 7-5 可以看出，排除自有住房以后，降幅最明显的是配偶所获得的遗产。子女和父母所获得的遗产份额影响不大。这些自有住房一方面是由于许多夫妻共同作为房产的产权登记人，另一方面是一方去世以后，将现住房产留给在世的配偶。

最后，流向子女（代际继承）的遗产大概占所有遗产的 13.7% 左右，这些遗产与子女初始财产的比值大约为 21.6%。若排除房产，流向子女的遗产占全部遗产的 43.9%，占子女初始财产的 16.9%。Kotlikoff 和 Summers（1982）分析了美国 20 世纪 70 年代初期的财产积累数据，发现其中有 80% 来自代际财产继承；Gale 和 Scholz（1994）使用 80 年代美国数据估计发现子女财产有 51% 来自继承，其中 31% 左右是遗产的继承。由于估算方法不同，具体数值的可比性并不强。但大体可以发现，我国通过代际方式所获得的遗产比重不是很高。其中，25～45岁年轻人获得的遗产相对较多（见表7-3，25.2%+33.2%），即使排除自有住房，这一数值也变化不大。但是这些遗产与他们自身初始财产的平均比值只有23%左右，年龄越小，从父母辈获得的遗产对自身财产的影响越弱，其中主要原因可能是子女财产的积累速度快于父母，年轻人自身财产相对规模显得更大，遗产的影响相对较小。

表7-5　遗产税对财产不平等的影响（相对变化）

单位：万元，%

分征	起征点	比例税率				累进税率
		0.01	0.05	0.10	0.20	
第一组	10	0.00038	0.00191	0.00465	0.00847	0.00418
	100	0.00020	0.00101	0.00202	0.00404	0.00291
	200	0.00016	0.00081	0.00162	0.00324	0.00232
	500	0.00009	0.00047	0.00094	0.00188	0.00118
	1000	0.00002	0.00009	0.00018	0.00037	0.00017
第二组	10	3.44444	16.27788	25.61048	38.59718	24.58067
	100	2.07366	10.30852	16.21397	24.35295	18.17072
	200	1.71244	8.26973	13.23342	19.33960	15.25635
	500	0.95789	5.23957	8.97409	13.18107	10.06104
	1000	0.22686	1.14285	2.31099	4.20568	1.69367
第三组	10	0.38731	1.88951	3.66991	6.94319	4.18600
	100	0.23651	1.15677	2.25273	4.28363	3.12833
	200	0.18893	0.92525	1.80451	3.44001	2.54283
	500	0.11372	0.55990	1.09882	2.11876	1.35528
	1000	0.02412	0.11987	0.23795	0.46889	0.17306

说明：根据相应税制进行模拟以后，比较征税以后最高10%与最低10%平均财产比值的减小量。当数值为正时，表示最高10%与最低10%平均财产的比值下降；反之，表示比值上升。第一组仅考虑遗产税的征收过程；第二组假定遗产税收入被转移到最穷的10%个体；第三组假定遗产税收入转移到全体个体。

资料来源：根据CFPS数据模拟计算得到。

(二) 遗产继承对财产不平等的影响

根据前面的理论分析，遗产继承是否扩大或减小财产不平等是不确定的，具体如何影响与实际死亡个体的分布、相应家庭的人口结构、资产规模有关。图7-1报告了100次模拟的基尼系数变化。在考虑不同的死亡率分布情况下，财产基尼系数并没有明显下降或上升，而是在零附近随机出现。其中，基尼系数的变化都很小，这是因为整体死亡率较低，遗产占全社会总财富的比例很小（0.43%）[①]，而且遗产转移对穷人的影响很弱，所以对相对于收入不平等的影响也会很弱。

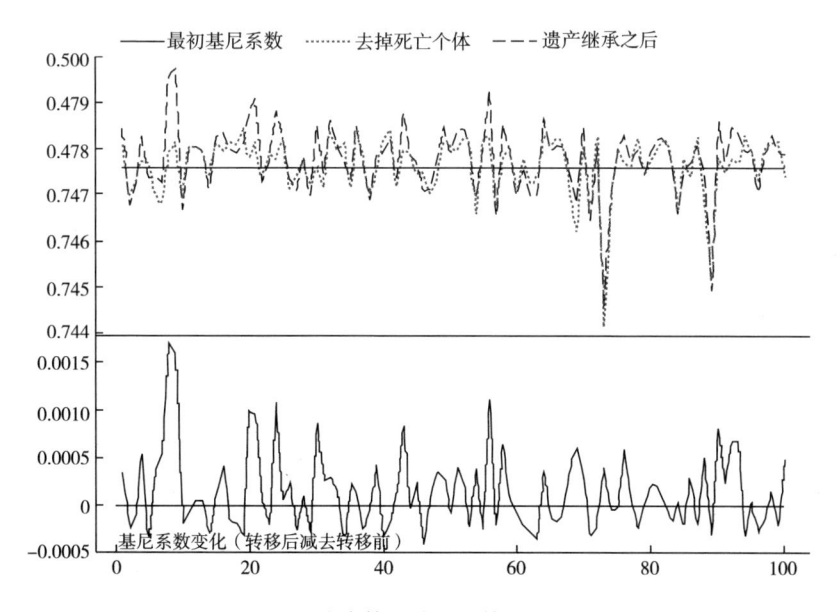

图7-1 遗产转移前后的基尼系数变化

说明：图中横坐标表示100次模拟的编号，纵坐标分别表示基尼系数和基尼系数的变化量。

---

① 将模拟中发生的遗产总额除以样本数据估算的全社会总财富得到，0.43%是100次模拟结果的平均数。

简单来看，遗产继承对不平等的影响主要体现在不同组之间的结构特征：死亡率越高，财产积累会越快；家庭规模越大、子女数量越多，遗产更容易被分摊，财产积累会较慢；配偶健在比例和父母健在比例越高，流向子女的遗产会越少等。综合这些结构差异，遗产继承过程不一定能够降低财产不平等。当然，本部分模型没有考虑富人和穷人之间支配遗产的动机差别，可能有些简单。但是，在暂时没有明确信号表明富人和穷人如何支配遗产的前提下，并不能认为遗产继承过程一定会扩大财产不平等。

四 遗产税能否缩小财富差距？

虽然遗产继承在短期内可能不会对财产不平等带来很大影响，但是它在长期内可能使财产积累的规模逐渐增大。正如 Piketty（2014）所担忧的，财产的长期积累可能使得财产不平等逐渐扩大。为规避这个问题，遗产税是一个可以尝试的应对办法。国外研究不乏一些定量分析，绝大多数文献都认同遗产税在缩小不平等方面的作用。[1] 国内还没有太多定量估计遗产税效果的文献。为了充分考虑遗产税的各种可能性，我们设计了 20 种等比例税率税制和 5 种超额累进税率税制。其中包括五类起征点：10 万元、100 万元、200 万元、500 万元、1000 万元；五类税率：1%、5%、10%、20% 以及超额累进税率。[2] 从模拟结果

---

[1] 例如 Batchelder（2009）、Piketty（2003）和 Heer（2001）等。
[2] 超额累进税率假定：应税遗产数额在 0~150 万元、150 万~300 万元、300 万~500 万元、500 万~800 万元、800 万~1300 万元、1300 万~2000 万元、2000 万~3000 万元、3000 万~5000 万元、5000 万元以上等部分分别征收 5%、10%、15%、20%、25%、30%、35%、40% 和 45% 的税率。

看，在仅仅考虑遗产税征收的情况下，最高10%的平均财产与最低10%的平均财产最多只是下降了0.008%（见表7-5），对整体差距的影响都非常微弱。但如果把征收的遗产税分配给穷人，例如让最低10%的人平分遗产税税收收入，那么财产不平等将得到很好的改善。在最低起征点和最高税率下，最高10%的平均财产与最低10%平均财产的比值会下降39%。当然，现实中很难理想地将遗产税收入转移到最穷的人。但是，即使将遗产税收入平分给所有人，对不平等的影响也很大。在低起征点和高税率下，最富与最穷的平均财产之比也能够减小6.9%。为什么财政的支出过程能引起这么大的影响？这主要是因为穷人的财产存量本来就很小，只需要稍微增加一点，它所带来的相对增加量就会非常高，对相对不平等的减缓作用比较强。

五 小结

遗产继承对财产不平等的影响并不确定，是否缩小或扩大不平等取决于实际死亡个体的家庭结构分布，也与穷人和富人家庭内部的财产分配有关，从全国意义上说，与不同资产区间的死亡率、家庭规模、子女数目、财产规模等因素相关。其中，富人子女数目较少，使得遗产更容易集中到少数人，富人的财产积累速度可能快于穷人，这可能引起不平等的扩大。考虑到拥有巨额财产的中年人正逐渐变老，未来遗产规模将很可能进一步扩大。再加上计划生育政策使得户均子女数目明显减少，未来遗产的累积速度会加快。

单纯征收遗产税对解决财产不平等作用比较微弱。但如果能够将征收的遗产税收入分摊到穷人，财产相对不平等的程度会大幅缩小。我国还没实行过遗产税制度，它能带来多大影响一直是争议较多的话题。根据本部分模拟结果，如果只是考虑征收过程，不平等的变化很弱，但这并不能认为遗产税没有用。在资本日益向少数人集中和财产差距不断增加的大趋势下，当前调节贫富差距的任务非常紧迫，遗产税仍可以作为调节差距的有益补充。当然，在具体的遗产税执行过程中，首先必须保证财产信息的透明和完备，以及征管执行的效率，否则很可能遗漏掉高净值人群，而让中等富有家庭承担过多的税收。如果政策执行出现扭曲，征税带来的影响将很可能是负面的。总的来说，作为未来努力的方向，在各项条件完备的前提下，我们认为开征遗产税具有现实意义。

专栏：遗产研究的数据来源介绍

财产数据。主要来自北京大学中国社会科学调查中心中国家庭跟踪调查项目（简称CFPS）2010年的调查数据。该项目在全国范围内调查了14798户家庭，询问了他们的收入、财产等信息。从抽样过程看，具有较好的代表性。本部分财产数值核算过程参考了李实等（2005）的方法。李实等（2014）和谢宇等（2014）也根据这套数据估算了2010年的财产分布。由于具体细节处理不同，核算结果不完全相同，但基本一致[①]。经过数据整理并去掉一些无效数据后，最终剩余24428个个人样本。

死亡率数据。根据《2010年第六次全国人口普查统计资料

[①] 具体估算过程可参考：詹鹏和吴珊珊（2015）。

汇编》公布的数据推算各个"年龄—性别"组的死亡比例，并将此作为理论死亡概率。由于95岁以上样本量比较少，在此之上的死亡率按95岁的死亡比例代替。考虑到这种处理可能忽视死亡率与贫富之间的关系，在结果讨论中也使用2005年国家统计局1%人口抽样调查数据补充估算了死亡率与家庭收入之间的关系，进一步比较死亡率的设定可能带来的影响。

（本章作者：詹鹏、吴珊珊）

第八章　增值税的收入分配效应

增值税是以商品（含应税劳务）在流转过程中产生的增值额作为计税依据而征收的一种流转税。从计税原理上说，增值税是对商品生产、流通、劳务服务中多个环节的新增价值或商品的附加值征收的一种流转税。实行价外税，也就是由消费者负担，有增值才征税没增值不征税。

营业税是流转税制中的一个税种，其课税范围和纳税依据可以是商品生产、商品流通、转让无形资产、销售不动产、提供应税劳务或服务等的营业额，特殊情况下也有不计价值而按商品流通数量或者服务次数等计税的。

中国税收收入主要来源是间接税，而增值税和营业税又是间接税的主要税种。间接税改革，尤其是增值税的改革对于国家税收体制改革具有举足轻重的作用。中国税制经历多次变革，1994年的分税制改革形成了增值税和营业税并存的税制格局，初步搭建了当时适应市场经济要求的税制框架，是世界税制变迁历史上少有的重大事件。2016年"营改增"的全面实施是1994年分税制改革以来中国税收制度的又一次深刻变革。

一 增值税的增长情况

如表8-1和图8-1所示,1994年税制改革以来,国家总税收收入总值巨大,并保持持续高速增长:1995~2000年,总税收收入的年增长率都在11%以上,最高年增长率高达22.38%(1999~2003年);2001~2010年,总税收收入的年增长率在9.06%~27.92%之间,且大多数年份的增长率都在20%以上;2010年之后总税收收入的增长率有所下降,但由于税收基数大,每年的绝对增长额度十分巨大。增值税的增长率与总税收的增长率表现出相同特征,营业税的增长率在1998~2002年间速度较缓,其他年份增长速度与总税收收入相近。总体而言,1995~2015年二十年间,总税收收入、增值税、营业税的年均增长率分别为17.50%、15.31%、16.77%。增值税税收主要集中在第二产业,2015年第二产业增值税收入21269亿元,约占三大产业总增值税收入的68%;营业税主要集中在第三产业,约占三大产业总营业税收入的72%。[①]

表8-1 1995~2015年税收收入

单位:亿元

年份	总税收收入	增值税	营业税
1995	5425	2494	869
1996	6223	2671	1065
1997	7793	3481	1353
1998	8657	3869	1608
1999	9688	4411	1697

---

① 税收信息来源于《中国税务年鉴2016》,第454页。

续表

年份	总税收收入	增值税	营业税
2000	11856	5347	1886
2001	15165	7091	2085
2002	16997	8141	2468
2003	20466	10096	2869
2004	25723	12594	3584
2005	30867	14867	4232
2006	37637	17756	5130
2007	49452	21595	6583
2008	57862	25266	7628
2009	63104	26110	9015
2010	77394	31452	11159
2011	95729	37210	13680
2012	110764	40448	15751
2013	119960	42175	17239
2014	129541	44581	17779
2015	136022	43092	19315

说明：增值税＝国内增值税＋进口货物增值税。

资料来源：《中国税务统计年鉴2016》。

税收增长率长期保持在较高水平的主要原因是税收增收率迅速提升（高培勇，2016）。特别是随着"营改增"范围和地区的不断扩大，增值税的税收收入不断增加。2015年我国的增值税收入已经达到43092亿元，占总税收收入的30%以上。

图8-2显示了增值税和营业税占总税收收入的比重。营业税占总税收的比重长期保持在14%~16%之间，其间没有大幅变化；增值税占比在2002年以前呈现略微上升趋势，2003年以后持续下降到2015年的31.68%。即便如此，增值税一直是我国税收收入中占比最高的税种。2016年全面"营改增"之后，部分营业税将转移至增值税，增值税的占比进一步提高。

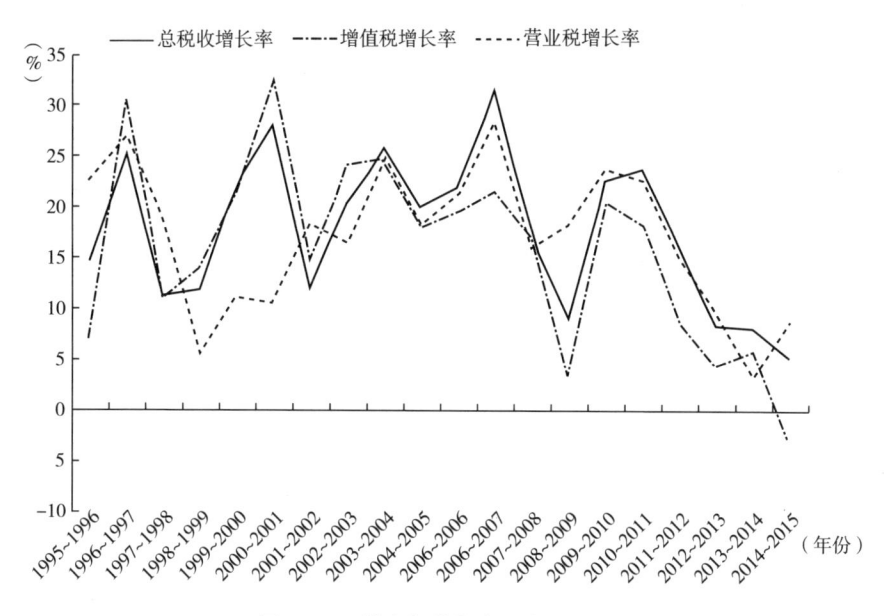

图 8-1 税率年增长率（名义增长）

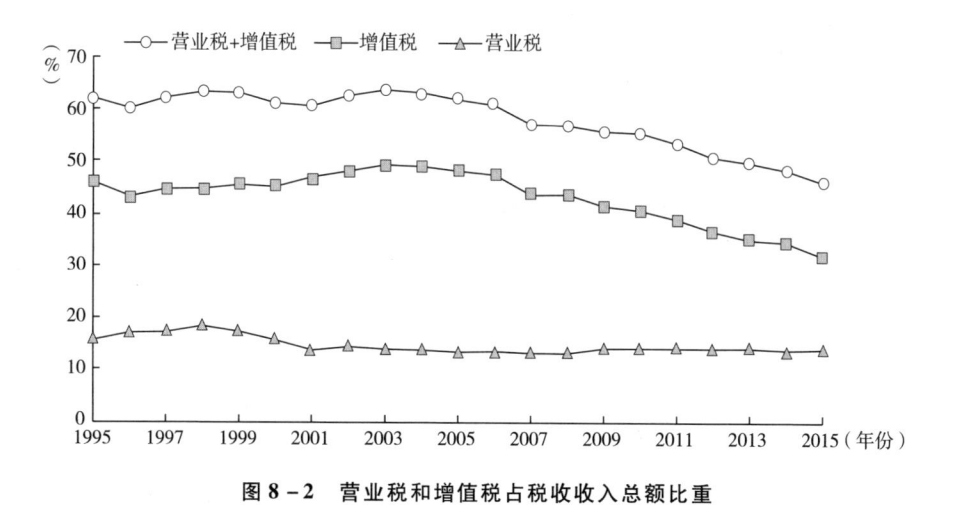

图 8-2 营业税和增值税占税收收入总额比重

两次税制改革对推动中国经济发展都起了十分重要的作用。但无论是营业税还是增值税都属于间接税，呈累退性，其固有的扩大收入差距的"基因问题"不能被忽视。2016年5月1日，"营改增"试点在全国范围内全面推开，实现了增值税对货物和服务的全覆盖，试点完成后营业税将退出历史舞台。"营改增"是我国税收制度的又一重大变革。"营改增"全面试点的收入分配效应如何,这一改革到底是扩大了收入差距还是缩小了收入差距,本章接下来将尝试对这一问题作出回答。

二 "营改增"问题的现有研究

国际上已经有许多学者对增值税进行了研究,都指出了其累退性的特点(Kakwani,1977;Schneider,2006)。关于营业税改增值税,相关研究认为营业税和增值税并行的模式一定程度上适应了经济发展的要求,但导致了较为严重的重复税赋问题,增值税的抵扣链条也受到营业税的干扰(平新桥等,2009;蔡昌,2010;郭庆旺和吕冰洋,2011;高凌江,2011;樊勇等,2012),同时也对税收征收管理造成了困难(平新桥等,2009;施文泼和贾康,2010)。简化税收通道不仅有利于解决重复征税的问题,也有利于规范企业赋税。"营改增"政策对症下药地解决了两税并存制度存在的弊端,全面实行"营改增"属于增值税的成型阶段。"营改增"的实施,减轻了企业税负,2016年全年"营改增"减税规模超过5000亿元,主要集中在建筑、金融、房地产、生活性服务等四大行业,同时对城建税、教育附加费和个人二手房有减税的作用。"营改增"成为中国1994年税制改革以来最大规模的一次减税。

随着"营改增"进程的不断推进,越来越多的研究开始指向"营改增"政策带来的影响,而"营改增"引起的居民收入分配格局的变化又是税制改革中的重点问题。税收是调节初次收入分配极其重要的手段，间接税是中国税收收入的最主要来源，增值税、营业税等间接税收入占比一直超过总税收收入的2/3（岳希明、张斌、徐静，2014），其对收入分配的调节作用受到极大的关注。间接税不仅会通过改变商品相对价格从而影响消费支出，而且会通过调节资源配置来改变要素相对回报，进而影响要素收入，即"营改增"会通过消费效应和收入效应对居民收入分配产生综合影响（葛玉御、田志伟、胡怡建，2015）。目前对我国间接税收入分配效应的研究已经有许多成果，这些研究得到的结论十分一致——间接税税负随收入增加而下降，呈现明显的累退性（刘怡和聂海峰，2004；聂海峰和刘怡，2009、2010；平新桥，2009；郭建，2011；聂海峰和岳希明，2012；樊勇和王蔚，2012；岳希明、张斌、徐静，2014；何辉，2015）。这标志着以增值税和营业税为主要税种的间接税恶化了中国收入分配格局，扩大了收入分配不平等的状况。

既然同为间接税的增值税和营业税都发挥了扩大收入差距的作用，那么"营改增"对国民收入分配是否存在影响？如果有，影响的方向是怎样的？对于这一问题，学界也有相关研究。"营改增"的重点在于调节资源配置。葛玉御等（2015）研究发现"营改增"不仅会带来显著的减税效应，也会通过经济、企业和税负三个机制调整收入分配。这三个机制为：①通过经济增长直接带动居民收入水平提高，并通过产业结构调整改变不同行业的要素回报，从而影响不同行业从业人员的收入；②通过小规模企业和服务业的就业效应来增加中低收入者就业，改善收入分配；③通过减轻试点企业税负，降低生产成本，进而影响消费品价格，使中低收入人群受益。其中，机制①②为收入效应，③为消费效应。他们通过构建的一般均衡

(CGE)模型得出"营改增"带来的收入效应和消费效应均能够提高居民收入水平。同样，通过构建一般均衡（CGE）模型，汪昊（2016）分析发现"营改增"同时促进了横向和纵向公平，有助于缩小居民税后收入基尼系数。赵颖、王亚丽（2013）的分析结果与此相同。孙正、张志超（2015）利用双重差分模型（DID）考察了"营改增"对中国收入分配格局的影响，认为"营改增"提高了居民和企业在国民收入中的分配份额，优化了国民收入分配格局。袁从帅等（2015）认为"营改增"对企业总投资也有正向促进作用，有助于员工工资水平的提高。此外，孙正、张志超（2015）采用面板向量自回归（PVAR）模型，发现营业税对居民部门收入占比存在长期稳定的负向影响，增值税则对居民部门收入占比保持长期稳定的正向影响，由此可见，"营改增"提高了居民收入在国民收入分配中的比重，具有改善国民收入分配的作用。

目前大部分的研究都表明，"营改增"能够有效改善收入分配格局。许多学者同时也关注其对城乡收入差距的影响。倪红福等（2016）利用2012年中国投入产出表和中国家庭追踪调查数据，在测算税收负担的投入产出价格模型中引入增值税抵扣机制，模拟分析了"营改增"的短期价格效应和收入分配效应。研究发现，"营改增"后，城镇各收入组家庭的人均税收负担的绝对额和负担率都有不同程度的下降。从"营改增"前后MT指数的比较看，在维持现行征管能力条件下，"营改增"的税收制度略微改善了收入分配的状况。葛玉御等（2015）基于收入和消费的双重视角，分析了"营改增"的收入分配效应，研究发现，收入效应和消费效应均使农村家庭实际收入增长比城镇更多，因而有助于缩小城乡之间的收入差距；从城乡内部看，随着不同组别收入水平的上升，收入效应和消费效应均呈现递减，有助于改善城镇居民和农村居民收入分配状况。但收入效应和消费效应对城镇居民和农村居民收入分配的影响程度大不相同。由于城镇居民要素就业率高于农村居民，其收入更容易受经济发展、产业结构变动等方面的影响；而农村居民的边际消费倾向要大于城镇居民，更容易受消费支出中含税量的影响。因此，"营改增"的收入效应在城镇更明显，消费效应在农村更明显。同时，由于"营改增"对于资源配置的影响超过对商品价格的影响，产生的收入效应明显大于消费效应，因此"营改增"对城镇居民收入分配的影响更显著。

关于营改增的收入分配效应，现有文献已有不少研究，但针对 2016 年全面"营改增"收入分配效应的最新研究尚较少。本章将结合运用 2013 年中国家庭收入调查（CHIP）数据、2013 年资金流量表以及《中国税务年鉴 2016》、国家税务总局和财政部网站中的相关数据，采用 Kakwani 税收累进性指数和 MT 指数测算"营改增"的收入分配效应。

三 "营改增"的收入分配效应

（一）数据来源

本章尝试采用 2015 年我国增值税与营业税的税收数据以及 2017 年的增值税税收数据来测算"营改增"的收入分配效应。由于 2016 年是"营改增"全面试点的一年，通过对比 2015 年与 2017 年两税种收入分配效应的差异可以计算 2016 年全面"营改增"的收入分配效应。2015 年增值税与营业税的税收数据来自《中国税务年鉴 2016》，2017 年增值税的税收数据来自国家税务总局和财政部网站。由于住户层面尚无 2015 年或 2017 年的微观数据，因此本章采用中国家庭收入调查（CHIP）2013 年数据，同时假定每个家庭的消费支出、工资性收入和财产性收入占全国的比例与 2013 年维持相同水平，全国消费支出总额、财产收入总额、劳动报酬总额等宏观数据来自 2013 年资金流量表，这样我们就得到 2015 年和 2017 年税收数据与 2013 年微观数据相结合的测算结果。

（二）税负分摊

增值税和营业税待分摊的税负总额与统计上的税收收入总额不一致，需要进行调整，调整方式与第三章相同，仍然参考岳希明等（2014）的做法：

待分摊的增值税总额 = 国内增值税 + 进口货物增值税 + 城市维护建设税按增值税分拆的部分 − 出口货物退增值税 − 免抵调减增值税 − 改征增值税出口退税

其中应退未退增值税没有相关统计数据支持且预测数额相对较小，因此本研究未予统计。由于只有进口货物增值税、消费税合计的数据，因此将进口货物增值税和进口消费品消费税按 2015 年进口货物增值税和进口消费品消费税的比例来确定 2017 年的税收收入数据，而免抵调减增值税与改征增值税出口退税两项数据由于缺失，根据 2015 年占国内增值税的比重进行估算而得。

表 8-2 增值税税负调整

单位：亿元

分类	2015 年	2017 年
国内增值税	31226.06	56125.53
进口货物增值税	11866.06	15019.73
城市维护建设税按增值税分拆的部分	2282.66	3654.77
出口货物退增值税	9143.70	13844.11
免抵调减增值税	3479.39	6253.84
改征增值税出口退税	71.06	127.72
待分摊的增值税总额	32680.62	54574.36

资料来源：《中国税务年鉴 2016》、国家税务总局与财政部网站。

营业税的税负分摊方式为：

待分摊的营业税总额 = 营业税 - 转让无形资产 - 销售不动产 + 城市维护建设税按营业税分拆的部分

其中 2015 年数据来自《中国税务年鉴 2016》，2017 年数据来自国家税务总局和财政部网站，由于缺少转让无形资产和销售不动产的税收数据，且 2017 年营业税的数额已经非常小[1]，因此未予考虑这两项税收数据。

表 8-3 营业税税负调整

单位：亿元

分类	2015 年	2017 年
营业税	19314.59	356.09
转让无形资产	185.01	—

---

[1] 2017 年属于全面实行增值税后的过渡时期，由于地方税收机关可能存在政策实施的延迟，企业当年的税收也有可能存在申报、缴纳延迟的情况，故 2017 年有少量营业税符合现实情况。

续表

分类	2015 年	2017 年
销售不动产	5776.49	—
城市维护建设税按营业税分拆的部分	1023.27	23.19
待分摊的营业税总额	14376.36	379.28

资料来源：《中国税务年鉴 2016》、国家税务总局与财政部网站。

在得到待分摊的增值税和营业税总额后，我们采用家庭消费支出总额占全国消费总额的比重乘以该税种税收收入得到每个家庭所需要负担的税收额度。由此可以看出，每个家庭所负担的税负大小主要取决于家庭消费支出总额。目前，我国增值税根据对象不同有多种征收税率，但受数据限制，本研究未能在更详细的类目下进行研究。

（三）有效税率

有效税率是分析税收累进性的常用指标之一。根据有效税率的计算公式，准确计算有效税率，首先需要准确计算家庭的税负总额和家庭税前收入总额。对于家庭税前收入总额，可以利用 2013 年 CHIP 数据中家庭的工资性收入、经营净收入、财产净收入、转移净收入数据，并利用 2013 年至 2015 年、2013 年至 2017 年四类收入各自的收入增长率[①]，计算得到 2015 年和 2017 年四类收入的数据，四类收入加总即得到家庭税前收入总额。而如果要计算家庭税负总额，必须知道每个家庭在每个税种支付的税收额度。由于中国家庭收入调查（CHIP）2013 年并没有给出每个家庭各税种的税收支出的微观

---

① 四类收入各年增长率的数据来自国家统计局网站。

数据,因此就需要采用上一节中税负分摊的方法计算家庭税负总额,即以家庭消费支出总额占全国消费总额的比重乘以增值税或营业税税收收入总额得到每个家庭所需要负担的税收额度。根据第三章的税负分摊方法,由于两种税收的税负分摊方式一致,并且本部分考察"营改增"前后的收入分配效应,为便于前后对比,因此在有效税率及之后的测算中将营业税和增值税合并为一个税种。①

表8-4 增值税与营业税有效税率

单位:%

年份	2015				2017				变化			
收入十等分组	全国	城镇	农村	流动人口	全国	城镇	农村	流动人口	全国	城镇	农村	流动人口
1	24.83	13.39	30.05	16.79	23.28	12.71	28.08	16.36	-1.55	-0.68	-1.97	-0.43
2	13.58	10.27	15.62	9.87	13.36	9.98	15.35	9.78	-0.22	-0.29	-0.27	-0.09
3	11.65	9.78	13.65	9.13	11.49	9.53	13.44	9.05	-0.16	-0.25	-0.21	-0.08
4	10.59	9.48	11.83	9.04	10.47	9.22	11.69	8.97	-0.12	-0.26	-0.14	-0.07
5	9.9	9.15	11.38	8.54	9.77	8.9	11.27	8.49	-0.13	-0.25	-0.11	-0.05
6	9.58	8.82	10.57	8.07	9.43	8.58	10.47	8.00	-0.15	-0.24	-0.1	-0.07
7	9.07	8.49	9.86	8.09	8.89	8.25	9.78	8.00	-0.18	-0.24	-0.08	-0.09
8	8.62	8.69	9.47	8.00	8.44	8.46	9.39	7.96	-0.18	-0.23	-0.08	-0.04
9	8.41	8.54	8.88	8.21	8.22	8.3	8.79	8.19	-0.19	-0.24	-0.09	-0.02
10	7.82	7.72	7.15	6.88	7.64	7.53	7.1	6.84	-0.18	-0.19	-0.05	-0.04
全体	9.36	8.85	10.23	8.48	9.17	8.61	10.12	8.42	-0.19	-0.24	-0.11	-0.06

资料来源:利用CHIP2013、《中国税务年鉴2016》及国家税务总局与财政部网站相关数据计算得出;变化系由2017年数据减去2015年对应数据获得。

---

① 本研究只初步考虑了"营改增"带来的税收收入变化对收入分配的影响,事实上,"营改增"改变的不仅仅是税收收入,还会影响到居民消费等个体行为,因此本研究尚存不足之处。

表 8-4 展示了增值税和营业税的有效税率,从全面层面来看,无论是全面"营改增"前的 2015 年还是之后的 2017 年,有效税率和收入水平都呈现反向变化,即有效税率随着收入的提高而下降,这也证实了增值税和营业税累退性的特点。具体来看,有效税率在收入十等分组最低四组中的数值较大,都在 10% 以上,尤其是最低收入组的有效税率都在 20% 以上,也就是说在全国层面最低 10% 收入的人群却负担着 20% 以上的有效税率,而次低收入组的有效税率低于最低收入组 10 个百分点左右。增值税和营业税的累退性在较高的收入组随收入上升下降的幅度比较小,从第 5 组开始,虽然整体有效税率仍然随着收入的上升而下降,但是他们与相邻收入组的差异非常小,都在 1 个百分点以下,这一点对于 2015 年和 2017 年都成立。

如果按人口的户口性质划分,2015 年和 2017 年有效税率和收入之间的关系在农村、城镇和流动人口之间有明显的差异。农村的有效税率随着收入提高下降的幅度最大,而除了最低收入组和次低收入组,城镇居民和流动人口不同收入组有效税率的变化幅度都非常小,这说明农村居民比城镇居民、流动人口面临更大的税收累退性。出现这一差别可能是由于农村居民的收入水平在三组人群中最低,用于消费的比重偏高,所以税收的累退性在农村内部表现得最为突出。此外,大多数收入分组内(除了最高收入组)农村居民都承担了最高的有效税率,而流动人口和城镇居民的有效税率差异不大,并且只在收入十等分组最低的两个收入组,流动人口有效税率的下降幅度明显大于城镇居民,随着收入的提高,这两个人群有效税率的下降速度十分相近,原因可能是流动人口生活在城市之中,收入水平和消费结构更加接近城镇居民,故而他们在不同收入分组的表现比较相似。

表8-4还展示了全面实行"营改增"前后的有效税率变化。整体上看,全面推广增值税之后,不同收入分组人群的有效税率都出现了下降,且低收入端下降幅度更为明显。但除了最低收入组,其他收入分组的有效税率下降幅度都低于0.3个百分点,下降幅度有限。从平均有效税率来看,城镇居民在"营改增"前后有效税率的下降幅度最大,其次是农村居民,最后是流动人口。

(四)Kakwani税收累进性指数

为更为直观地考察"营改增"的收入分配效应,我们又进一步计算了"营改增"前后营业税与增值税的Kakwani累进性指数,结果如表8-5所示。从表中可以看出,无论是"营改增"前的2015年还是全面"营改增"后的2017年,营业税与增值税的累进性指数都为负值,表明两个税种的累退性特征。通过比较全面"营改增"前后即2015年和2017年增值税与营业税的累进性指数可以发现,从全国层面来看,2016年全面营改增之后,增值税的累退性有所下降,这进一步说明全面实行"营改增"的收入分配效应是正向的,有助于缩小居民收入差距。但从累进性指数的数值变化来看,全面"营改增"前后累进性指数的下降幅度较小,不到0.005,说明全面"营改增"虽然降低了增值税的累退性,但幅度并不大。

从城乡的比较来看,农村累退性指数的绝对值远远大于城镇居民和流动人口,是城镇居民的2.5倍左右,是流动人口的2.0倍左右,这表明增值税和营业税的累退性在农村居民内部最为严重。从时间维度来看，全面"营改增"后增值税的累退性在农村、城镇和流动人口群体中都有所下降，说明"营改增"对三类群体的影响方向是一致的。从累进性指数变化的幅度来看，"营改增"使农村增值税的累退性下降更大，说明"营改增"对收入分配的正向调节作用在农村住户中最为明显。但从数值大小来看，无论是对于城镇住户、农村住户还是流动人口，Kakwani 累进性指数的变化幅度都非常小，最大值为农村住户的 0.004，这说明"营改增"的收入分配正向调节作用并不是非常明显，这一点与全国层面的分析结论一致。

表 8－5　**Kakwani 累进性指数及变化幅度**

年份	2015	2017	变化
全国	－0.096	－0.095	0.001
城镇	－0.063	－0.060	0.003
农村	－0.159	－0.155	0.004
流动人口	－0.077	－0.074	0.003

资料来源：利用 CHIP2013、《中国税务年鉴 2016》及国家税务总局与财政部网站相关数据计算得出。

（五）MT 指数

累进（退）性与收入分配效应间存在紧密联系，累进性税收能够有效调节收入分配，缩小收入差距，而累退性税收则会扩大收入差距。前面我们已经证实了增值税和营业税的累退性特征，并且考察了全面"营改增"前后增值税与营业税的累退性特征变化。为进一步量化"营改增"的收入分配效应，本节计算了"营改增"前后增值税的 MT 指数，即 2015 年增值税和营业税的 MT 指数与 2017 年增值税税的 MT 指数。由于 2016 年是全面实行"营改增"的一年，通过比较全面"营改增"前一年和后一年增值税的MT指数可以大致观察全面"营改增"的收入分配效应，MT指数的计算结果如表8-6所示。

表8-6 MT指数

单位:%

年份	2015			2017			
类别	税前基尼系数	税后基尼系数	MT指数（1）	税前基尼系数	税后基尼系数	MT指数（2）	(2)-(1)
全国	0.408	0.418	-0.0106	0.407	0.417	-0.0102	0.0004
城镇	0.341	0.348	-0.0070	0.338	0.344	-0.0064	0.0006
农村	0.393	0.413	-0.0202	0.390	0.410	-0.0195	0.0007
流动人口	0.320	0.329	-0.0081	0.317	0.325	-0.0078	0.0003

资料来源：利用CHIPS2013、《中国税务年鉴2016》及国家税务总局与财政部网站相关数据计算得出。

从表8-6中可以看出，2015年和2017年，MT指数取值均为负数，说明营业税和增值税对我国居民的收入差距具有逆向调节作用，它们恶化了居民的收入分配状况。从MT指数的城乡差异来看，无论是全面"营改增"前的2015年还是全面"营改增"后的2017年，增值税对收入分配的逆向调节作用都是在农村地区最为明显，农村住户增值税的MT指数是城镇住户的3倍左右，是流动人口的2.5倍左右。

从全面"营改增"的收入分配效应来看，全国层面增值税的MT指数由2015年的-0.0106变化到2017年的-0.0102，MT指数绝对值的下降意味着"营改增"的收入分配效应是正向的，有利于缩小居民收入差距，说明2016年全面"营改增"在调节收入差距方面的作用是积极的。但从数值变化大小来看，MT指数的变化数值仅为0.0004，可见变化幅度较为微弱，说明2016年全面"营改增"虽然在调节收入分配方面有积极的正向效果,但这一效果的力度并不大。

从城乡的比较来看,2016年全面"营改增"的收入分配正向调节作用对农村住户最为明显,MT指数的变化值为0.0007,其次是城镇住户,而对流动人口的收入分配调节作用力度最小。"营改增"对农村住户收入分配的正向调节作用最大具有非常正面的积极意义,因为农村住户增值税的累退性要远高于城镇住户和流动人口,而全面"营改增"则在一定程度上降低增值税累退性的城乡差异,有利于缩小城乡间的收入差距。

四 小结

营业税与增值税同为间接税,都有扩大收入差距的作用。但"营改增"的收入分配效应仍是一个非常值得研究的课题。现有研究多倾向于认为"营改增"有效缩小了收入差距,具有改善国民收入分配的作用。本部分运用最新数据对"营改增"的收入分配效应进行了研究,得到了如下结论:虽然增值税和营业税同为累退性的间接税,但全面"营改增"试点仍然缩小了收入差距,优化了国民收入分配,只是这种优化作用仍较为微弱。从城乡之间的比较来看,虽然"营改增"后增值税对农村居民收入分配的逆向调节作用仍最为显著,但从全面"营改增"试点这一税制改革行为本身来看,其对农村居民收入分配状况的改善效果则是最为明显的,这说明"营改增"在一定程度上有利于缩小城乡间的收入差距。

(本章作者:吴珊珊、孟凡强)

第九章 消费税的收入分配效应

2014年6月30日,中共中央政治局召开会议,审议通过了《深化财税体制改革总体方案》。《方案》提出完善税制改革的目标是:"深化税收制度改革,优化税制结构、完善税收功能、稳定宏观税负、推进依法治税,建立有利于科学发展、社会公平、市场统一的税收制度体系,充分发挥税收筹集财政收入、调节分配、促进结构优化的职能作用。"其中,消费税的改革目标是:"调整征收范围,优化税率结构,改进征收环节,增强消费税的调节功能。"消费税的收入分配调节功能成为本次财税体制改革关注的问题之一。要增强消费税的调节作用,就必须首先对消费税的收入分配效应进行准确测度,并在此基础上建立有利于社会公平和收入分配优化的消费税体系,这也正是本章的研究目的。本章将利用具有全国代表性的住户调查数据,并采用规范的收入分配效应研究方法,全面分析消费税对我国居民收入分配的影响。

一 中国消费税税制与规模

我国现行消费税是对在我国境内从事生产、委托加工和进口应税消费品的单位和个人就其应税消费品征收的一种税。因此，《中华人民共和国消费税暂行条例》第一条规定：在中华人民共和国境内生产、委托加工和进口条例规定的消费品的单位和个人，以及国务院确定的销售本条例规定的消费品的其他单位和个人，为消费税的纳税人，应当依照本条例缴纳消费税。消费税征税范围可以概括为：生产、委托加工和进口应税消费品。从消费税的征收目的出发，目前应税消费品被定为15类货物，即消费税有15个税目。具体税目见表9-1所示。

表9-1 消费税税目及解释

序号	税目	内容
1	烟	卷烟（包括进口卷烟、白包卷烟、手工卷烟和未经国务院批准纳入计划的企业及个人生产的卷烟）、雪茄烟和烟丝
2	酒及酒精	酒包括粮食白酒、薯类白酒、黄酒、啤酒、果啤和其他酒。酒精包括各种工业用、医用和食用酒精
		（1）啤酒的分类：甲类啤酒、乙类啤酒
		（2）配制酒（露酒）：饮料酒
		（3）其他配制酒，按消费税目税率表"白酒"适用税率征收消费税
3	高档化妆品	征收范围包括高档美容、修饰类化妆品、高档护肤类化妆品和成套化妆品。高档美容、修饰类化妆品和高档护肤类化妆品是指生产（进口）环节销售（完税）价格（不含增值税）在10元/毫升（克）或15元/片（张）及以上的美容、修饰类化妆品和护肤类化妆品
4	贵重首饰及珠宝玉石	应税贵重首饰及珠宝玉石是指以金、银、珠宝玉石等高贵稀有物质以及其他金属、人造宝石等制作的各种纯金银及镶嵌饰物，以及经采掘、打磨、加工的各种珠宝玉石。出国人员免税商店销售的金银首饰征收消费税
5	鞭炮、焰火	不包括体育上用的发令纸、鞭炮药引线
6	成品油	成品油包括汽油、柴油、石脑油、溶剂油、航空煤油、润滑油、燃料油7个子目

续表

序号	税目	内容
7	摩托车	包括 2 轮和 3 轮。对最大设计车速不超过 50km/h，发动机气缸总工作量不超过 50ml 的三轮摩托车不征收消费税。气缸容量（排气量，下同）在 250 毫升（含 250 毫升）以下的，税率为 3%；气缸容量在 250 毫升以上的税率为 10%
8	小汽车	小轿车、中轻型商用客车。不包括电动汽车、车身长度大于 7 米（含）、座位 10～23 座（含）的商用客车、沙滩车、雪地车、卡丁车、高尔夫车。对于企业购进货车或厢式货车改装生产的商务车、卫星通信车等专用汽车不属于消费税征税范围，不征收消费税
9	高尔夫球及球具	包括高尔夫球、高尔夫球杆及高尔夫球包（袋）等
10	高档手表	高档手表是指销售价格（不含增值税）每只 10000 元（含）以上的各类手表
11	游艇	长度大于 8 米小于 90 米
12	木制一次性筷子	
13	实木地板	以木材为原料
14	铅蓄电池	无汞原电池、金属氢化物镍蓄电池、锂原电池、锂离子蓄电池、太阳能电池、燃料电池和全钒液流电池免征消费税；其他实施 4% 税率
15	涂料	施工状态下挥发性有机物（Volatile Organic Compounds，VOC）含量低于 420 克/升（含）免征消费税；其他实施 4% 消费税

消费税实行两种税率形式。一是比例税率，该税率适用于大多数应税消费品，税率从 1% 至 56%；二是定额税率，只适用于三种液体应税消费品，它们是啤酒、黄酒、成品油。白酒、卷烟两种应税消费品实行定额税率与比例税率相结合的复合计税。

为了引导合理消费，财政部、国家税务总局取消了对普通美容、修饰类化妆品征收消费税，将"化妆品"税目名称更名为"高档化妆品"，税率调整为 15%。[1] 将进口环节消费税税率由 30% 下调为

---

[1] 高档美容、修饰类化妆品和高档护肤类化妆品是指生产（进口）环节销售（完税）价格（不含增值税）在 10 元/毫升（克）或 15 元/片（张）及以上的美容、修饰类化妆品和护肤类化妆品。

15%。将卷烟批发环节从价税税率由5%提高至11%，并按0.005元/支加征从量税。同时规定，纳税人兼营卷烟批发和零售业务的，应当分别核算批发和零售环节的销售额、销售数量；未分别核算批发和零售环节销售额、销售数量的，按照全部销售额、销售数量计征批发环节消费税。

为了进一步发挥消费税在推动大气污染治理、促进发展方式转变等方面的作用，自2015年1月13日起，财政部、国家税务总局将汽油、石脑油、溶剂油和润滑油的消费税在现行单位税额基础上提高0.12元/升。将柴油、航空煤油和燃料油的消费税在现行单位税额基础上提高0.1元/升。航空煤油继续暂缓征收。此外，从2014年11月28日以来，国家连续三次提高成品油消费税，为缓解对居民生活和经济运行的负面影响，都是选择油价下行时推出，提税不涨价，提税与降价同步进行，兼顾了宏观调控需要和社会承受能力。

表9-2展示了2000年到2015年我国消费税的规模及占全国税收总收入的比重和变化趋势。从绝对数看，2000~2015年，我国国内消费税和进口消费品消费税规模均不断扩大。其中，国内消费税是消费税的主体，2000年到2015年，国内消费税的税收收入从863亿增加到10640亿，扩大了近11倍；进口消费税从13亿元增加到近750亿元，提高了约56倍。

从相对水平看，我国消费税总额占全国税收收入总额比重从2000年的7.17%上升到2015年的9.25%，并呈现先下降再上升的趋势。2001~2008年，消费税总收入占全国税收总收入中的比重在5%~7%之间。2009年后，我国消费税占全国税收收入的比重有了较为明显的增长，大致在8%~10%之间。

表9-2 我国消费税规模及变化

单位：万元，%

年份	消费税收入	国内消费税	进口消费品消费税	消费税占全国税收收入比重
2000	8696900	8639043	133851	7.17
2001	9461913	9312359	149554	6.56
2002	10724747	10465568	259179	6.27
2003	12216745	11832112	384663	6.06
2004	15504837	15031297	473540	6.54
2005	16861047	16343210	517837	5.58
2006	19916837	18856890	1059947	5.41
2007	23769277	22068274	1701003	5.38
2008	28460860	25682575	2778285	5.47
2009	52188933	47612084	4576849	9.22
2010	67619531	60715396	6904135	9.65
2011	79369370	69887317	9482053	9.17
2012	88761827	79165806	9596021	8.85
2013	90953100	82939384	8013716	8.31
2014	98162436	89687473	8474963	8.31
2015	113899880	106400364	7499516	9.25

资料来源：财政部官方网站。

二 消费税的收入分配效应

（一）中国居民消费水平及差距

本部分首先展示我国居民消费总支出及其分项的平均水平及城乡地区差距。表9-3和表9-4分别给出了城镇、农村、东部、中部、西部居民消费支出均值及差距的描述性统计结果。

表9-3显示，全国居民消费支出均值为每年13255元，其中，

城镇居民消费水平最高，为19464元，流动人口次之，为13414元，农村居民最低，为7655元。城镇居民、流动人口人均消费支出分别为农村居民的2.54倍、1.75倍。全国居民消费支出中，占比最高的为食品烟酒消费，占比为30.65%。城镇居民、流动人口、农村居民人均食品烟酒支出分别为消费总支出的33.12%、28.85%、33.89%。总消费中占比较大的支出项目还有衣着、居住、医疗保健、教育支出等。

表9-3 分城乡居民消费水平及差距

单位：元

消费	全国	农村	城镇	流动人口	城镇/农村	流动人口/农村
消费支出	13255	7655	19464	13414	2.54	1.75
食品烟酒	4063	2535	5615	4546	2.21	1.79
烟草	236	208	272	217	1.31	1.04
酒类	139	106	176	136	1.66	1.28
衣着	1103	504	1699	1334	3.37	2.65
居住	3032	1652	4634	2845	2.8	1.72
生活用品及服务	834	489	1248	748	2.55	1.53
交通	1047	605	1556	997	2.57	1.65
通信	560	316	788	698	2.49	2.21
教育文化娱乐	1411	742	2204	1275	2.97	1.72
医疗保健	1302	1141	1429	1470	1.25	1.29
其他用品和服务	340	157	546	336	3.47	2.14

说明：居住支出包括租赁房房租、住房维修及管理等。
资料来源：CHIP2013。

表9-4展示了我国东部、中部、西部居民的人均消费水平。东部地区居民消费水平最高，中部地区与西部地区次之。东部地区、中部地区人均消费支出分别为西部地区的1.6倍、1.04倍。全国居

民消费支出中，占比最高的为食品烟酒消费，为30.65%。东部地区、中部地区、西部地区居民人均烟酒支出分别为416元、376元、307元，占消费总支出的2.47%、3.45%、2.92%。

表9-4 分地区居民消费水平及差距

单位：元

消费	东部	中部	西部	东部/西部	中部/西部
消费支出	16847	10884	10505	1.60	1.04
食品烟酒	4985	3310	3526	1.41	0.94
烟草	255	234	207	1.24	1.13
酒类	161	142	100	1.61	1.43
衣着	1301	1006	913	1.42	1.10
居住	4173	2334	2093	1.99	1.12
生活用品及服务	1030	727	658	1.57	1.11
交通	1371	768	873	1.57	0.88
通信	708	476	431	1.64	1.10
教育文化娱乐	1784	1245	1034	1.73	1.20
医疗保健	1398	1281	1181	1.18	1.09
其他用品和服务	472	273	217	2.18	1.26

说明：居住支出包括租赁房房租、住房维修及管理等。
资料来源：CHIP2013。

（二）消费税扩大了居民收入差距

本节采用再分配指数方法，测算消费税对居民收入分配的影响。表9-5展示了全国、农村、城镇、流动人口的人均消费税税前收入、消费税税后收入及消费税的平均值。

表9-5显示，从人均收入来看，城镇居民最高，流动人口、农村居民次之。这符合一般的预期。城镇居民的消费税水平为人均每年2613元，流动人口、农村人口消费税次之，分别为每年1827元

和1523元。城镇居民、流动人口消费税税前收入分别为农村居民的2.7倍、1.93倍。

表9-5 分城乡人均收入与消费税

单位：元

类别	全国	农村	城镇	流动人口	城镇/农村	流动人口/农村
税前收入	20537	11283	30465	21824	2.70	1.93
税后收入	18527	9760	27852	19998	2.85	2.05
消费税	2010	1523	2613	1827	1.72	1.20

资料来源：CHIP2013。

表9-6展示了东部、中部、西部地区居民的人均消费税税前收入、税后收入与消费税税额。从人均消费税税前收入来看，东部地区居民最高，中部地区、西部地区居民次之。东部地区居民的消费税水平为人均每年2363元，中部地区、西部地区分别为每年1774元和1742元。东部、中部地区居民消费税税前收入分别为西部地区居民的1.74倍、1.13倍；消费税税额为西部地区居民的1.36倍、1.02倍。从以上数据也可以发现，我国居民消费水平的城乡差距大于地区差距。

表9-6 分地区人均收入与消费税

单位：元

类别	东部	中部	西部	东部/西部	中部/西部
税前收入	26526	17224	15206	1.74	1.13
税后收入	24163	15450	13464	1.79	1.15
消费税	2363	1774	1742	1.36	1.02

资料来源：CHIP2013。

表9-7展示了全国总体及农村、城镇、流动人口以及东部、中

部、西部地区居民消费税的 MT 指数计算结果。从中可见，全国、农村、城镇、流动人口以及东部、中部、西部地区的再分配指数均为负值，意味着我国的消费税具有扩大收入差距的作用。如果不考虑消费税，全国居民人均收入的基尼系数为 0.4364，总收入中加入消费税后，该指数变为 0.4594，二者之差即为再分配指数（-0.023），这意味着，经过消费税的调节，居民收入不平等指数上升了 0.023。消费税对农村居民收入不平等的作用最大，再分配指数为 -0.0379；流动人口次之，再分配指数为 -0.0172。消费税对城镇人口收入差距的影响较小，居民缴纳消费税后，城镇人均收入基尼系数增加了 0.0145。从地区差异来看，消费税对西部地区收入差距的影响最大，征收消费税后，西部地区的收入基尼系数提高了 0.0314，其次是中部地区的 0.0261，消费税对东部地区收入差距的扩大作用最小。综上，无论从全国、城镇、农村还是流动人口以及东部、中部、西部地区来看，我国的消费税均起到了扩大收入差距的作用。其中，消费税对农村居民和西部地区居民扩大收入不平等的作用更强。

表 9-7 消费税的收入再分配效应

人群组	税前基尼系数 (a)	税后基尼系数 (b)	MT 指数 (c) (=(a)-(b))
全国	0.4364	0.4594	-0.023
农村	0.3963	0.4342	-0.0379
城镇	0.3516	0.3661	-0.0145
流动人口	0.3508	0.368	-0.0172
东部	0.4117	0.429	-0.0173
中部	0.4139	0.4401	-0.0261
西部	0.4403	0.4718	-0.0314

资料来源：CHIP2013。

(三) 我国消费税呈现累退性特征

本部分采用度量税收累进(退)性的 P 指数和收入等分组法,考察我国消费税的累进(退)性及其在不同收入水平人群之间的分布。表 9-8 分城乡、分地区展示了消费税的集中率和 P 指数。其中,P 指数即为消费税集中率与税前基尼系数的差值。若某种税收的 P 指数小于零,则表示该种税收的税负更多地集中于低收入人群,该种税收为累退税,反之则反。从表 9-8 的计算结果来看,无论城镇、农村还是流动人口,消费税的 P 指数均小于 0,分地区计算得出的累退性结果相似。这意味着,我国消费税的累退性非常明显,即低收入人口承担了相对更重的税收负担。其中,相对于城镇居民而言,农村居民的消费税累退性更强。

表 9-8 消费税的集中率和 P 指数

全国及分城乡/地区	税前基尼系数	消费税集中率	P 指数
全国	0.4364	0.2414	-0.1951
城镇	0.3516	0.2139	-0.1377
农村	0.3963	0.1826	-0.2137
流动人口	0.3508	0.1791	-0.1716
东部	0.4117	0.2519	-0.1597
中部	0.4139	0.2045	-0.2094
西部	0.4403	0.2139	-0.2264

资料来源:CHIP2013。

使用 MT 指数和 P 指数评价收入分配效应的做法,虽十分精确,但欠简单明了。下面通过收入分组的办法,通俗易懂地分析我国消费税的收入分配效应。表9-9展示了消费税在人均税前收入十等分组之间的分布。首先看税前收入的差距程度，如果按照税前收入排序，收入十等分组中最低组占总收入的比重为1.39%，而最高组的比重则为30.72%，该比重随收入水平的上升而直线上升。这意味着，全国居民收入最低的10%人群，仅仅占有居民收入总额的1.39%，而收入最高的10%人群则拥有居民收入总额的30.72%。通过简单的计算可知，收入十等分组中，最高组人均收入为最低组人均收入的22倍（30.72%/1.39%）。这些数字显示了人均税前收入的不平等程度。从收入十等分组的情况看，城镇、农村、流动人口内部的人均税前收入分布要比全国的情况更趋于公平，主要表现在低收入组占有的税前收入较高，而高收入组的税前收入比重较低。这与前文基尼系数的分析结果是一致的。

表9-9 消费税在不同收入人群中的分布

单位:%

分组	全国		城镇		农村		流动人口	
	税前收入	消费税	税前收入	消费税	税前收入	消费税	税前收入	消费税
1	1.39	5.17	2.32	4.97	1.89	6.44	2.26	6.88
2	2.86	5.82	4.25	6.26	3.66	6.75	4.25	5.98
3	3.99	6.29	5.43	7.14	4.79	7.64	5.44	8.32
4	5.26	7.47	6.52	8.12	5.87	7.86	6.63	8.57
5	6.7	8.39	7.68	8.86	7.03	8.56	7.67	8.13
6	8.37	9.35	8.95	9.4	8.46	9.33	8.97	9.8
7	10.37	10.59	10.45	10.44	10.23	10.31	10.29	9.06
8	13.1	11.84	12.45	12.2	12.59	11.46	12.85	10.96
9	17.24	14.6	15.71	14.04	16.41	13.87	15.85	14.58
10	30.72	20.47	26.25	18.58	29.06	17.78	25.79	17.73

说明：收入分组按税前收入排序。
资料来源：CHIP2013。

下面观察税后收入的分布。表9-9的相关数据显示，从全国人口的数据来看，消费税在收入最低组的比重为5.17%，高于其收入份额，而最高组的消费税为消费税总额的20.47%，低于其收入份额。这意味着按照税前收入排序，低收入人群的消费税税率更高，而高收入人群的消费税税率较低，因而低收入人群的消费税税负重于高收入人群。可见，我国的消费税是累退的，因而具有扩大收入差距的作用。城镇、农村、流动人口的消费税税负分布呈现出同样的趋势，说明无论从全国还是城镇、农村、流动人口来看，我国的消费税是整体累退的，不利于收入分配的改善。

三　小结

本章基于中国家庭收入调查（CHIP）2013年微观住户数据，采用传统的税收归宿分析方法、Musgrave和Thin（1949）提出的再分配指数、考察消费税在收入等分组分布的方法测度了消费税对我国居民收入分配的作用方向与程度。

研究发现，消费税的征收使我国全国、农村、城镇、流动人口的人均收入基尼系数升高了，说明消费税扩大了我国的收入差距。收入十等分组的研究结果显示，我国消费税税制整体是累退的，即收入越高的家庭消费税税率越低，而收入越低的住户消费税税率越高，这说明低收入家庭的税负重于高收入家庭。这种累退性的消费税税制明显不利于我国居民收入分配的改善。在我国消费税税制改革向增强消费税调节收入分配功能转变的大方向下，目前的消费税税制无法实现税制改革的目标。因此，应调节不同消费品的税率结构，降低低收入群体的平均税负水平，弱化消费税的累退性，逐步增强消费税调节收入分配的功能。

（本章作者：蔡萌）

第十章　税制缩小收入差距的国际经验比较

发达国家是税制改革方向的引领者，而以发达国家为主的OECD组织在很大程度上代表了发达国家，因此本章将以OECD国家为代表来探讨发达国家的税制状况，并着重以美国、日本和德国作为对比，来寻找发达国家税制改革可供我国借鉴的先进经验。同时，相比于发达国家，我国与新兴经济体国家和转型国家等发展中国家的经济发展阶段和特点更为相近，对这些国家税制改革缩小收入差距经验的总结或许能让我们得到不同的启示与借鉴。

一　发达国家的税制概况

（一）OECD国家宏观税负基本稳定，中国税负逐渐上升

宏观税负是一国税负的总水平，以一定时期内税收总量占同期国民经济总量的比例来表示。最常用来衡量国民经济总量的指标是国内生产总值（GDP），因此，我们选取国内生产总值负担率作为衡量宏观税负的指标。与发达国家的宏观税负进行比较，对确定我国合理的宏观税负水平具有重要的参考意义。

表10－1所示为1985～2016年间OECD国家宏观税负的数据。从表中可以看出，1985年至今，OECD国家宏观税负都比较高，一般均在30%～40%之间。其中比利时、丹麦、芬兰、法国、意大利、瑞典等国的税负水平都在40%以上，这是由于这些国家都属于高福利国家，较高的社会保障与福利支出需要较高的税负水平与之相适应。

表10－1　OECD国家总税收占GDP比重

单位：%

年份 国家	1985	1990	1995	2000	2005	2011	2012	2013	2014	2015	2016
澳大利亚	27.72	28.04	28.18	30.38	29.92	26.06	27.12	27.33	27.60	28.22	—
奥地利	40.53	39.38	41.37	42.37	41.19	41.32	41.97	42.82	43.05	43.67	42.68
比利时	43.48	41.17	42.61	43.54	43.15	43.14	44.18	45.16	44.99	44.81	44.18
加拿大	31.74	35.21	34.76	34.77	32.22	30.54	30.99	30.86	31.17	32.02	31.68
智利	—	16.89	18.30	18.81	20.73	21.12	21.33	19.86	19.58	20.51	20.39
捷克	—	—	34.71	32.43	34.45	33.26	33.68	34.08	33.10	33.35	34.03
丹麦	43.59	44.40	46.50	46.88	48.01	44.79	45.51	45.89	48.58	45.90	45.94
爱沙尼亚	—	—	36.03	31.09	29.97	31.51	31.67	31.70	32.76	33.87	34.74
芬兰	39.14	42.91	44.50	45.82	42.11	42.03	42.68	43.62	43.81	43.93	44.13
法国	41.89	40.98	41.90	43.05	42.78	43.16	44.32	45.23	45.34	45.22	45.27
德国	36.08	34.80	36.23	36.24	33.87	35.70	36.39	36.76	36.78	37.07	37.56
希腊	24.56	25.19	27.79	33.36	31.21	33.64	35.50	35.46	35.88	36.40	38.56
匈牙利	—	—	40.89	38.59	36.68	36.43	38.53	38.07	38.16	39.01	39.41
冰岛	27.53	30.24	30.48	36.19	39.70	34.44	35.22	35.75	38.60	36.67	36.37
爱尔兰	33.58	32.35	31.73	30.76	29.40	27.26	27.49	28.17	28.51	23.12	23.03
以色列	—	—	35.44	34.90	33.71	30.93	29.99	30.72	31.12	31.28	31.25
意大利	32.52	36.39	38.58	40.60	39.15	41.91	43.90	44.05	43.46	43.29	42.87
日本	26.41	28.21	25.82	25.77	26.23	27.47	28.22	28.85	30.30	30.74	—
韩国	15.78	18.85	19.12	21.46	22.54	24.16	24.78	24.30	24.59	25.16	26.31
拉脱维亚	—	—	29.72	29.13	27.83	27.69	28.39	28.50	28.81	29.01	30.25

续表

年份 国家	1985	1990	1995	2000	2005	2011	2012	2013	2014	2015	2016
卢森堡	37.79	33.49	34.85	36.92	37.79	37.04	38.39	38.23	37.42	36.83	37.07
墨西哥	15.18	12.36	11.39	13.11	12.06	13.28	13.12	13.75	14.25	16.23	17.22
荷兰	39.79	40.21	37.73	37.23	35.35	35.85	36.02	36.54	37.52	37.36	38.85
新西兰	29.47	36.18	35.57	32.54	36.06	30.48	32.06	31.13	32.37	33.05	32.08
挪威	41.87	40.25	40.04	41.89	42.60	42.08	41.51	39.93	38.87	38.31	37.98
波兰	—	—	37.74	32.94	32.98	31.85	32.08	31.94	31.98	32.44	33.56
葡萄牙	24.12	26.48	29.28	31.05	30.81	32.33	31.78	34.07	34.26	34.56	34.38
斯洛伐克	—	—	39.56	33.63	31.26	28.62	28.34	30.24	31.18	32.31	32.74
斯洛文尼亚	—	—	38.36	36.63	37.95	36.48	36.87	36.75	36.46	36.57	36.98
西班牙	26.84	31.62	31.28	33.23	35.14	31.18	32.24	33.13	33.74	33.81	33.48
瑞典	44.78	49.48	45.62	48.98	46.61	42.51	42.56	42.91	42.58	43.28	44.12
瑞士	23.88	23.60	25.42	27.45	26.54	27.01	26.79	26.89	26.97	27.68	27.83
土耳其	11.22	14.55	16.39	23.59	23.37	25.90	24.95	25.35	24.58	25.10	25.47
英国	35.07	32.88	29.83	32.87	32.51	32.76	32.57	32.18	32.18	32.53	33.21
美国	24.61	25.96	26.47	28.20	25.93	23.90	24.07	25.65	25.93	26.23	26.02
OECD 平均值	31.51	31.93	33.26	33.91	33.49	32.82	33.30	33.61	33.90	33.99	34.26

资料来源：OECD 数据库，"—"代表数据缺失。

图 10-1 所示为中国宏观税负和 OECD 国家平均宏观税负的变化趋势。从图中可以看出，20 世纪 90 年代以来，35 个国家宏观税负的平均值基本稳定在 30%～35%之间，没有明显的波动。而中国的宏观税负则从 1995 年开始逐年上升，近年来趋于稳定。从中国与 OECD 国家的比较来看，中国的宏观税负水平始终低于 OECD 国家的平均宏观税负水平。当然，中国的宏观税负低，其中一个重要的原因是各种税费成本没有考虑进去，而且社保缴费负担也没有纳入

税负，而 OECD 国家基本都是以社会保障税的形式来征缴，从而也在相当程度上解释了中国税负相对较低的事实。另外，宏观税负水平还受很多其他因素的影响，如经济发展水平、经济体制与经济结构、政府的职能范围以及征管能力等。但总的来看，过低的宏观税负水平将会影响一个国家收入再分配的能力。考虑到我国人均 GDP 较低的现实国情，宏观税负水平与发达国家存在差距有其现实合理性。

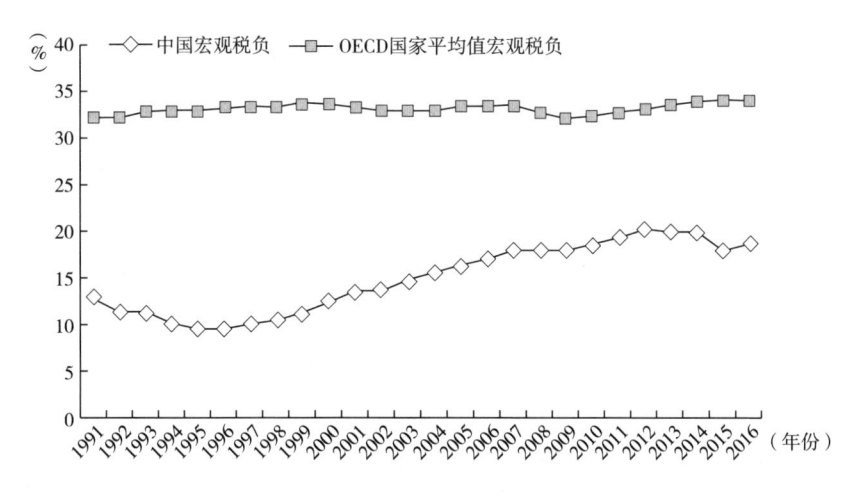

图 10-1 宏观税负的历年趋势图

资料来源：OECD 数据库、《中国税务年鉴》和国家统计局数据库。

（二）OECD 国家收入差距波动小，中国基尼系数逐年升高

表 10-2 所示为 OECD 国家 2003~2015 年的基尼系数。从表中可以看出，近年来 OECD 国家的基尼系数基本稳定，除个别国家外，大多数国家的基尼系数稳定在 0.3 附近，处于相对较低的水平。从变化趋势来看，除了葡萄牙和波兰有较大的下降幅度外，其他国家基尼系数的变化幅度很小，大部分不超过 0.02。

表 10－2　2003～2015 年 OECD 国家基尼系数

单位:%

年份 国家	2003	2004	2005	2006	2007	2008	2009	2010	2011	2012	2013	2014	2015
澳大利亚	—	0.315	—	—	—	0.336	—	0.334	—	0.326	—	0.337	—
奥地利	—	—	—	—	0.284	0.281	0.289	0.28	0.281	0.275	0.279	0.274	0.276
比利时	—	0.287	0.277	0.268	0.277	0.266	0.272	0.267	0.27	0.265	0.265	0.266	0.268
加拿大	0.315	0.321	0.315	0.316	0.317	0.315	0.316	0.316	0.313	0.317	0.32	0.313	0.318
智利	—	—	—	—	—	—	0.48	—	0.471	—	0.465	—	0.454
捷克	—	0.268	0.261	0.26	0.256	0.259	0.257	0.259	0.257	0.253	0.259	0.257	0.258
丹麦	—	—	0.232	0.239	0.246	0.242	0.238	0.252	0.251	0.249	0.254	0.256	—
爱沙尼亚	—	0.346	0.335	0.338	0.312	0.313	0.309	0.317	0.323	0.326	0.357	0.346	0.33
芬兰	0.261	0.266	0.265	0.268	0.269	0.264	0.259	0.264	0.264	0.26	0.262	0.257	0.26
法国	0.282	0.283	0.288	0.293	0.292	0.293	0.293	0.303	0.309	0.305	0.291	0.293	0.295
德国	0.282	0.285	0.297	0.29	0.295	0.285	0.288	0.286	0.291	0.289	0.292	0.289	—
希腊	—	0.333	0.345	0.337	0.329	0.328	0.33	0.336	0.333	0.338	0.342	0.339	0.34
匈牙利	0.303	—	0.291	—	0.272	—	0.272	—	—	0.289	—	0.288	—
冰岛	—	0.261	0.273	0.289	0.286	0.305	0.266	0.249	0.252	0.253	0.241	0.246	—
爱尔兰	—	0.323	0.324	0.316	0.304	0.295	0.312	0.298	0.307	0.31	0.308	0.298	—
以色列	—	—	0.378	—	—	0.371	0.373	0.376	0.371	0.371	0.36	0.365	0.36
意大利	—	0.331	0.324	0.324	0.313	0.317	0.315	0.327	0.327	0.33	0.325	0.326	—
日本	0.321	—	—	0.329	—	—	0.336	—	—	0.33	—	—	—
韩国	—	—	—	0.306	0.312	0.314	0.314	0.31	0.311	0.307	0.302	0.302	0.295
拉脱维亚	—	0.363	0.392	0.351	0.374	0.373	0.354	0.347	0.352	0.347	0.351	0.35	0.346
卢森堡	—	0.263	0.282	0.276	0.277	0.291	0.278	0.271	0.277	0.299	0.28	0.284	—
墨西哥	—	0.474	—	0.486	—	0.471	—	0.475	—	0.466	—	0.457	— 0.459
荷兰	—	—	0.284	0.28	0.295	0.286	0.283	0.283	—	0.278	0.289	0.305	0.303
新西兰	0.335	—	—	—	0.33	—	0.324	—	0.333	—	0.349	—	—
挪威	—	0.285	—	—	—	0.25	0.245	0.249	0.25	0.253	0.252	0.257	0.272
波兰	—	0.376	0.327	0.315	0.316	0.308	0.303	0.305	0.301	0.297	0.299	0.298	0.292
葡萄牙	—	0.384	0.379	0.369	0.361	0.355	0.337	0.341	0.337	0.337	0.341	0.338	0.336
斯洛伐克	—	0.265	0.289	0.246	0.245	0.256	0.264	0.263	0.261	0.25	0.269	0.247	0.251
斯洛文尼亚	—	0.241	0.24	0.237	0.239	0.234	0.245	0.244	0.244	0.249	0.254	0.251	0.25

续表

年份 国家	2003	2004	2005	2006	2007	2008	2009	2010	2011	2012	2013	2014	2015
西班牙	—	—	—	—	0.324	0.327	0.333	0.339	0.341	0.334	0.345	0.344	0.345
瑞典	—	0.234	—	—	—	0.259	0.269	0.269	0.273	—	0.268	0.274	0.278
瑞士	—	—	—	—	—	—	0.298	—	0.289	—	0.295	0.297	—
土耳其	—	0.43	—	—	0.409	—	0.411	0.417	0.403	0.399	0.39	0.398	0.404
英国	0.353	0.354	0.359	0.364	0.373	0.369	0.374	0.351	0.354	0.351	0.358	0.356	0.36
美国	0.374	0.36	0.38	0.384	0.376	0.378	0.379	0.38	0.389	0.389	0.396	0.394	0.39

资料来源：OECD 数据库，"—"代表数据缺失。

图 10-2 是中国 1980~2012 年的基尼系数散点图，可以看到中国的基尼系数在 1990 年以前处于比较低的水平，在 0.3 附近波动，与 OECD 国家的水平相近。但在 1990 年以后，基尼系数逐渐升高，2000 年突破 0.4 的警戒线，近年来更是攀升到 0.47 的水平，这一数据高于所有 OECD 国家。

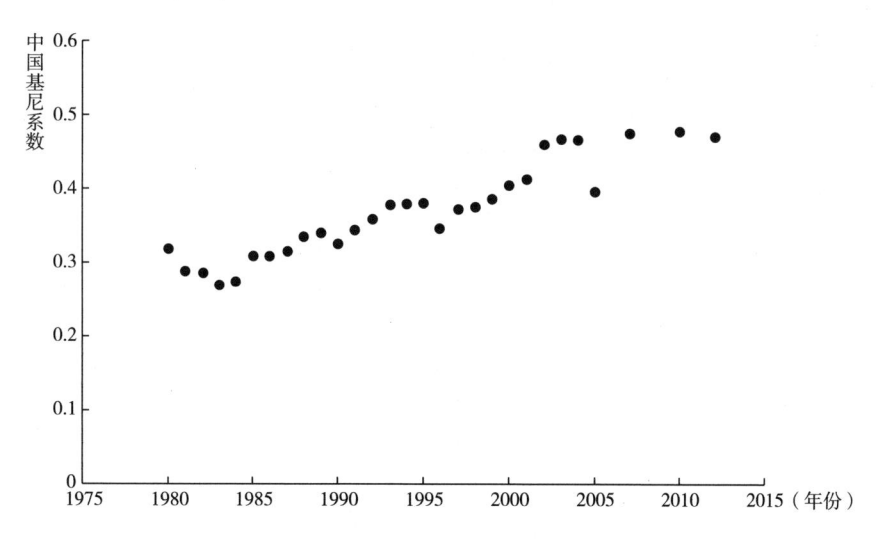

图 10-2 1980~2012 年中国基尼系数

资料来源：世界银行数据库。

(三) 宏观税负和基尼系数呈负相关

图 10-3 为 2014 年 OECD 国家和 2012 年中国基尼系数与宏观税负的散点图。从图 10-3 中看出，宏观税负和收入差距呈现明显的相关性。随着税负水平的提高，基尼系数有降低的趋势，税负较高、基尼系数较低的一般是欧洲高福利国家。以趋势线为基准，所有的国家可以分为两个部分：一部分在趋势线以上，这部分国家在相同的宏观税负下，基尼系数更高；一部分在趋势线以下，这部分国家在相同的宏观税负下，基尼系数较低。可以看出中国（20.5，0.474）在趋势线的上方，并且在所有国家中偏离趋势线的距离最远，表明在相同的宏观税负下中国面临较高的收入差距，这说明我国的税收制度不甚合理，税收缩小收入差距的功能与 OECD 国家相比仍有待改善。

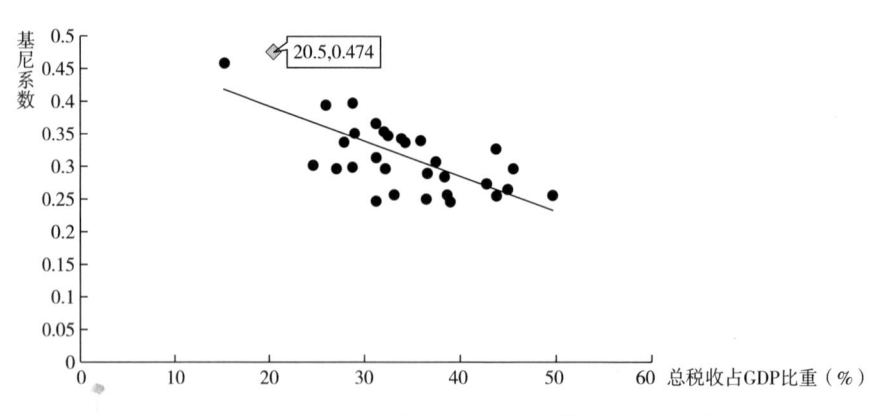

图 10-3 OECD 国家和中国宏观税负与基尼系数的散点图

说明：OECD 国家为 2014 年数据，因为缺乏 2014 年中国基尼系数的数据，因此中国的宏观税负和基尼系数是 2012 年的。

资料来源：OECD 数据库、世界银行数据库、《中国税务年鉴》。

二 发达国家税收制度缩小收入差距的路径

(一) 直接税

从总体来看,世界上主要发达国家都是从以农业税为主体的直接税与间接税并存的税制,逐渐过渡到资本主义初期以间接税为主(受商品经济发展的影响),再到现代以直接税为主的税制结构。[①] 直接税可以培养纳税人的纳税意识,体现公平公正,保持"税收中性",有利于减小收入差距。[②] 接下来我们将介绍发达国家主要的直接税税种及其改革方向,以为我国直接税的改革提供借鉴。

1. 个人所得税

(1) 个人所得税占比高

图 10-4 是 2016 年 OECD 国家和中国个人所得税占总税收的比重。可以看到,OECD 国家个人所得税占总税收的比重都较大,其中最高占比为丹麦的 53.01%,最低为智利的 8.77%,OECD 国家个人所得税占比的平均值为 24.39%(见附表 10-1),这说明个人所得税是 OECD 国家税收的主要来源之一。相反,我国个人所得税占比非常低,2016 年仅为 7%,低于 OECD 所有成员国家,更远低于 OECD 国家的平均值,这说明与发达国家相比,我国个人所得税在整体税制结构中的比重仍有待提高。

---

① 国家税务总局税收科学研究所课题组:《我国直接税与间接税关系的发展和展望》,《税务研究》2005 年第 1 期,第 47~52 页。
② 朱志钢、高梦莹:《论直接税与间接税的合理搭配》,《税务研究》2013 年第 6 期,第 46~49 页。

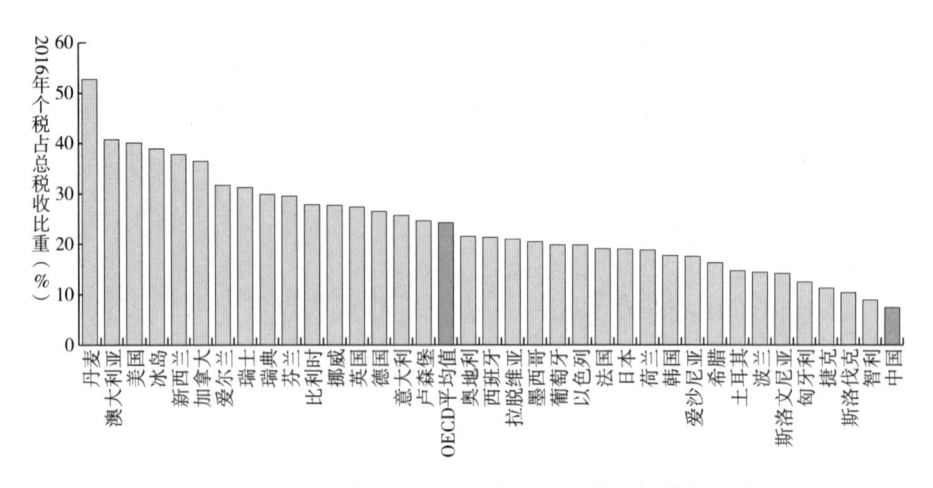

图 10-4　2016 年 OECD 国家和中国个税占总税收比重

说明：因缺乏 2016 年数据，澳大利亚、希腊、日本、墨西哥、OECD 平均值的数据用近三年线性平均值来代替。

资料来源：OECD 数据库、《中国税务年鉴》。

图 10-5 是个人所得税比重与人均 GDP 关系图。可以看到，中国不仅在 OECD 国家中个人所得税占比最低，在人均 GDP 比较接近的几个国家中，中国个税占比也是最低的。考虑到个人所得税是能够有效缩小收入差距的良税，过低的个人所得税占比势必不利于发挥个人所得税对收入分配的调节作用。我们可以选取美国的例子来说明。美国的个人所得税占税收总收入的比重相当大，远远超过 OECD 国家的平均值，在 35% ~ 40% 之间波动。虽然我们看到美国的基尼系数也很高，但相关研究显示，从个税征收前后社会的收入差距来看，美国的个人所得税对收入再分配起到了有效的调节作用，缩小了收入差距，维护了社会公平。[①] 根据美国税务局 2011 年的数据，美国收入最高的 1% 的人群贡献了个税总额的 40%，而收入最

---

① 潘小璐：《公平视角下美国个人所得税制度的借鉴》，《金融与经济》2010 年第 3 期，第 69 ~ 72 页。

第十章 税制缩小收入差距的国际经验比较

高的前 10% 的人群贡献了 70%，而收入低于平均水平的 50% 人群，只缴纳了个税总额的 5%[①]。

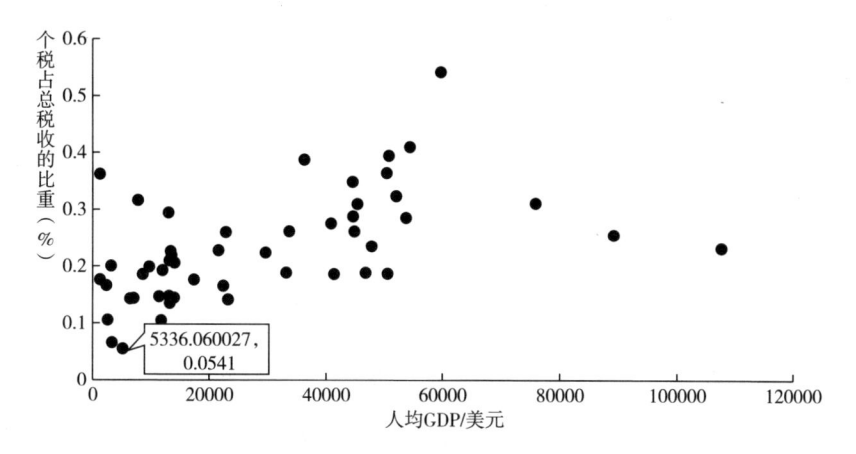

图 10－5　OECD 国家和部分发展中国家个税比重与人均 GDP 关系图

说明：①加入的发展中国家包括新兴经济体国家和转型国家，具体介绍请参阅发展中国家部分；②由于数据的可得性不同，OECD 国家采用了 2014 年的数据，发展中国家利用的是 2012 年数据；③人均 GDP 采用的是 2010 年不变价美元，因此是可比的。

资料来源：OECD 数据库、世界银行数据库、IMF 数据库。

（2）税率结构合理

现在大多数发达国家个人所得税税率的改革都有"减少级次、拓宽级距"的趋势，英国的个人所得税由五级税率改为目前的三级全额累进的税率结构，税率分别为 20%、40%、45%，全部收入在扣除年税额的基础上按税率标准纳税。美国的个人所得税对最高一级的收入还有"累进消失"的制度，即应纳所得额达到一定额度后，全额适用最高一级的边际税率，有效体现了有能力者多负税的原则。[②] 德国的

---

① 张敬石、胡雍：《美国个人所得税制度及对我国的启示》，《税务与经济》2016 年第 1 期，第 97~102 页。

② 周显志、范敦强：《美国个人所得税税率制度及其借鉴》，《税务与经济》2009 年第 4 期，第 104~108 页。

个税税率设计比较特别,其采取的是"几何累进税率",即在累进税率表中每一级的税率,不是一个确定的数字,而是一个范围。例如在适用于单身纳税人的税率中,对于 8004 欧元至 13469 欧元的部分,适用的税率是 14%~24%,也就是说纳税人适用的税率是随着纳税人应纳税所得额的增大逐渐增加一个百分比。这样复杂的税率给计算带来许多的不便,不过优点是对于中低收入者来说,平缓地增加税负更易于接受也更为公平。[①]

(3) 合理扣除,综合课征

多数发达国家对个税征收采取的是综合课征的方法。美国对绝大部分个人所得实行综合计征,但是为了避免与其他税种交叉、鼓励捐款、鼓励购买政府债券等,排除了继承的财产、州和政府的利息所得、因事故和疾病接受的捐款等收入。同时把个人的长期资本利得分离出来,按比例税实行单独课征,以鼓励长期投资和置产兴业。在此基础上,减去最低生活费以及抚养费,对余额以累进税率课征。个税的税前扣除和个人宽免以贫困线为参考标准,最大限度地实现了税收横向公平。[②] 与复杂的个税制度相结合的是严格的征管体制,包括自行申报和预扣制度、严密的信息稽查系统和对税务犯罪行为的惩处等。美国个人所得税的征收率在 90% 以上,有效防止了税收的流失。[③]

[①] 王红晓:《德国个人所得税税率的特别设计及对我国的启示》,《税收经济研究》2011 年第 3 期,第 35~38 页。

[②] 王德祥、刘中虎:《美国的个人所得税制度及其启示》,《世界经济研究》2011 年第 2 期,第 65~68 页。

[③] 潘小璐:《公平视角下美国个人所得税制度的借鉴》,《金融与经济》2010 年第 3 期,第 69~72 页。

英国是世界上最早开征个人所得税的国家，也是综合征收模式的典型代表（英国的个税征收模式，学者们有不同的意见，许琳认为英国个税应算是分类综合所得税制）。① 英国的个税扣除额、免征额和税基具有动态性的特点，每年根据物价指数调整，因此每年都实行新税制。② 英国采取双向申报制度，源头扣缴和综合申报相互联系、相互交叉。工资、薪金等收入扣除必要费用后，按标准税率从源头扣缴，纳税年度结束时计算全年总所得，自行提出申报，再从扣除必要项目后的总所得中确定当年应纳税额总额，多退少补。对于收入来源仅有工资和薪金的纳税人，并不是每年都会收到纳税申报表并进行申报。③

日本实行的是分类与综合所得税制，其特点是对于某些项目，如利息所得分离课税，按特定的标准税率征税，年终不再进入普通总所得中；对于大部分所得项目要合并申报纳税，运用累进税率。同时有完善的税前扣除机制，对每一项所得都有相应的扣除，比如对工薪所得扣除实行工薪所得超额累退比率，即工薪收入越高，扣除率越低，很好地体现了所得税的公平性。对综合课税所得再综合扣除，也有针对性地进行税收抵免。配合税制，采用源头扣缴和自我评定申报相结合的制度。为了提高征管效率，日本国税厅根据所得类型、管理事项和所得者类别分部门管理。④

---

① 许琳：《中国与英国个人所得税的比较及借鉴》，《经济纵横》2002 年第 11 期，第 40~42 页。
② 卫桂玲：《英国个人所得税制度的特点、作用和借鉴》，《理论月刊》2016 年第 7 期，第 166~169 页。
③ 陈炜：《英国个人所得税征收模式的实践经验与启示》，《涉外税务》2013 年第 1 期，第 44~48 页。
④ 谭军、李铃：《日本个人所得税征管特色与借鉴》，《国际税收》2017 年第 6 期，第 66~69 页。

2. 企业所得税

图 10-6 是 2014 年 OECD 国家和中国企业所得税占总税收比重。与个人所得税相反，我国企业所得税占总税收的比重是相当大的，在 20% 左右，远高于 OECD 国家的平均值 8.84%（见附表 10-2）。虽然企业所得税和个人所得税同为直接税，但在前面章节的讨论中我们可以知道，企业所得税并不一定像个人所得税那样有可以缩小收入差距的优良性质。企业所得税在保证税收收入的同时，还承担着增强国际竞争力，吸引各国企业投资，为国家经济发展创造更有活力的环境的功能。

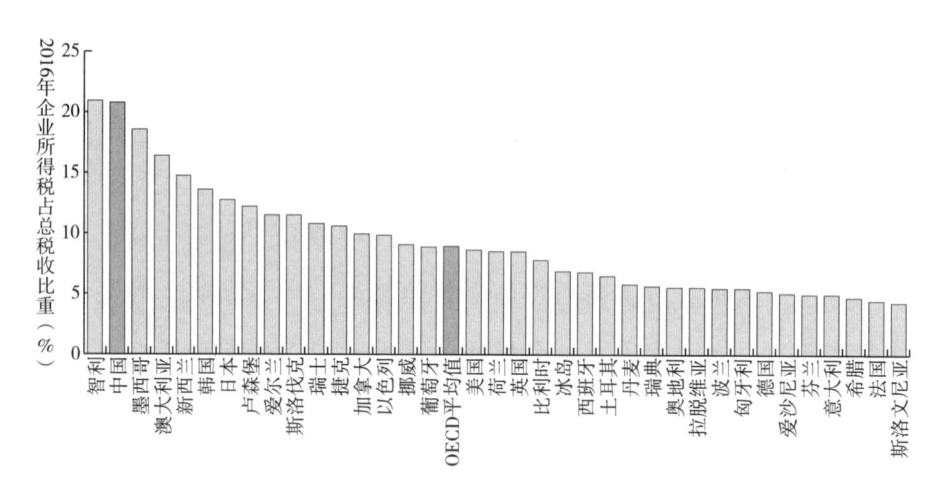

图 10-6　2014 年 OECD 国家和中国企业所得税占总税收比重

说明：因缺乏 2016 年数据，澳大利亚、希腊、日本、墨西哥、OECD 平均值的数据用近三年线性平均值来代替。

资料来源：OECD 数据库、《中国税务年鉴》。

（1）降低税率，扩大税基

为了方便征收税款，大多数发达国家的企业所得税都采用单一比例税制，使用分类比例税率和累进税率的国家较少。企业所得税税负水平影响了一国公司在国际市场上的竞争力，也影响了本国吸引外资的能力。为了保证本国企业在国际竞争中占有优势，促进本国经济的发展，公司所得税的改革有降低税率、扩大税基的趋势。表10-3是2014年OECD成员国公司所得税税率变化表，与2013年相比，总共有12个国家的公司所得税税率有变动，其中10个国家降低了税率，只有2个国家提高了税率。

表10-3 2014年OECD成员国公司所得税税率变化情况

单位：%

国家	2013年	2014年	2014年比2013年降低（-）或提高（+）的百分比
比利时	34	33	-1
丹麦	25	23.5	-1.5
爱沙尼亚	21	20	-1
芬兰	24.5	20	-4.5
日本	28.1	23.9	-4.2
挪威	28	27	-1
葡萄牙	30	28	-2
斯洛伐克	23	22	-1
西班牙	30	28	-2
英国	23	20	-3
智利	20	22.5	+2.5
以色列	25	26.5	+1.5

说明：表中显示的是中央政府公司所得税税率（比例税率或边际税率）。

资料来源：中国国际税收研究会编《2015世界税收发展研究报告》，中国税务出版社，第12页。

（2）目标明确的税收优惠

为了实现促进就业、鼓励企业进行研发、帮助中小型企业快速发展等目标，各国均有一系列的税收优惠政策，具体措施包括降低税率、加计扣除、税收抵免和直接免税等。美国税法规定，允许对折旧、净经营亏损、慈善捐赠、开办费和研究与实验费用扣除。其中对慈善捐赠、研究和实验费用的抵扣非常有特点：企业为慈善做出的捐赠可以从经营收入中扣除，超额的慈善捐赠可以向以后年度结转5年扣除，这对鼓励企业捐赠和促进社会公平有显著的作用；通过申报研究与教育的支出，纳税人可以获得返还税款，这种政策有效激励了企业进行研发支出的热情，并且为高新技术产业的发展创造了良好的环境。[1]

日本在企业的研究和开发支出方面也有税收优惠。日本税法规定，研发支出可以选择资本化也可选择当期全额扣除，对于费用符合条件的还可以直接抵免应纳税额。[2] 除此之外，为了保护中小企业的发展，日本企业所得税采取分类比例税率，按企业规模把企业分成两类，资本额超过1亿日元的大中型企业，税率为30%；资本额在1亿日元以下的中小企业，年应纳税额在800万日元以下的部分，适用税率22%，年应纳税所得额超过800万元的部分，适用税率30%。采用自行纳税制度，有蓝色申报和普通申报两种，为了激励企业建立规范的纳税制度，对于记账凭证和会计制度健全、能正确计算和缴纳税款的企业，经审批可以使用蓝色申报表申报。作为奖励，该类申报比普通申报享有更多的税收优惠。[3]

---

[1] 孙琳：《中国企业所得税与美国公司所得税的差异分析及启示》，《注册税务师》2016年第2期，第64~65页。
[2] 薛荣芳：《企业所得税对R&D投资影响分析及美、日等国税收优惠比较》，《税务研究》2007年第9期，第84~87页。
[3] 王慧：《基于企业所得税看中国与日本的税制差异》，《企业研究》2011年第16期，第101~102页。

3. 社会保障税

社会保障税是发达国家的重要税种之一，OECD国家中除了澳大利亚和新西兰外都征收了社会保障税。表10-4是OECD国家1985~2015年社会保障税占总税收的比重。从平均值来看，OECD国家社会保障税占总税收的比重在25%左右，并且基本保持稳定。2014年，社会保障税占总税收比重最高的为捷克的43.05%。

表10-4 OECD国家社会保障税占总税收的比重

单位:%

年份 国家	1985	1990	1995	2000	2005	2010	2011	2012	2013	2014	2015
澳大利亚	0.00	0.00	0.00	0.00	0.00	0.00	0.00	0.00	0.00	0.00	—
奥地利	31.80	32.87	35.65	33.78	33.89	33.99	33.75	33.92	33.96	33.63	34.80
比利时	31.60	33.22	32.77	30.81	30.67	32.39	32.20	31.85	31.66	31.88	31.01
加拿大	13.48	12.15	13.99	13.61	14.76	14.73	15.07	15.25	15.07	15.08	15.04
智利	—	8.98	6.48	7.30	6.53	6.30	6.50	7.19	7.24	6.92	7.16
捷克	—	—	41.38	44.27	42.82	43.90	43.65	43.18	43.81	43.05	43.07
丹麦	1.27	0.03	0.12	1.36	0.22	0.25	0.10	0.18	0.15	0.15	0.13
爱沙尼亚	—	—	33.95	35.11	33.98	36.84	35.22	34.69	33.65	33.39	33.43
芬兰	21.94	25.64	30.82	25.24	27.27	28.73	29.63	28.90	28.89	28.93	29.04
法国	43.32	44.07	42.92	36.04	37.02	37.60	37.22	37.03	37.36	37.08	36.97
德国	36.53	37.48	38.96	39.04	39.82	38.55	38.21	37.76	37.80	37.63	37.68
希腊	35.58	30.21	32.39	30.31	35.23	31.79	30.84	30.22	29.09	29.41	28.51
匈牙利	—	—	35.64	29.31	32.61	34.07	33.21	32.66	32.56	32.38	34.57
冰岛	2.45	3.14	8.09	7.73	7.85	11.40	10.36	10.34	9.48	9.82	9.89
爱尔兰	14.75	14.10	13.56	11.82	13.01	19.29	17.58	17.76	17.27	16.85	16.98
以色列	—	—	13.98	14.64	16.05	16.86	16.88	16.14	16.33	16.36	16.59
意大利	34.71	32.91	31.47	28.55	30.75	30.84	29.78	29.78	29.75	30.10	30.25
日本	30.27	26.45	33.57	35.21	36.86	41.52	41.61	40.85	39.68	39.43	—
韩国	1.50	10.09	12.09	16.70	21.17	23.99	24.72	26.37	26.87	26.60	26.15
拉脱维亚	—	—	36.92	33.53	28.51	31.37	30.62	29.97	29.12	28.71	27.60

续表

年份 国家	1985	1990	1995	2000	2005	2010	2011	2012	2013	2014	2015
卢森堡	26.18	27.54	26.99	26.09	27.97	29.20	29.24	29.09	28.51	28.99	28.69
墨西哥	11.30	16.83	21.77	17.19	18.17	15.68	16.14	15.92	15.43	13.86	—
荷兰	44.28	37.42	39.54	38.68	34.50	38.38	40.82	40.83	39.64	37.76	38.19
新西兰	0.00	0.00	0.00	0.00	0.00	0.00	0.00	0.00	0.00	0.00	0.00
挪威	20.79	26.30	23.49	20.93	20.44	22.02	22.49	23.84	25.64	27.30	27.99
波兰	—	—	29.84	39.18	36.83	34.91	37.26	38.29	38.16	38.52	38.13
葡萄牙	25.91	27.16	26.20	25.49	26.58	27.52	27.32	26.10	26.27	26.12	26.64
斯洛伐克	—	—	37.26	41.49	39.83	42.25	43.52	43.91	43.05	42.72	43.11
斯洛文尼亚	—	—	42.82	38.00	36.82	40.17	40.42	39.92	39.44	39.75	39.73
西班牙	40.77	35.43	36.05	34.85	33.44	37.65	35.94	34.69	34.49	33.79	34.14
瑞典	24.96	27.23	27.65	26.33	26.86	23.29	23.95	23.28	23.18	22.37	22.77
瑞士	22.75	23.53	27.01	24.33	23.90	24.45	25.02	24.91	24.86	24.59	24.56
土耳其	14.29	19.65	12.08	18.73	22.44	27.88	27.17	27.44	28.53	29.02	28.84
英国	17.78	17.02	17.79	16.80	18.62	18.59	19.01	18.72	18.61	18.73	18.91
美国	25.16	25.57	25.17	23.55	24.49	22.87	22.67	24.06	23.86	23.65	23.99
平均值	22.05	22.04	25.38	24.74	25.14	26.27	26.22	26.15	25.98	25.84	—

资料来源：OECD 数据库，"—"代表数据缺失。

（1）缓解社会不公，增加经济需求

德国是世界上最早建立社会保障制度的国家。1889 年德国通过了《老年和残疾社会保险法》形成了"俾斯麦型社会保障模式"，标志着现代养老社会保险制度的正式诞生。美国于 1935 年出台了《联邦社会保障法》，首先提出了社会保障的概念，并开始征收社会保障税。虽然美国的社会保障税开征较晚，但对世界范围内社会保障制度的建立有着重要意义。在美国之前，西欧各国开征社会保障税的主要目的是为了缓解社会不公平的现象，而美国的社会保障税除了实现收入再分配，还起到了缓解经济波动、增加经济需求的重要作用。

第十章 | 税制缩小收入差距的国际经验比较

为直观说明社会保障税占比与收入差距的关系，我们做了各国社会保障税占比与基尼系数的散点图，同时，将个人所得税和企业所得税的情况一并加入图中。从图10-7可以看到，作为比重较大的三种直接税之一，社会保障税占比与基尼系数的关系同个税占比与基尼系数的关系一样，都是负相关的，即社会保障税占比大的国家基尼系数往往也较低，这说明社会保障税作为一种转移支付工具，对收入再分配的过程产生了积极的影响，缩小了收入差距。与前面章节的讨论相同，企业所得税转嫁到个人身上的方式比较复杂，因此企业所得税占比与基尼系数的关系与其他两个直接税不同，具有一定的正向关系。

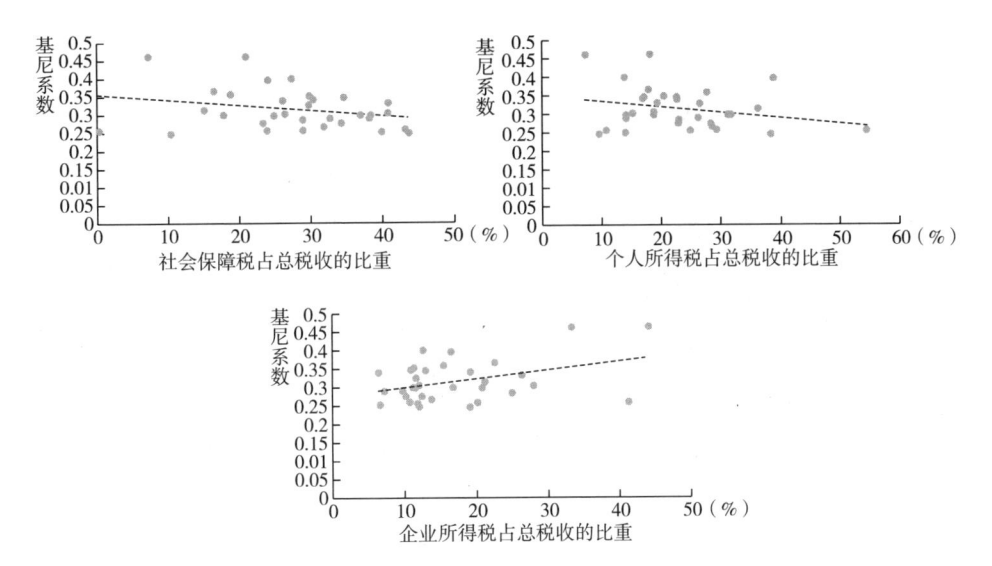

图 10-7 OECD 国家 2014 年社会保障税、个税、企业所得税占比与基尼系数的关系

资料来源：OECD 数据库。

（2）促进社会稳定，增加社会就业

当前社会保障的一个重要发展趋势是解决社会的就业问题，

即保障失业人群的生活，促进失业者积极再就业。美国失业保障税的纳税人全部是雇主，税源是雇主支付给雇员的工资，征收的目的是为了向临时失业者提供基本生活费用。西班牙政府提出对创造就业岗位的公司实施统一的优惠税率，如果公司可以新招募不低于三年期，那公司可以在头两年实行每月 100 欧元的统一税率。这样的措施主要是为了降低企业招募员工的成本，解决西班牙高税率的问题。

4. 财产税

财产税是对社会存量财富征收的税收，是对"财产"征税的税种的总称，主要包括对不动产课征的房地产税和对继承课征的遗产税。通过财产征税可以调节社会的财富分布，进而影响财产所有者的资本收益，因此可以对收入分配起到很好的调节作用。图 10 – 8 是德国、日本、美国和 OECD 国家平均值财产税比重的变化趋势图，从图 10 – 8 中可以看出，财产税是 OECD 国家的一项重要税收来源，占税收比重稳定在 6% 左右。

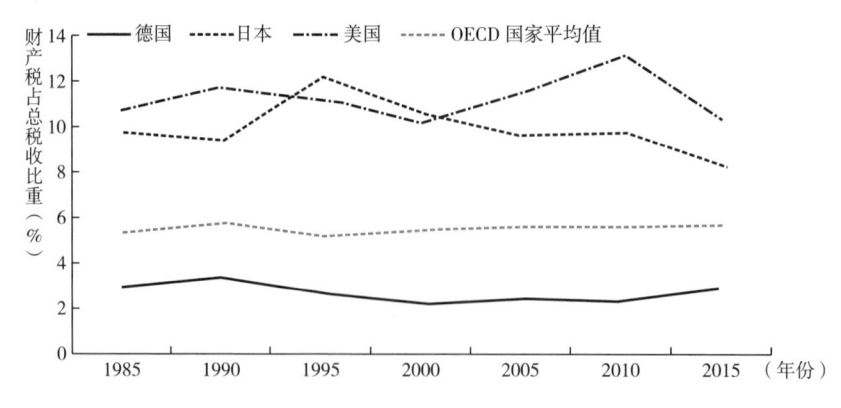

图 10 – 8 1985 ~ 2014 年主要国家财产税比重变化趋势

资料来源：OECD 数据库。

5. 房产税：征税范围广泛，税率提高

OECD大部分国家都征收了房产税，只有比利时、以色列和新西兰三个国家没有征收房产税。为了增加房产税的税收，加大房产税的收入调节能力，同时抑制房价、打击囤房，现在世界各国房产税改革的趋势是扩大征税范围，提高税率。美国、加拿大、澳大利亚等国家对城市和农村的房产同时征税，征税对象不仅包括地上建筑物，还包括土地，充分保证了税源的充足。① 为了防止逃税，保证税收，各国均建立了较为完善的房产评估系统，单独设立房产评估机构或者委托社会评估机构对房产进行专业、准确的评估。各国房产税的税率相对个税等其他税种来讲是比较低的，表明各国政府对房产税的谨慎态度，但近年来，有提高房产税税率的趋势。

6. 遗产税与赠与税：争议性的税种

世界上开征遗产税的国家，为了防止财产所有人生前利用赠与这一方式逃避缴税，都配套开征了赠与税。遗产赠与税是世界上最富有争议的税种之一。在遗产税开征的数百年间，大多采取了累进的高税率，但是随着全球化和经济增长逐渐疲软，为了国内减税政策的需要，避免资本和人才全球性流动带来税基的流失，许多国家如挪威、新西兰、葡萄牙、瑞典都取消了遗产赠与税，日本和法国对赠与税出台了新的减免规定。也有一些国家为了解决国内收入差距的问题，增加对国内富人的税收，恢复了遗产税的开征，如意大利、美国等，但是开征遗产税的国家对遗产税的减免和扣除给予了充分的考虑。

---

① 黄璟莉：《国外房产税的征收经验及对我国的启示》，《财政研究》2013年第2期，第66~71页。

（二）间接税

1. 增值税

自法国1954年开征增值税以来，增值税作为一种公认的良税被越来越多国家接受。数据显示，目前全世界近200个国家实行增值税，有的国家计划开征增值税，有的国家则要把原具有增值税性质的税种改为增值税。中国自2016年开始全面实行营业税改增值税，营业税退出历史舞台。

（1）征收范围广泛，标准税率上升

增值税是间接税中为数不多的可以实现税收中性的优良税种之一。为了保持增值税的税收中性，其征税范围应当尽可能广泛，OECD绝大多数国家就对货物和劳务一律征税。为了增加财政收入，近年来许多OECD国家都不同程度地提高了标准税率，增值税平均税率由2008年的17.7%上升到2015年的19.2%，说明许多国家都把增加增值税收入作为减少赤字的手段。同时，为了缓解增值税的累退性，调控经济的发展，超过2/3的OECD国家都对少数货物和劳务采用低税率等优惠税率。例如，比利时为了减轻居民日常用电负担，将电力行业的增值税税率由21%下调到6%。除了使用低税率，还对许多项目实行免税。但是由于"层叠效应"等原因，实行免税往往与增值税税收中性的原则相左，因此，许多国家采取减少免税项目、扩宽税基的方式来保持增值税的税收中性。

（2）国际协调程度逐步提高

经济的全球化发展，对各国的税制也提出了更高的要求。OECD成员国为了消除增值税对跨境交易产生的扭曲作用，减少各国的财政流失，在OECD第二届增值税全球论坛上达成了第一个国际公认、将增值税原则适用于跨境贸易的协议——《国际增值税（货物劳务税）指南（2014）》。欧盟增值税的一体化程度也在逐步提高，体现在有关纳税人、征税对象基本一致，在一定程度上税率基本接近。同时，为了避免不法分子利用跨境交易骗取增值税，欧盟对这类行为的打击力度也在逐步加大。此外，一方面加强增值税的信息交换和建立防范增值税欺诈的快速反应机制等，另一方面实行更易遵守的纳税税制。

2. 消费税

消费税是世界上最早开征的税种之一，曾在历史上发挥过重要作用。[①] 消费税有广义和狭义之分。广义的消费税是指以消费为课税对象的税收统称，包括增值税、货物劳务税和销售税等间接税。狭义消费税是指对少数消费品课征的税收，我国开征的就是此种消费税，本节所述消费税也是指狭义上的消费税。在间接税中，消费税是少数既能增加财政收入，又可以调节消费、提高社会公平程度、缩小收入差距的优良税种。

表10-5是OECD国家1985~2016年消费税占总税收的比重。从表10-5中可以看出，OECD国家消费税占总税收的比重总体上呈现逐年降低的趋势。从平均值来看，消费税占总税收的比重由1985年的9.53%下降到2015年的7.72%，下降比重较为明显。这是由于20世纪70年代以后，世界税制改革的趋势是增值税的开征，增值税占税收收入的比重持续上升，历史上部分课源原属于消费税的转为

---

① 李华、蔡倩：《消费税变革的国际趋势分析》，《国际税收》2014年第3期，第16~20页。

增值税课征，由此造成消费税比重的持续下降。

表 10-5 OECD 国家消费税占总税收的比重

单位:%

年份 国家	1985	1990	1995	2000	2005	2011	2012	2013	2014	2015	2016
澳大利亚	13.90	10.28	9.36	9.22	7.63	6.77	6.38	6.09	5.51	4.87	—
奥地利	7.00	6.09	6.07	6.07	6.32	5.86	5.68	5.50	5.30	5.22	5.32
比利时	4.73	4.94	5.26	5.06	5.31	4.80	4.64	4.54	4.55	4.71	5.07
加拿大	7.91	5.93	5.63	4.72	4.94	4.33	4.15	4.13	4.13	4.13	4.15
智利	—	9.34	7.89	10.33	7.77	6.80	6.83	7.26	7.63	7.42	7.53
捷克	—	—	9.77	9.25	9.83	11.16	11.10	10.72	8.75	10.04	9.75
丹麦	12.03	10.03	10.72	11.06	10.32	9.07	9.10	9.09	8.16	8.62	8.67
爱沙尼亚	—	—	7.52	9.55	12.17	13.54	13.93	13.30	13.04	12.67	13.73
芬兰	12.00	9.76	9.93	8.99	8.62	8.85	8.81	8.47	8.25	8.34	8.61
法国	6.19	6.19	6.71	6.19	5.66	5.42	5.34	5.43	5.41	5.68	5.80
德国	6.78	6.85	7.09	7.46	8.37	6.88	6.46	6.22	6.04	5.79	5.50
希腊	14.45	11.96	14.44	8.86	8.18	11.11	10.34	10.65	10.58	10.51	—
匈牙利	—	—	10.00	10.38	9.66	9.36	9.26	8.65	8.31	8.44	8.35
冰岛	6.00	2.04	8.89	9.27	9.19	8.57	8.61	8.16	7.43	7.01	6.96
爱尔兰	19.01	17.00	14.99	13.20	10.75	10.36	9.89	9.87	9.33	9.04	9.10
以色列	—	—	3.45	3.50	4.46	5.50	5.52	5.13	4.98	4.85	4.78
意大利	5.81	7.66	7.87	6.26	5.56	5.99	6.61	6.47	6.91	6.48	6.76
日本	10.47	6.60	7.35	7.22	6.94	6.43	6.25	5.96	5.30	5.11	—
韩国	13.73	13.21	13.48	13.32	12.00	7.89	8.32	7.96	7.72	8.10	8.07
拉脱维亚	—	—	6.56	11.62	12.65	12.40	11.54	11.43	11.19	11.42	11.54
卢森堡	10.29	9.94	11.90	12.16	11.82	9.37	9.03	8.34	8.36	7.13	7.04
墨西哥	11.40	9.87	10.86	10.71	4.86	4.90	4.81	4.71	6.55	12.24	—
荷兰	5.37	5.73	7.66	8.25	8.74	7.90	7.46	7.26	7.18	7.06	6.95
新西兰	7.42	7.02	5.77	5.40	3.88	2.77	2.66	2.52	2.63	2.76	2.61
挪威	14.50	12.41	12.48	8.69	7.40	6.55	6.28	6.40	6.55	6.63	6.72
波兰	—	—	11.95	11.04	13.01	13.04	12.65	12.53	12.21	12.10	10.71

续表

年份 国家	1985	1990	1995	2000	2005	2011	2012	2013	2014	2015	2016
葡萄牙	16.06	13.84	14.73	11.29	11.90	9.42	8.92	8.06	8.14	8.40	9.13
斯洛伐克	—	—	8.71	9.14	11.45	9.89	9.58	8.85	8.51	8.29	8.20
斯洛文尼亚	—	—	0.00	8.39	9.03	11.50	12.33	11.96	11.74	11.53	11.36
西班牙	5.44	5.83	8.20	8.26	7.03	6.83	6.59	7.10	6.98	7.05	6.84
瑞典	9.38	7.32	7.22	6.03	6.10	5.77	5.72	5.47	5.18	5.06	4.94
瑞士	6.76	1.82	1.81	5.41	5.13	4.80	4.93	4.75	4.66	4.51	4.49
土耳其	3.78	0.87	0.96	11.72	21.17	17.77	18.31	18.63	18.13	18.05	18.25
英国	11.17	9.74	11.29	10.40	8.65	8.46	8.53	8.22	8.03	7.76	7.44
美国	6.24	4.18	4.62	3.74	3.89	3.95	3.96	3.58	3.42	3.26	3.19
平均值	9.53	8.02	8.32	8.63	8.58	8.12	8.02	7.81	7.62	7.72	—

资料来源：OECD 数据库，"—"代表数据缺失。

（1）提高税率引导消费

在税率变化方面，发达国家逐渐制定高税率来引导消费，主要体现在两方面：一是对人体有害的产品征收高税率，二是对污染环境的产品征收高税率。世界上大部分国家对烟酒产品的征税，都考虑了身体健康的因素，对价格低廉的烟酒产品征收高税率，而对价格昂贵的烟酒产品征收低税率，以此来鼓励厂商生产更多价格相对昂贵但对人体损害较少的产品。例如，芬兰政府发布的 2014~2017 年税收战略规划提高了烟酒糖和软饮的消费税；荷兰政府于 2014 年也提高了酒类的消费税率。对能源产品征税则是考虑了节能环保的目的，尤其是近年来全球持续变暖，更进一步加大了对能源产品征税的改革力度。对汽车的征税则有节能环保和抑制豪华消费的双重目的。

（2）逐步扩大的征收范围

发达国家消费税的征收范围有逐渐扩大的趋势，这一方面是出于征集财政扩大征税范围的需要,另一方面也是出于调控税收属性的需要,即希望通过对某些特定消费品课税等政策,来达到实现收入公平分配、节约能源、引导消费等目标。如对珠宝、游艇、在特定场所消费等非必需品、高消费、奢侈行为征税,从而达到调节收入差距、保证税制公平的目的。

三 发展中国家的宏观税负与收入差距

相比于发达国家已较为健全的税制体系,大部分发展中国家的税制体系还处于建设完善阶段。20世纪90年代开始,在东欧解体的背景下,税制改革不仅在转型国家如火如荼地进行,在多数发展中国家也掀起了热潮。20多年后的今天,大部分发展中国家的税制体系仍然存在很多问题,多数国家的贫富差距现象不但没有得到解决,反而更加严重。因此,总结发展中国家税制改革缩小收入差距经验的重要性可见一斑。我国既属于90年代由计划经济向市场经济转型的国家,又属于当今引人注目的新兴经济体国家,因此通过对比分析我国与新兴经济体、90年代转型国家的税制情况[①],总结这些国家税制改革的经验,可以为我国的税制改革提供参考。

(一)宏观税负:与发展中国家相比,中国宏观税负增长迅速

图10-9统计了2005年、2010年和2015年三个年份新兴经济体的

---

① 新兴经济体以《经济学人》杂志所定义的金砖五国(BRICS)与新砖十一国(Next-11)中的部分国家为例;转型国家以20世纪90年代受苏联解体的影响而进行市场经济转型的部分国家为例。

第十章 税制缩小收入差距的国际经验比较

宏观税负情况。从图 10-9 中能够看出：①截至 2015 年，我国宏观税负达到 19.2%，与新兴经济体的宏观税负均值相当。②我国宏观税负在 10 年时间内上涨了 4 个百分点，而其他新兴经济体国家没有类似的涨幅。具体来看，南非的宏观税负从 27.4% 上涨到了 29.1%，巴西和埃及的宏观税负变化不大，但是俄罗斯的宏观税负从 2005 年的 24.8% 下降到了 2015 年的 18.8%，下降了 6 个百分点。③整体来看，新兴经济体的宏观税负有略微上升的趋势，且宏观税负多在 20% 左右的水平。

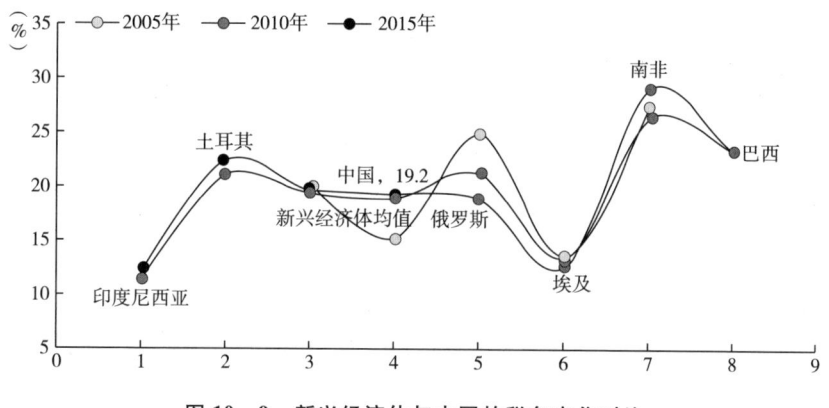

图 10-9 新兴经济体与中国的税负变化对比

图 10-10 统计了 1995、2005 和 2015 年三个年份转型国家的宏观税负情况。从图中能够看出：①多数转型国家在 1995 年到 2015 年 20 年间，宏观税负经历了一个先降低后增加的过程；②我国宏观税负的均值自 2005 年以来一直低于转型经济体的均值，但是差距正在逐渐缩小；③整体来看，转型国家的宏观税负保持在 20%~25% 之间波动，而且不同国家之间的税负差距在逐渐缩小。

结合图 10-10 可以看出，我国宏观税负其实从 2005 年到 2010 年间就上涨了 4 个百分点，2010 年之后的 5 年基本保持稳定，在 20% 左右，这意味着我国税收的增长步伐在 2005 年到 2015 年的 10 年间先迅

图 10-10 转型经济体与中国的税负变化对比

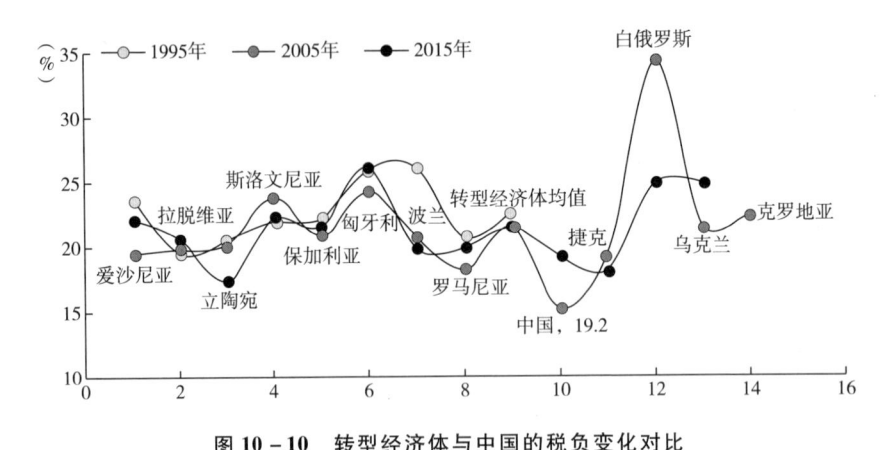

说明：为了便于国家之间比较，所有国家的税负均指政府总税收占政府国内生产总值的比重，没有纳入仅有中央财政预算税收、地方税收的国家数据，因此没有印度、孟加拉国、尼日利亚等国的数据。

资料来源：国际货币基金组织政府财政统计 GFS 数据库。

猛增长后保持平稳。横向比较来看无论是与经济发展较快的新兴经济体相比，还是和20世纪90年代经历税改的多数转型国家相比，我国在2005年到2010年的税负增长都是十分突出的，而随后的时间里几乎处于稳定状态。税负增长过快也要求税收体系承担更多的经济责任。如果没有完善的税收制度体系，那么，不仅会造成民众沉重的税负，而且会造成资源的浪费和社会再分配不公平的扭曲现象。

（二）收入差距：与发展中国家相比，中国收入差距扩大严重

图10-11是部分新兴经济体国家基尼系数变化的趋势。从图中能够看出：①我国基尼系数在1990年到2010年的20年时间里从0.32上涨到0.48，增长了16个百分点，而其他新兴经济体没有类似的涨幅；②我国基尼系数从1990年到2010年一直在增长，从低于新兴经济体的均值变为了超越新兴经济体的均值，而且已位于新

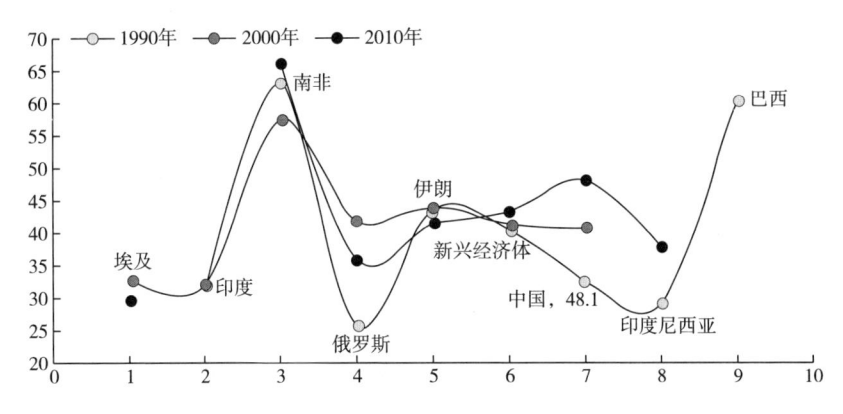

图 10-11 新兴经济体与中国的基尼系数变化对比

说明：不同国家计算基尼系数的方法存在差异，具体国家每年的计算方法及基尼系数的具体大小见附表 10-3。

兴经济体中基尼系数偏高的国家行列。

图 10-12 统计了 1990 年、2000 年和 2010 年三个年份转型国家的基尼系数情况。从图中能够看出：①多数转型国家在 1990 年到 2010 年的基尼系数都经历了一个先上升后下降的阶段，或者在上升过后保持稳定，只有中国的基尼系数一直大幅上升；②我国基尼系数从 1990 年开始便处于转型国家中的最高值，2000 年之后我国与其他转型国家的基尼系数相比，非但没有下降，反而持续上升；③整体来看，转型国家的基尼系数处于 0.35 左右的水平，但是我国的基尼系数却高达 0.48，收入差距状况可见一斑。

从图 10-11 和图 10-12 的结果来看，无论是与其他新兴经济体国家相比，还是与其他转型国家相比，我国基尼系数在近 20 年时间里涨幅都是最大的，说明我国的收入差距在 20 年时间里被迅速拉大，不平等现象迅速凸显；新兴经济体基尼系数的平均水平在 20 年时间里并没有发生类似中国这样明显的增长趋势，而是长期处于 0.4 左右的水平；转型国家的基尼系数在 20 年时间里也没有出现如此大

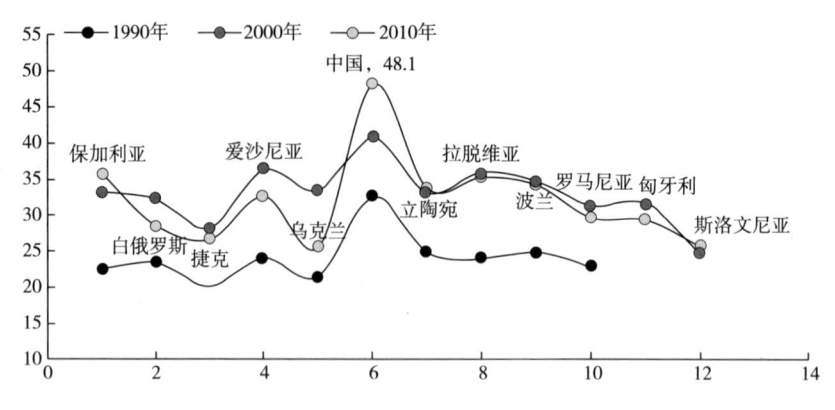

图 10-12 转型经济体与中国的基尼系数变化对比

说明：不同国家计算基尼系数的方法存在差异，具体国家每年的计算方法及基尼系数的具体大小见附表 10-3；世界银行基尼系数数据库中没有的数据，采用国家统计局国别数据中的基尼系数填补。发展中国家的基尼系数欠缺，为了具有可比性，更新到了 2010 年。

资料来源：①世界银行基尼系数数据库，http：//econ.worldbank.org/projects/inequality；②国家统计局国别数据；③国际货币基金组织政府财政统计 GFS 数据库。

的涨幅，而是长期处于 0.35 左右的水平。

（三）税负与收入差距的关系

图 10-13 和图 10-14 是新兴经济体国家与转型国家 2010 年总税负与基尼系数的散点图，从中能够看出在新兴经济体国家中，税负越高的国家基尼系数越大；在转型国家中，如果排除已经位于发达国家之列的捷克、斯洛文尼亚和匈牙利三国，能够看到税负越高的国家基尼系数越小。比较中国在两类国家中的位置，可以看出我国税负与基尼系数之间的关系更类似于新兴经济体的模式，而在转型国家中却成为一个异常值。值得一提的是，无论是与新兴经济体相比还是和转型国家相比，中国的税负和基尼系数都是处于较高的位置，如果不尽快进行税制改革，无论我国税负如何增长，税制缩小收入差距的效果仍将踟蹰不前，国内的收入差距很有可能会继续扩大。

第十章 税制缩小收入差距的国际经验比较

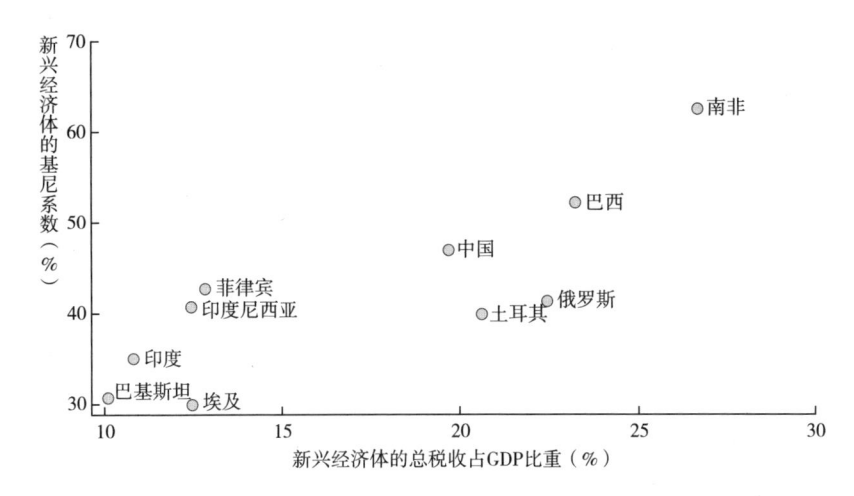

图 10-13 新兴经济体总税负与基尼系数的关系

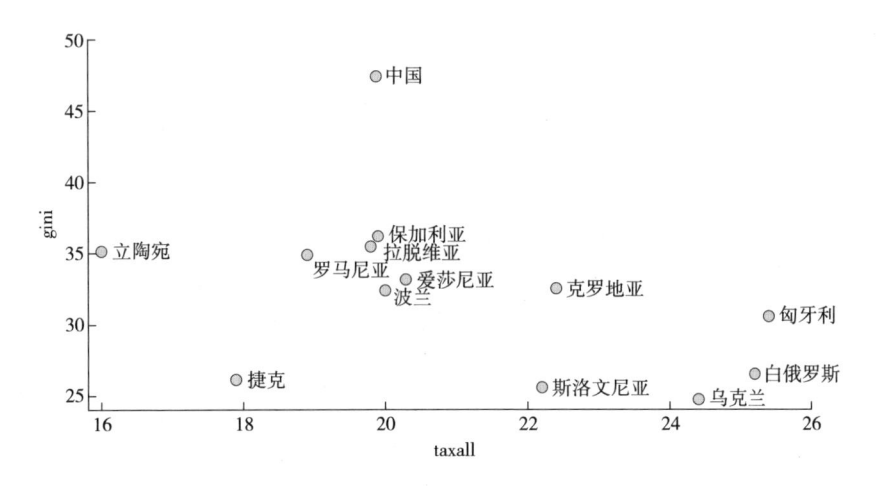

图 10-14 转型国家的总税负与基尼系数的关系

资料来源：①世界银行基尼系数数据库：http://econ.worldbank.org/projects/inequality；②国家统计局国别数据；③国际货币基金组织政府财政统计 GFS 数据库。

四 发展中国家的主要税种与收入差距

为了进一步分析发展中国家的税制改革与收入差距之间的关系，

总结发展中国家税制改革缩小收入差距的有效经验以供我国参考，本节选择整体税制中的四个主要税种展开论述，这四个税种分别是个人所得税、企业所得税、增值税和财产税。

(一) 个人所得税：中国低个税占比与高基尼系数并存

表10-6是按照基尼系数从高到低的顺序排列的新兴经济体个人所得税情况。能够看出2012年我国个人所得税占GDP比重仅有1.08%，占总税收的比重也仅有5.41%。无论是从个税在税收体系中的地位来说，还是在整个经济体系中的地位来说，相比于其他新兴经济体国家，我国的个人所得税都处于极低的段位。首先，与新兴经济体的平均水平相比，中国个税占总税收的比重低于新兴经济体平均水平近13个百分点，而基尼系数却要高于这些国家平均水平将近4个百分点；其次，与新兴经济体中典型的金砖国家相比，我国个税占总税收的比重低于印度12个百分点，低于俄罗斯9个百分点，而基尼系数却都要高于这两个国家。南非和巴西则长年处于较高的收入差距状态，个税占比和基尼系数都要高于我国。

表10-6　2012年新兴经济体的个人所得税

单位:%

国家	总税收占GDP比重	个人所得税占GDP比重	个税占总税收比重	基尼系数
南非	26.99	8.50	31.49	63.40
巴西	23.49	2.44	10.39	52.80
中国	19.88	1.08	5.41	47.40
新兴经济体平均值	16.99	3.12	18.36	43.72

续表

国家	总税收占 GDP 比重	个人所得税占 GDP 比重	个税占总税收比重	基尼系数
菲律宾	12.89	2.10	16.29	43.04
俄罗斯	22.69	3.36	14.81	41.59
印度尼西亚	12.48	0.79	6.33	41.00
土耳其	20.96	4.07	19.42	40.17
印度	10.83	1.91	17.64	35.15
巴基斯坦	10.10	3.64	36.04	30.69
埃及	12.52	1.31	10.46	29.90

资料来源：税收数据来自国际货币基金组织 GFS 数据库，为了与可得基尼系数的数据对应，选取了 2012 年的税收数据；基尼系数来自世界银行基尼系数数据库和国家统计局的国别数据，根据两个数据库的实际收录情况，互相补充，少部分国家没有 2012 年的基尼系数数据，用 2011 年或者 2013 年的数据填补。

表 10-7 是按照基尼系数从高到低的顺序排列的转型国家个人所得税情况。能够看出，在转型经济体中，我国的个人所得税占比仍然是最低的，其他转型国家的个税占总税收比重均超过了 10%，而唯有我国的个税占比低于 10%，并且与转型国家的个税占比差距巨大；与转型国家的平均水平相比，我国个税占总税收比重要比转型国家平均值低 13.4 个百分点，但是基尼系数却要高于这些国家将近 12 个百分点。我国低个税占比和高基尼系数成为转型国家中的特例。

表 10-7 转型经济体的个人所得税

单位：%

国家	总税收占 GDP 比重	个人所得税占 GDP 比重	个税占总税收比重	基尼系数
中国	19.88	1.08	5.41	47.40

续表

国家	总税收占GDP比重	个人所得税占GDP比重	个税占总税收比重	基尼系数
保加利亚	19.88	2.86	14.40	36.01
拉脱维亚	19.78	5.77	29.15	35.48
立陶宛	16.00	3.48	21.75	35.15
罗马尼亚	18.89	3.51	18.57	34.88
爱沙尼亚	20.27	5.17	25.51	33.15
克罗地亚	22.43	2.99	13.32	32.51
波兰	20.00	4.46	22.29	32.39
转型国家均值	19.64	3.66	18.80	35.87
匈牙利	25.42	5.29	20.79	30.55
白俄罗斯	25.20	3.53	14.00	26.53
捷克	17.93	3.38	18.85	26.13
斯洛文尼亚	22.05	5.68	25.76	25.59
乌克兰	24.41	4.85	19.86	24.74

图10-15和图10-16直观地描绘了新兴经济体和转型国家的个人所得税占比与基尼系数的。能够看出，我国同时处于极低的个税占比与极高的基尼系数两个极端情形，从而成为发展中国家的特例。个人所得税是有效调节收入分配、缩小收入差距的重要税种，较低的个税占比无疑降低了个人所得税对收入分配的调节效应，也是使我国基尼系数较高的原因之一。我们的分析表明，在所有的新兴经济体和转型国家中，我国的个税占比都是最低的，如何提高个税占比、充分发挥个人所得税的收入分配效应、缩小收入差距是未来值得思考的重要问题。

第十章 | 税制缩小收入差距的国际经验比较

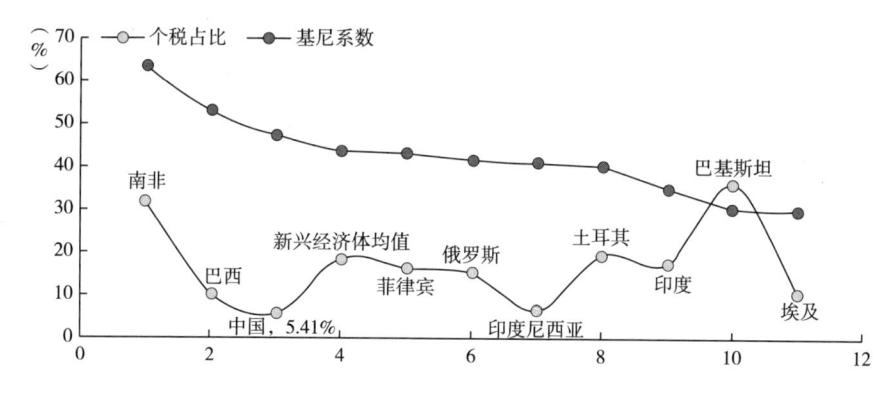

图 10-15 新兴经济体的个税占比与基尼系数

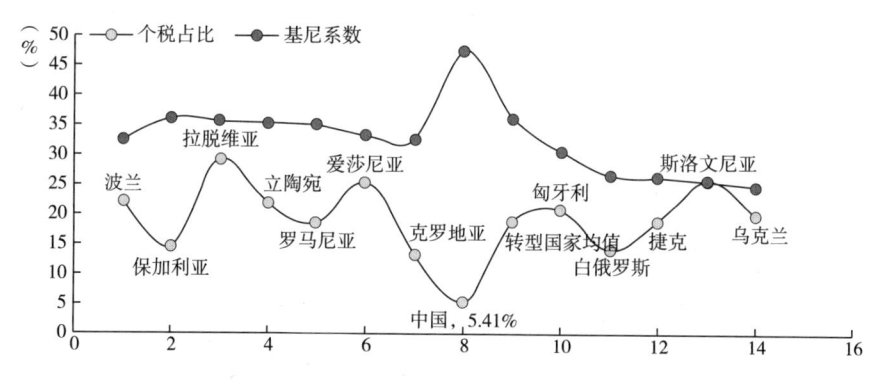

图 10-16 转型经济体的个税占比与基尼系数

资料来源：税收数据来自国际货币基金组织 GFS 数据库，为了与可得基尼系数的数据对应，选取了 2012 年的税收数据；基尼系数来自世界银行基尼系数数据库和国家统计局的国别数据，根据两个数据库的实际收录情况，互相补充，少部分国家没有 2012 年的基尼系数数据，用 2011 年或者 2013 年的数据填补。

专栏：俄罗斯的个税改革

俄罗斯和我国在 2000 年时基尼系数相近，我国甚至还要更低一些，但是 10 年之后我国的基尼系数却达到了 0.48 的水平，俄罗斯的基尼系数仍然保持在 0.4 左右，俄罗斯国内稳定的收入差距与其 2001 年开始的"单一税"改革不无关系。2000 年以前，俄罗斯个人所得税收入在税负总额中所占份额仅为

6.5%,和当前我国的个税占比差不多。2001年,俄罗斯对个人所得税改革:①将三级累进税率统一为13%的单一比率税;②拓宽个税税基,将纳税人各种形式的收入(货币、实物和物质优惠)全部纳入课税范围;③扩大税收扣除范围,个税起征点从3168卢布提高到4800卢布(之后还有提升),同时还加大了其他社会扣除;④实施统一社会税,将社会保障缴款改为统一按35.6%的社会税税率对雇主征收(以前是雇主征收38.5%,员工征收1%)等等。

单一税改革之前所担心的政府税收收入将会下降的预言并没有出现,与之相反,个税改革之后的俄罗斯在2001年到2009年之间个人所得税收入连年快速增长,2009年俄罗斯个税收入已占全部税收收入的23%,是2000年的3.5倍。[1] 单一税改革削弱了个税的累进性,但是俄罗斯通过增加扣除标准、扩大税收扣除范围的方式减轻了低收入者的税收负担。最重要的是,俄罗斯个税改革扩大了税基,将纳税人所有的收入作为计税依据,同时严厉打击偷税漏税行为,这样的结果使得高收入群体难以通过税种之间转换逃税,使得俄罗斯的个税收入迅速增长,成为俄罗斯的三大税收之一。

(二)企业所得税:在新兴经济体国家中占比较低,在转型经济体国家中占比较高

表10-8是按照基尼系数由高到低的顺序进行排列的新兴经济

---

[1] 童伟:《俄罗斯个人所得税改革评述》,《税务研究》2011年第9期,第85~91页。

体企业所得税情况。能够看出，我国企业所得税占比为18.28%，在新兴经济体国家中属于占比较低的，比新兴经济体的均值要低2.65个百分点。与其他金砖国家相比，要比巴西和俄罗斯的企业所得税占比高，比南非和印度的企业所得税占比低，尤其是低于印度13个百分点。

表10-8 新兴经济体的企业所得税

单位:%

国家	总税收占GDP比重	企业所得税占GDP比重	企业所得税占总税收比重	基尼系数
南非	26.99	5.55	20.56	63.40
巴西	23.49	3.13	13.32	52.80
中国	19.88	3.63	18.28	47.40
新兴经济体平均值	18.08	3.78	20.93	43.83
菲律宾	12.89	3.51	27.23	43.04
俄罗斯	22.69	3.64	16.04	41.59
印度尼西亚	12.48	4.61	36.94	41.00
土耳其	20.96	2.04	9.73	40.17
印度	10.83	3.75	34.63	35.20
埃及	12.52	4.20	33.55	29.90

资料来源：税收数据来自国际货币基金组织GFS数据库，为了与可得基尼系数的数据对应，选取了2012年的税收数据；基尼系数来自世界银行基尼系数数据库和国家统计局的国别数据，根据两个数据库的实际收录情况，互相补充，少部分国家没有2012年的基尼系数数据，用2011年或者2013年的数据填补。

表10-9是按照基尼系数由高到低的顺序排列的转型经济体国家的企业所得税情况。能够看出，我国企业所得税占比（18.28%）在转型经济体国家中处于较高的位置，仅次于捷克的企业所得税占比，远高于转型国家的平均水平（10.10%）。在转型经济体国家中，我国是唯一一个企业所得税占比较高同时基尼系数也较高的国家。

捷克的企业所得税占比虽略高于我国,但其基尼系数在转型国家中最低。

表 10-9 转型经济体的企业所得税

单位:%

国家	总税收占 GDP 比重	企业所得税占 GDP 比重	企业所得税占总税收比重	基尼系数
中国	19.88	3.63	18.28	47.40
保加利亚	19.88	1.71	8.58	36.01
拉脱维亚	19.78	1.62	8.20	35.48
立陶宛	16.00	1.30	8.12	35.15
罗马尼亚	18.89	1.87	9.92	34.88
爱沙尼亚	20.27	1.40	6.92	33.15
克罗地亚	22.43	2.33	10.39	32.51
波兰	20.00	2.08	10.39	32.39
转型经济体均值	19.64	1.99	10.10	35.87
匈牙利	25.42	1.28	5.05	30.55
白俄罗斯	25.20	3.74	14.84	26.53
捷克	17.93	3.29	18.37	26.13
斯洛文尼亚	22.05	1.24	5.62	25.59

资料来源:税收数据来自国际货币基金组织 GFS 数据库,为了与可得基尼系数的数据对应,选取了 2012 年的税收数据;基尼系数来自世界银行基尼系数数据库和国家统计局的国别数据。

图 10-17 和图 10-18 直观地描绘了新兴经济体与转型经济体国家的企业所得税占比与基尼系数情况。从中可以看出,我国企业所得税 18.26% 的占比与新兴经济体国家相比处于较低水平,与转型国家相比则处于较高水平,而基尼系数则处于新兴经济体国家中的极高水平,在转型国家中更是处于最高水平。前面章节的分析表明,企业所得税在一定的条件下可以有效调节收入分配、缩小收入差距。因此,企业所得税未来改革的方向是在营造良好的企业发展环境的

第十章 | 税制缩小收入差距的国际经验比较

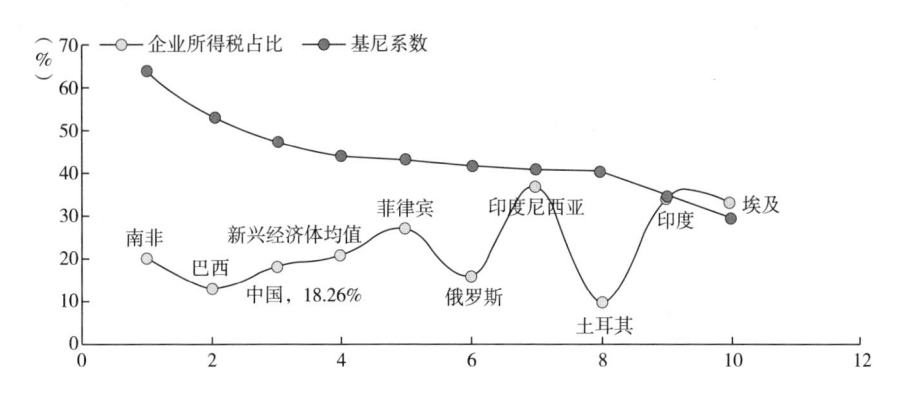

基础上，向着有利于发挥其收入分配效应的方向迈进。

图 10-17 新兴经济体的企业所得税占比与基尼系数

资料来源：税收数据来自国际货币基金组织 GFS 数据库，为了与可得基尼系数的数据对应，选取了 2012 年的税收数据；基尼系数来自世界银行基尼系数数据库和国家统计局的国别数据，根据两个数据库的实际收录情况，互相补充，少部分国家没有 2012 年的基尼系数数据，用 2011 年或者 2013 年的数据填补。

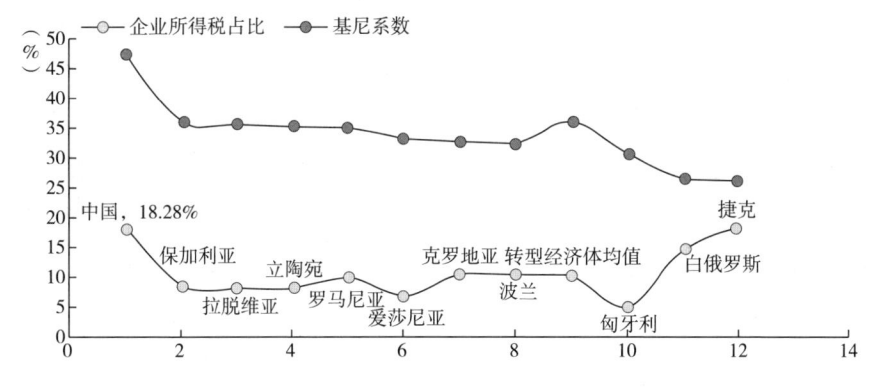

图 10-18 转型经济体的企业所得税占比与基尼系数

资料来源：税收数据来自国际货币基金组织 GFS 数据库，为了与可得基尼系数的数据对应，选取了 2012 年的税收数据；基尼系数来自世界银行基尼系数数据库和国家统计局的国别数据。

（三）增值税：在新兴经济体国家中占比较高，在转型经济体国家中占比最低

表 10-10 是按照基尼系数由高到低的顺序进行排列的新兴经济

体增值税情况。能够看出,我国增值税占 GDP 的比重为 5.5%,高于新兴经济体平均值接近 0.6 个百分点,我国增值税占总税收的比重为 27.67%[1],高于新兴经济体平均值 2.2 个百分点;从与新兴经济体国家之间的对比来看,我国增值税占比在新兴经济体国家中处于较高的位置。

表 10-10 新兴经济体的增值税

单位:%

国家	总税收占 GDP 比重	增值税占 GDP 比重	增值税占总税收比重	基尼系数
南非	26.99	6.60	24.45	63.40
中国	19.88	5.52	27.75	47.40
新兴经济体平均值	19.27	4.93	25.47	45.04
菲律宾	12.89	2.20	17.07	43.04
俄罗斯	22.69	5.30	23.36	41.59
印度尼西亚	12.48	3.70	29.65	41.00
土耳其	20.96	5.80	27.67	40.17
越南	19.00	5.40	28.42	38.70

资料来源:税收数据来自国际货币基金组织 GFS 数据库,为了与可得基尼系数的数据对应,选取了 2012 年的税收数据;基尼系数来自世界银行基尼系数数据库和国家统计局的国别数据,根据两个数据库的实际收录情况,互相补充,少部分国家没有 2012 年的基尼系数数据,用 2011 年或者 2013 年的数据填补。

表 10-11 是按照基尼系数由高到低的顺序进行排列的转型经济体增值税情况。能够看出,我国增值税占比在转型国家中处于最低的行列,转型国家增值税的平均占比达到 41.54%,高于我国增值税占比近 14 个百分点(2012 年)。

---

[1] 本节"增值税"数据引用的是 GFS 数据库中"tax on goods and services"条目下的"value - added taxes",不包括对进口货物征收的关税和增值税。

表 10-11 转型经济体的增值税

单位:%

国家	总税收占 GDP 比重	增值税占 GDP 比重	增值税占总税收比重	基尼系数
中国	19.88	5.52	27.75	47.40
保加利亚	19.88	9.04	45.47	36.01
拉脱维亚	19.78	7.20	36.38	35.48
立陶宛	16.00	7.56	47.27	35.15
罗马尼亚	18.89	8.24	43.63	34.88
爱沙尼亚	20.27	8.38	41.32	33.15
克罗地亚	22.43	12.30	54.85	32.51
波兰	20.00	7.14	35.69	32.39
转型经济体均值	19.64	8.17	41.54	35.87
匈牙利	25.42	9.18	36.10	30.55
白俄罗斯	25.20	8.30	32.94	26.53
捷克	17.93	6.72	37.51	26.13
斯洛文尼亚	22.05	8.02	36.36	25.59
乌克兰	24.41	9.88	40.49	24.74

资料来源:税收数据来自国际货币基金组织 GFS 数据库,为了与可得基尼系数的数据对应,选取了 2012 年的税收数据;基尼系数来自世界银行基尼系数数据库和国家统计局的国别数据。

图 10-19 与图 10-20 直观地描绘了新兴经济体国家和转型国家的增值税占比与基尼系数的情况。能够看出,新兴经济体与转型经济体的两条曲线的闭合方向刚好相反,新兴经济体较多的是低增值税占比与高收入差距,转型国家则是普遍的高增值税占比与低收入差距。与其他新兴经济体国家相比,我国的收入差距排第 2 位,增值税占比排第 3 位,都处于较高的位置。而与其他转型国家相比,我国的收入差距最大,增值税占比则最小。

中国税收制度的收入分配效应

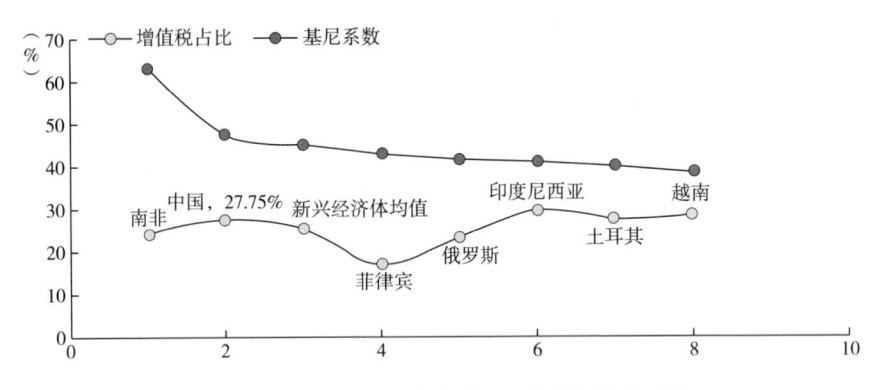

图 10-19 新兴经济体的增值税占比与基尼系数

资料来源：税收数据来自国际货币基金组织 GFS 数据库，为了与可得基尼系数的数据对应，选取了 2012 年的税收数据；基尼系数来自世界银行基尼系数数据库和国家统计局的国别数据，根据两个数据库的实际收录情况，互相补充，少部分国家没有 2012 年的基尼系数数据，用 2011 年或者 2013 年的数据填补。

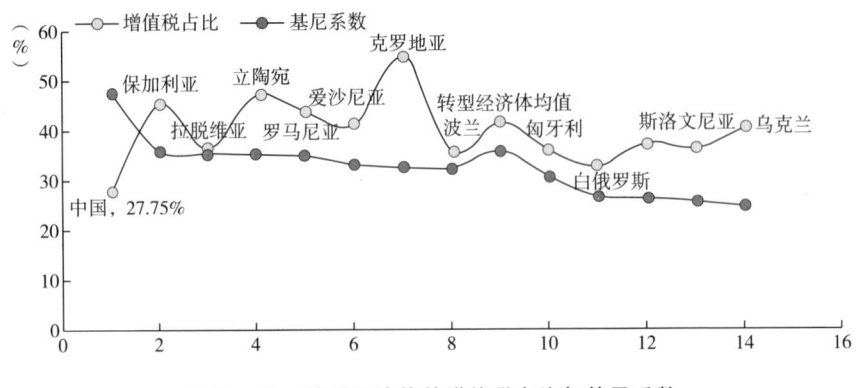

图 10-20 转型经济体的增值税占比与基尼系数

资料来源：税收数据来自国际货币基金组织 GFS 数据库，为了与可得基尼系数的数据对应，选取了 2012 年的税收数据；基尼系数来自世界银行基尼系数数据库和国家统计局的国别数据。

（四）财产税：在新兴经济体国家和转型国家中占比均最高

表 10-12 是按照基尼系数由高到低的顺序排列的新兴经济体财产税情况。能够看出，我国财产税占 GDP 比重与占总税收比重都位居第一。首先，与其他新兴经济体国家的均值相比，我国财产税占

GDP比重要高0.05个百分点,财产税占总税收比重要高1.1个百分点;其次,与新兴经济体中的其他金砖国家相比,我国财产税占总税收比重比南非、巴西和俄罗斯高出将近2个百分点。印度的财产税比重极低,财产税占总税收比重仅有0.09%。

表10-13 新兴经济体的财产税

单位:%

国家	总税收占GDP比重	财产税占GDP比重	财产税占总税收比重	基尼系数
南非	26.99	1.38	5.11	63.40
巴西	23.49	1.29	5.49	52.80
中国	19.88	1.41	7.11	47.40
新兴经济体平均值	23.45	1.36	5.90	54.53
菲律宾	12.89	0.03	0.23	43.04
俄罗斯	22.69	1.04	4.58	41.59
印度尼西亚	12.48	0.34	2.72	41.00
土耳其	20.96	0.31	1.48	40.17
印度	10.83	0.01	0.09	35.20
埃及	12.52	0.15	1.20	29.90

资料来源:税收数据来自国际货币基金组织GFS数据库,为了与可得基尼系数的数据对应,选取了2012年的税收数据;基尼系数来自世界银行基尼系数数据库和国家统计局的国别数据,根据两个数据库的实际收录情况,互相补充,少部分国家没有2012年的基尼系数数据,用2011年或者2013年的数据填补。

表10-13是按照基尼系数由高到低的顺序排列的转型经济体财产税情况。能够看出,我国财产税占比在转型国家之中仍然是最高的,高于转型经济体均值3.32个百分点;波兰是唯一与我国财产税占GDP比重都超过1%的国家,同时其财产税占比的数值也最接近我国。

中国税收制度的收入分配效应

表 10-13 转型经济体的财产税

单位：%

国家	总税收占GDP比重	财产税占GDP比重	财产税占总税收比重	基尼系数
中国	19.88	1.41	7.11	47.40
保加利亚	19.88	0.53	2.65	36.01
拉脱维亚	19.78	0.78	3.92	35.48
立陶宛	16.00	0.28	1.78	35.15
罗马尼亚	18.89	0.63	3.35	34.88
爱沙尼亚	20.27	0.33	1.61	33.15
克罗地亚	22.43	0.02	0.07	32.51
波兰	20.00	1.21	6.07	32.39
转型经济体均值	19.64	0.65	3.32	35.87
匈牙利	25.42	0.47	1.85	30.55
白俄罗斯	25.20	0.95	3.76	26.53
捷克	17.93	0.32	1.79	26.13
斯洛文尼亚	22.05	0.56	2.52	25.59
乌克兰	24.41	0.81	3.33	24.74

资料来源：税收数据来自国际货币基金组织GFS数据库，为了与可得基尼系数的数据对应，选取了2012年的税收数据；基尼系数来自世界银行基尼系数数据库和国家统计局的国别数据。

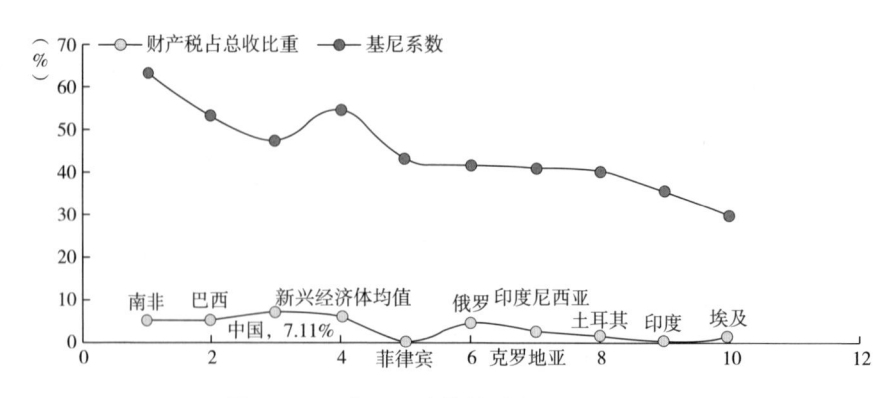

图 10-21 新兴经济体的财产税与基尼系数

资料来源：税收数据来自国际货币基金组织GFS数据库，为了与可得基尼系数的数据对应，选取了2012年的税收数据；基尼系数来自世界银行基尼系数数据库和国家统计局的国别数据，根据两个数据库的实际收录情况，互相补充，少部分国家没有2012年的基尼系数数据，用2011年或者2013年的数据填补。

第十章 | 税制缩小收入差距的国际经验比较

图 10-21 与图 10-22 直观的描绘了新兴经济体与转型经济体的财产税与基尼系数的情况。能够看出，与我国财产税占比在新兴经济体和转型经济体中都最高。相对应地，我国的基尼系数在新兴经济体中排名第 3 位，而在转型经济体中则排名第 1 位。

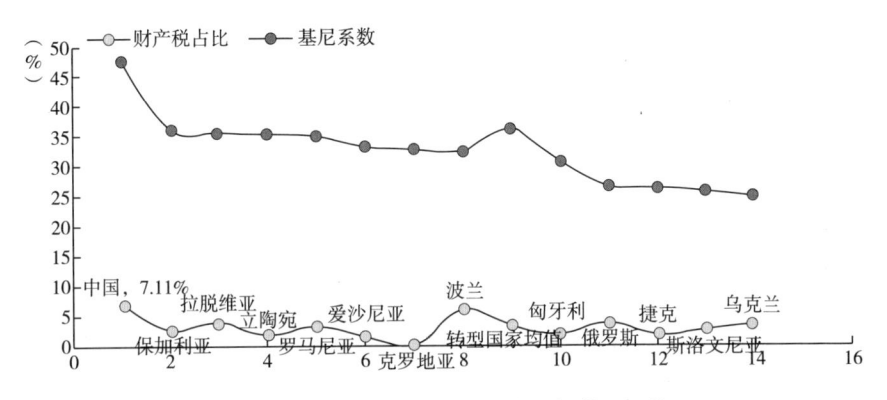

图 10-22 转型经济体的财产税与基尼系数

资料来源：税收数据来自国际货币基金组织 GFS 数据库，为了与可得基尼系数的数据对应，选取了 2012 年的税收数据；基尼系数来自世界银行基尼系数数据库和国家统计局的国别数据。

专栏：金砖国家的遗产税

目前我国财产税中尚未开征遗产税，而从其他金砖国家遗产税的征收情况来看，巴西和南非有明确规定的遗产税和赠与税税率，俄罗斯和印度都是将这种转让收入通过申报成为当年个人所得税的方式间接征收遗产税和赠与税。我国在个人所得税的税基中有"转让所得"的条目，规定"财产转让所得，以转让财产的收入额减除财产原值和合理费用后的余额，为应纳税所得额"。可见，我国没有明确的遗产税条目，而是通过单列在个税条目下通过自行申报缴税，明显地放松了对遗产税的征管。由于遗产税数额一般较大，纳税人在自觉的基础上自行申报的动机几乎是没有的，如果没有像俄罗斯强行的征管能力，遗产税几乎等同于被完全忽略。因此，从实际意义上说，我国并没有遗产税，对财产转让所得收入的征管几乎没有。

金砖国家遗产税与赠与税征收模式

国家	遗产税	赠与税
俄罗斯	必须自行申报（服从13%的个人所得税）	必须自行申报（服从13%的个人所得税）
巴西	8%	8%
印度	必须申报（服从0~30%的超额累进个人所得税）	必须申报（服从0~30%的超额累进个人所得税）
南非	20%	20%
中国	个税中-财产转让所得	个税中-财产转让所得

资料来源：中华人民共和国税法及各国税制指南，http://tax.mofcom.gov.cn/tax/taxfront/article.jsp?type=103&id=2a2edbbb3ecc4dca96d315bfd6ac413e

附　表

附表10-1　OECD国家个人所得税占总税收的比重

单位：%

年份 国家	1985	1990	1995	2000	2005	2011	2012	2013	2014	2015	2016
澳大利亚	45.23	42.97	40.61	37.76	39.58	39.33	39.21	39.12	41.22	41.45	—
奥地利	22.93	20.96	20.75	22.02	21.85	22.39	22.76	22.79	23.50	24.15	21.61
比利时	35.64	32.01	32.65	31.36	29.04	28.17	27.83	28.54	28.79	28.31	27.82
加拿大	35.22	40.84	37.54	36.81	35.50	36.06	36.42	36.15	36.49	36.87	36.54
智利	—	5.58	5.22	7.65	5.18	6.56	6.83	7.17	7.25	9.84	8.77
捷克	—	—	12.78	12.92	12.26	10.64	10.59	10.73	10.77	10.75	11.15
丹麦	51.34	54.02	54.75	52.66	49.95	51.75	51.15	54.48	54.10	55.15	53.01
爱沙尼亚	—	—	23.34	21.97	18.44	16.10	16.40	17.21	17.52	17.24	17.32

续表

年份 国家	1985	1990	1995	2000	2005	2011	2012	2013	2014	2015	2016
芬兰	37.35	34.73	31.10	30.62	30.64	29.22	29.31	29.31	30.57	30.22	29.57
法国	11.45	10.67	11.41	18.01	18.04	17.20	18.15	18.64	18.74	18.88	19.01
德国	28.66	27.55	27.48	25.31	23.05	24.73	25.76	25.98	26.22	26.55	26.60
希腊	13.88	14.11	12.03	14.47	14.62	14.20	19.61	16.83	16.52	15.03	—
匈牙利	—	—	16.13	18.57	17.91	13.86	14.69	14.04	13.79	13.69	12.45
冰岛	19.54	26.89	31.14	34.76	34.84	37.64	37.43	38.25	34.95	36.70	39.05
爱尔兰	31.29	33.11	31.98	31.95	29.12	31.11	32.42	31.91	31.96	31.63	31.74
以色列	—	—	26.53	29.08	21.84	17.93	17.97	17.74	18.27	19.40	19.76
意大利	26.72	26.27	26.01	24.83	25.38	26.30	26.45	26.31	25.83	26.01	25.82
日本	24.74	27.82	22.33	21.05	18.28	18.39	18.59	19.23	18.90	18.87	—
韩国	13.40	19.97	18.11	14.64	13.30	14.69	15.00	15.35	16.27	17.18	17.58
拉脱维亚	—	—	16.36	18.82	19.40	20.22	20.25	20.32	20.53	20.43	20.97
卢森堡	25.50	24.08	22.08	18.47	19.05	22.18	21.84	22.82	23.15	24.47	24.82
墨西哥	—	—	—	—	17.23	18.26	19.43	19.25	20.96	20.64	—
荷兰	19.40	24.71	19.19	15.06	17.58	20.77	19.44	18.80	18.72	20.52	18.75
新西兰	60.51	47.97	45.04	43.07	41.06	37.00	37.69	37.95	38.57	38.10	37.60
挪威	22.52	26.20	25.89	24.07	22.19	23.09	23.41	24.83	25.36	27.94	27.75
波兰	—	—	21.81	13.18	12.99	13.60	13.89	14.02	14.31	14.39	14.47
葡萄牙	—	15.85	18.60	17.42	16.48	18.45	18.30	22.61	22.53	21.16	19.86
斯洛伐克	—	—	8.93	9.92	9.49	9.89	10.30	9.56	9.61	9.69	10.17
斯洛文尼亚	—	—	14.99	15.03	14.29	15.28	15.40	14.01	14.01	14.02	14.23
西班牙	19.44	21.73	23.55	19.18	18.33	22.88	23.01	22.62	22.42	21.27	21.40
瑞典	38.74	38.51	33.47	33.24	31.55	27.97	28.03	28.38	28.60	29.06	29.97
瑞士	39.24	32.77	33.91	29.76	32.59	30.99	31.60	31.18	30.96	31.13	31.23
土耳其	27.55	26.79	21.57	22.24	14.72	13.51	14.43	13.90	14.71	14.62	14.64
英国	26.04	29.40	28.84	29.04	28.69	28.03	27.49	27.63	27.30	27.72	27.28
美国	37.83	37.67	36.28	42.22	35.35	38.79	38.50	38.87	39.28	40.53	40.20
平均值	29.76	28.58	25.07	24.62	23.14	23.34	23.70	23.90	24.08	24.39	—

资料来源：OECD 数据库，"—"代表数据缺失。

附表 10－2 OECD 国家企业所得税占总税收的比重

单位：%

国家\年份	1985	1990	1995	2000	2005	2011	2012	2013	2014	2015	2016
澳大利亚	9.36	14.15	14.75	20.25	19.23	19.29	18.45	17.52	16.42	15.26	—
奥地利	3.46	3.57	3.27	4.60	5.23	4.85	4.79	5.04	4.93	5.16	5.62
比利时	4.87	4.84	5.42	7.19	7.30	6.53	6.79	6.89	6.98	7.38	7.79
加拿大	8.25	7.04	8.17	12.21	10.36	10.26	10.17	10.53	10.64	9.92	9.97
智利	—	12.36	15.53	11.17	22.12	23.37	27.28	22.06	21.26	21.02	20.96
捷克	—	—	12.21	9.87	12.06	9.67	9.89	10.06	10.64	10.77	10.63
丹麦	4.97	3.84	4.91	6.78	7.15	4.85	5.71	6.00	5.70	5.59	5.87
爱沙尼亚	—	—	6.70	2.85	4.73	3.83	4.44	5.45	5.33	6.19	5.08
芬兰	3.44	4.51	5.04	12.48	7.58	6.23	4.94	5.41	4.39	4.94	5.04
法国	4.45	5.33	4.87	6.91	5.50	6.08	5.84	5.84	5.10	4.63	4.51
德国	6.12	4.83	2.79	4.83	5.13	4.70	4.71	4.84	4.71	4.67	5.30
希腊	2.72	5.50	6.32	11.96	10.30	6.15	3.08	3.23	5.25	5.94	—
匈牙利	—	—	4.47	5.69	5.65	3.30	3.34	3.63	4.32	4.63	5.49
冰岛	3.15	2.78	3.00	3.28	4.86	5.03	5.42	5.99	8.63	6.47	6.94
爱尔兰	3.22	4.92	8.38	11.70	11.02	8.01	8.22	8.42	8.33	11.34	11.59
以色列	—	—	7.96	9.56	10.17	9.55	9.08	11.26	10.17	9.53	9.87
意大利	9.25	10.04	8.68	6.90	5.74	5.22	5.45	5.83	5.00	4.72	4.97
日本	21.01	22.38	15.90	13.74	15.52	11.76	12.47	13.24	12.83	12.29	—
韩国	11.43	12.77	11.65	14.14	15.93	15.39	14.87	13.96	12.83	13.10	13.65
拉脱维亚	—	—	—	5.61	5.26	6.81	5.06	5.69	5.69	5.34	5.50	5.61
卢森堡	17.66	16.14	18.01	17.99	15.45	13.44	13.33	12.43	11.44	11.91	12.24
墨西哥	—	—	—	—	11.95	15.71	14.09	17.73	17.99	20.06	—
荷兰	6.96	7.55	8.12	10.87	9.71	6.09	5.89	5.98	6.87	7.22	8.52
新西兰	8.34	6.48	11.88	12.36	16.77	12.94	14.10	14.07	13.15	13.77	14.80
挪威	17.23	9.02	9.22	20.93	27.07	25.59	24.88	20.69	17.07	11.47	9.04
波兰	—	—	—	7.16	7.26	6.45	6.34	6.48	5.55	5.46	5.67	5.52
葡萄牙	—	7.97	7.74	11.89	8.45	9.69	8.64	9.56	8.26	9.05	8.92
斯洛伐克	—	—	14.97	7.65	8.53	8.41	8.32	9.44	10.55	11.47	11.57
斯洛文尼亚	—	—	1.33	3.12	7.16	4.54	3.36	3.28	3.88	4.03	4.39

续表

年份 国家	1985	1990	1995	2000	2005	2011	2012	2013	2014	2015	2016
西班牙	5.15	8.82	5.74	9.13	10.99	5.98	6.85	6.41	6.17	7.04	6.81
瑞典	3.49	3.13	5.80	7.53	7.53	7.27	6.04	6.18	6.33	6.87	5.68
瑞士	6.78	7.43	6.69	8.92	8.43	10.38	10.38	10.37	10.37	10.83	10.83
土耳其	9.47	6.68	6.75	7.29	7.10	7.47	7.41	6.32	6.43	5.69	6.51
英国	12.61	9.92	8.08	10.62	10.48	8.75	8.22	7.94	7.78	7.54	8.45
美国	7.53	7.54	9.25	7.91	11.03	7.39	8.41	8.27	8.81	8.52	8.62
平均值	7.96	8.06	8.13	9.55	10.27	9.12	9.06	9.00	8.84	8.86	—

资料来源：OECD 数据库，"—"代表数据缺失。

附表 10 – 3　部分年份新兴经济体和转型经济体国家基尼系数

国家	国家代码	年份	基尼系数	Di*	Dhh**	Dg***
新兴经济体						
巴西	BRA	1980	57.8	1	1	1
巴西	BRA	1985	58.9	1	1	1
巴西	BRA	1990	60.4	1	1	1
巴西	BRA	1995	59.1	1	1	1
韩国	KOR	1980	38.6	1	1	1
韩国	KOR	1985	34.5	1	1	1
印度尼西亚	IDN	2005	34	0	1	1
印度尼西亚	IDN	2010	38	0	1	1
巴基斯坦	PAK	1985	32.4	0	1	0
巴西	BRA	2005	56.4	1	0	1
中国	CHN	1980	32	1	0	0
中国	CHN	1985	31	1	0	0
中国	CHN	1990	32.7	1	0	0
中国	CHN	1995	38.2	1	0	0
中国	CHN	2000	40.7	1	0	0
中国	CHN	2005	39.8	1	0	1
中国	CHN	2010	48.1	1	0	0
中国	CHN	2012	47.4	1	0	0

续表

国家	国家代码	年份	基尼系数	Di*	Dhh**	Dg***
新兴经济体						
埃及	EGY	2010	29.9	1	0	0
韩国	KOR	2005	34.1	1	0	0
墨西哥	MEX	2000	53.6	1	0	0
墨西哥	MEX	2005	50.9	1	0	1
墨西哥	MEX	2010	47.1	1	0	0
俄罗斯	RUS	1990	25.9	1	0	1
俄罗斯	RUS	1995	45.2	1	0	0
俄罗斯	RUS	2000	42	1	0	0
俄罗斯	RUS	2005	40.9	1	0	0
俄罗斯	RUS	2010	35.9	1	0	0
南非	ZAF	1990	63	1	0	1
南非	ZAF	2010	66.5	1	0	0
孟加拉国	BGD	1995	32.7	0	0	1
孟加拉国	BGD	2000	31.2	0	0	1
孟加拉国	BGD	2005	40.9	0	0	1
孟加拉国	BGD	2010	31.7	0	0	1
埃及	EGY	2000	32.8	0	0	0
埃及	EGY	2005	31.8	0	0	1
印度尼西亚	IDN	1980	35.6	0	0	0
印度尼西亚	IDN	1990	29.2	0	0	0
印度尼西亚	IDN	1995	34.2	0	0	1
印度尼西亚	IDN	2012	41	0	0	0
印度	IND	1990	31.2	0	0	1
印度	IND	1995	32.9	0	0	1
印度	IND	2000	32	0	0	1
印度	IND	2005	34.1	0	0	1
伊朗	IRN	1985	45.3	0	0	1
伊朗	IRN	1990	43.6	0	0	1
伊朗	IRN	1995	43.5	0	0	1

续表

国家	国家代码	年份	基尼系数	Di*	Dhh**	Dg***
新兴经济体						
伊朗	IRN	2000	44.1	0	0	1
伊朗	IRN	2005	43.5	0	0	1
伊朗	IRN	2010	41.3	0	0	1
尼日利亚	NGA	1985	37.4	0	0	1
尼日利亚	NGA	2010	46.8	0	0	1
巴基斯坦	PAK	2005	32.5	0	0	1
菲律宾	PHL	1985	41	0	0	1
菲律宾	PHL	2000	41.6	0	0	1
土耳其	TUR	2000	40.1	0	0	0
土耳其	TUR	2005	41.8	0	0	1
南非	ZAF	1995	62	0	0	1
南非	ZAF	2000	57.3	0	0	1
转型经济体						

国家	国家代码	年份	基尼系数	Di*	Dhh**	Dg***
保加利亚	BGR	1990	22.6	1	0	0
保加利亚	BGR	1995	32.3	1	0	0
保加利亚	BGR	2000	33.1	1	0	0
保加利亚	BGR	2005	29.4	0	0	1
白俄罗斯	BLR	1990	23.3	1	0	1
白俄罗斯	BLR	1995	28.6	0	0	0
白俄罗斯	BLR	2000	32.2	1	0	0
白俄罗斯	BLR	2005	28	0	0	0
捷克	CZE	1990	20.1	1	0	0
捷克	CZE	1995	21.5	1	0	0
捷克	CZE	2000	28.1	1	0	0
捷克	CZE	2005	27.5	1	0	0
爱沙尼亚	EST	1990	24	1	0	1
爱沙尼亚	EST	1995	37.4	1	0	0
爱沙尼亚	EST	2000	36.2	1	0	0

续表

国家	国家代码	年份	基尼系数	Di*	Dhh**	Dg***
转型经济体						
爱沙尼亚	EST	2005	34	1	0	0
爱沙尼亚	EST	2010	32.6	1	0	0
克罗地亚	HRV	2000	31.3	0	0	
匈牙利	HUN	1995	31.5	1	0	0
匈牙利	HUN	2000	31.6	1	0	0
匈牙利	HUN	2005	31	1	0	0
立陶宛	LTU	1990	24.8	1	0	1
立陶宛	LTU	2000	33	0	0	0
立陶宛	LTU	2005	36.9	1	0	0
拉脱维亚	LVA	1990	24	1	0	1
拉脱维亚	LVA	1995	32	1	0	0
拉脱维亚	LVA	2000	35.8	1	0	0
拉脱维亚	LVA	2005	36.4	1	0	0
波兰	POL	1990	24.8	1	0	0
波兰	POL	1995	26.9	1	0	0
波兰	POL	2000	34.7	1	0	0
波兰	POL	2005	37.9	1	0	0
波兰	POL	2010	34.2	1	0	0
罗马尼亚	ROU	1990	22.9	1	1	0
罗马尼亚	ROU	1995	31.1	1	0	0
罗马尼亚	ROU	2000	31.3	1	0	0
罗马尼亚	ROU	2005	29.7	0	0	0
罗马尼亚	ROU	2010	29.7	0	0	0
斯洛文尼亚	SVN	1995	24.3	1	0	0
斯洛文尼亚	SVN	2000	24.6	1	0	0
斯洛文尼亚	SVN	2005	24.8	1	0	0
斯洛文尼亚	SVN	2010	25.7	1	0	0
乌克兰	UKR	1990	21.4	1	0	0
乌克兰	UKR	1995	42.8	0	0	0

续表

国家	国家代码	年份	基尼系数	Di*	Dhh**	Dg***
转型经济体						
乌克兰	UKR	2000	33.3	0	0	0
乌克兰	UKR	2005	27.4	0	0	0
乌克兰	UKR	2010	25.6	0	0	0

* $Di=1$ 表示计算方式为按收入计算，$Di=0$ 表示计算方式为按消费/支出计算；** $Dhh=1$ 表示按住户总收入计算，$Dhh=0$ 表示为住户人均收入计算；*** $Dg=1$ 表示按总收入计算，$Dg=0$ 表示为可支配收入计算。

(本章作者：陈基平、张也驰)

第十一章　收入分配调节视角下完善税制的对策建议

十九大报告提出，"加快建立现代财政制度，建立权责清晰、财力协调、区域均衡的现代财税体系"。就税收制度改革而言，改革的方向不是总量改革，而是结构优化。结构优化的目标是体现公平与正义，而缩小收入差距则是税制结构优化的题中应有之义。过去几年中，税收制度的改革重心放在间接税上，而间接税改革又主要体现在"营改增"上，直接税则裹足不前。虽然刚刚通过的个人所得税改革方案在综合计征方面迈出了重要一步，但是并没有从根本上改变我国个人所得税所存在的问题，也无法扭转我国直接税比重过低的事实。因此，未来税收制度改革的重点难点是直接税，特别是个人所得税继续改革和居民房地产税以及遗产税开征的问题。在间接税改革方面，则主要借鉴发达国家税制结构，在逐渐减小间接税比例的同时，通过改革降低间接税的累退性，从而防止间接税过度扩大居民间的收入差距水平。

一　税制改革的总体方向

税种的基本特性决定了直接税具有缩小收入差距的功能，而间接税在收入调节方面的改革目标主要是降低累退性,保持税收中性。下一步我国税制结构的优化调整,重点是要在稳定税负前提下增加直接性质的税。所以,直接税比重的逐步提高,也必须以间接税比重的逐步减少为前提,两者宜同步操作,彼此配合。除了比例调整,还可以通过调整间接税的内部结构来弱化间接税的累退性,从而达到优化收入分配的效果。总体来看,与发达国家相比,我国直接税的比重仍然较低,有效调节收入分配的优良税种也较少,因此应借鉴国外税制改革经验,提出以下几点改革方向。

(一)逐步增加直接税的税种和比重

逐步开征居民房产税、遗产税等税种。目前我国税制结构中直接税的税种仍然较少,这也是造成直接税比重低的原因之一。我国关于房产税和遗产税的讨论很多,前文已有较多论述。近期,我国社会保障费改税工作取得重要突破,这在强化养老保险强制性的同时,也极大地提高了企业和居民合理缴税的积极性。总的来说,要选择合适的时机,对房产税和遗产税等直接税税种进行征收试点,再逐步全面开征,这对于我国税制结构的完善和实现有效的收入调节具有重要意义。

(二)保持间接税的税收中性,降低累退性

在保证财政收入不出现大幅降低的条件下,目前要显著调低间接税在整个税收收入中的占比,同时要调整税制结构,扩大增值税的征收范围,采用低税率的方式代替免税额,保持增值税的税收中性。提高高消费行为和场所以及奢侈品等的税率,增强消费税的收入调节能力，建立收入分配调节功能更为完善和公平的税制结构。

（三）逐步降低来自企业缴纳的税收收入比重，同时相应提升来自居民个人缴纳的税收收入比重

过去我国税收侧重对企业的征收，很少直接面向自然人征收相应税，这与国际通行的税收征缴有较大差异。建议调整税收征收的侧重点，变基本上由企业"独挑"税负为由企业和居民个人"分担"税负的现象。在总体上调低企业税的同时，居民税比重的增加便拥有相应的空间。

二 个人所得税

作为能够发挥收入调节作用的最主要的税种，我国的个人所得税制度目前仍存在较多问题。虽然推出了新的个人所得税制改革方案，但是公众普遍认为它并没有从根本上改变我国个人所得税所存在的问题，也无法扭转我国直接税比重过低的事实，未来的改革势在必行。《国务院批转发展改革委等部门关于深化收入分配制度改革若干意见的通知》提出"加大税收调节力度，改革个人所得税"，党的十八届三中全会也提出"逐步建立综合与分类相结合的个人所得税制"。根据本书的研究结果，对于下一步的个人所得税改革有以下建议。

（一）进一步提高个人所得税征缴范围与力度

鉴于我国总体税制结构特征以及个人所得税计征具体办法等

综合因素，我国个人所得税实际课征覆盖的收入范围和额度有限，总体税率水平偏低，在财税收入中的占比较小，限制了个人所得税作为直接税种便于精准课征对象和减少税负转嫁的优势，也限制了作为收入调节手段的再分配能力。如何调节个人所得税的总体税率、优化个人所得税的税基和充分发挥个人所得税的收入调节能力，仍然是未来我国税制改革中应予以解决的问题。

（二）减少个人所得税对计征收入的分类数量

我国个人所得税制度对计征收入的分类数量偏多，分类依据已缺乏现实意义，而对于不同收入的差异化计征办法严重破坏了个人所得税的收入调节能力。其中，工薪所得税占比过大，使得个人所得税在概念上几乎被工薪所得税替代，本应作为"扩展中等收入群体"政策重点支持的工薪收入阶层却成为个人所得税的纳税主体。另外，劳务报酬所得税改革严重滞后，导致相似性收入被差异化计税，而其他诸如财产性所得和偶然性所得等也存在计征办法不合理、不均衡等问题。与分类计征模式相比，综合所得计征模式能够在较低平均税率下获得更好的收入再分配效果，是发达国家个税发展和改革的趋势，因此也应成为我国个税改革的重点方向。最近出台的个人所得税法修正案将工薪所得、劳务报酬所得、稿酬所得和特许权使用费所得等合并为综合所得，实现"小综合"的突破，未来应继续沿着综合计征模式的方向迈进。

（三）不建议单方面盲目提高个人所得税的免征额

单方面调整工薪所得税的扣除标准并不具有重大的现实意义，

这在缩小税基、降低总体税率的同时，并不能起到合理调节收入差距的目的，也无法有效改善我国居民的收入分配格局。而扣除标准的再分配能力存在极值，科学合理的设计能够实现财政效应和分配效应的双赢。因此，应该将改革重点放在如何推进更科学的税率结构和税制结构，在保证降低居民整体税负的同时，增强个人所得税的收入再分配效果。最近出台的个人所得税法修正案，虽然没有显著提高免征额，但是增加住房贷款利息和赡养负担的扣除等，这显然符合这一大的改革趋势，但仍需要在家庭其他支出扣除方面迈出更大的改革步伐。

（四）需要关注对每一类人群内部的再分配效应

现行税制虽然在整体上能够缩小收入不平等，但是无论按收入高低分组，还是按照个体属性分组，在内部结构上仍然存在明显的不公平问题，纳税人的纵向公平和横向公平无法保证，而政策对这个问题的关注却严重不足。最近出台的个人所得税法修正案虽然在综合计征方面小有突破，但是仍然没有关注不同群体内部的再分配差异。其中比较明显的群体包括：由于采用分类税制低收入群体仍然需要缴纳一定比例的个税，青年人、受教育程度最低人群的平均税率仍然相对较高等，因此，在之后的税制改革中需要考虑这种内部不平衡问题。

（五）尽快采用以家庭为基础的课征方式

过去工薪所得税被过度关注，加剧了个人所得税政策参数设计的主观性。事实上工薪所得税的实际作用效果与部分群众认知大相径庭，历次被寄予厚望的工薪所得税调整往往存在缩小个人所得税再分配能力的现象。而根据微观模拟的结果，最近的个人所得税修正案对于居民收入分配甚至工薪收入本身的收入调节仍然十分有限。结构性调整个人所得税的课征对象，采取与家庭结构相适应的计征办法，使收入调节手段与收入分配单位相吻合，仍然是未来个人所得税制改革亟须直面的必要环节和重中之重。

（六）完善个税征管制度，保证税收缴纳

我国个人所得税开征较晚，新中国成立初期还曾将不征收个人所得税作为社会主义体制的优越性之一。总体来看，全社会依法缴纳个税的意识仍较为淡薄，偷税漏税现象明显存在。尤其是我国没有严肃执行征管惩罚机制，导致除了工薪阶层被自动扣缴的个税之外，其他纳税主体没有意识和觉悟申报个税，逃税漏税现象比较严重。特别是高收入群体的收入来源多样化，更加容易逃避税收的征管。因此，应借鉴发达国家经验，完善个税征管制度，建立源泉扣缴与自行申报相结合的征管制度。在普及税法知识的同时，鼓励纳税人自行申报，逐步提高纳税人依法纳税的意识，显著提高逃税漏税的违法成本。

三　企业所得税

虽然企业所得税和个人所得税同为直接税，但本书研究表明，企业所得税对收入分配的调节作用并没有个人所得税那么明显，只是在一定的条件下才有效调节收入分配差距。当然，企业所得税的主要功能在于保证税收的同时，尽可能增加企业国际竞争力，吸引各国企业投资，为国家经济发展创造更有活力的环境。因此，企业所得税未来的改革方向是在营造企业良好发展环境的基础上，向着有利于发挥其收入分配效应的方向迈进。

（一）防止企业所得税过度向劳动要素转嫁

本书研究表明，企业所得税的收入分配效应取决于税负归宿，当税负更多地由资本所有者承担时，企业所得税的收入分配效应就较为显著。目前我国对资本所得征收的税收中有一部分转嫁给劳动要素，这就阻碍了企业所得税收入分配效应的发挥。未来改革应继续完善要素市场，理顺资本与劳动价格的比例关系，防止两者相对价格扭曲，降低企业所得税过度向劳动要素转嫁的空间，促进企业所得税收入分配效应的有效发挥。

（二）建立更具国际竞争力的企业所得税结构

与OECD国家相比，我国的企业所得税税率仍然较高。为适应新的国际竞争环境，在国际贸易中占据有利位置，我国企业所得税应朝着降低税率、扩宽税基的方向发展，增强对资本和劳动的吸引力。明确企业所得税中的税收优惠，加大对慈善捐赠和科研项目的支持，强化企业的溢出效应；消除股息双重征税，避免对资本投资造成严重扭曲等。

四 房地产税

本书研究表明，虽然房地产税的预期再分配效果只有个人所得税的1/3至1/2，但由于现行税制中几乎只有个人所得税的实际税率是累进的，因此加快推进房地产税的落地对于改善我国税制的收入再分配效应具有积极意义。房地产税改革的基本思路是，按照"立法先行、充分授权、分步推进"的原则，推进房地产税立法和实施，合并房地产保有环节征收的房产税、城镇土地使用税，在保障基本居住需求的基础上，对所有经营性房地产和个人住房统一开征房地产税，对工商业房地产和个人住房按照评估值征收房地产税，适当降低房地产建设、交易环节的税费负担，逐步建立"税基广泛、基本保障、负担公平、征管便利"的现代房地产税制度。本书对未来房地产税的实施提出如下几条建议。

（一）推广重庆、上海房产税改革试点中的积极性

虽然两地试点方案在收入再分配方面的力度比较微弱，但从税制设定来看都考虑了一定的累进性，在收入再分配方面的效果仍然是正面的。在经济进入新常态后，随着居民房产数量和价值的增加，沪渝房产税的再分配效果将会进一步增强，因此，房产税的全面设计与实施仍应坚持沪渝房产税累进性的总体考虑，提高两地试点方案中关于房地产税的累进性特征。

（二）采用家庭总面积的减免规则更有利于提高收入再分配能力

本书的测算结果显示，将家庭总面积作为减免标准更有利于缩小收入不平等。其原因主要是整体上高收入家庭的人口数相对较多，在其他条件都相同且以人均面积作为减免标准时，前者的减免面积相对较多，相应的纳税额度会降低，从而削弱房产税的再分配效果。从对收入不平等的调节上看，房产税采用家庭总面积作为减免依据

则更合理一些。

（三）合理的累进税率在总体上能显著改善再分配效果

在固定比例税率下，当减免面积基本接近人均住房面积（或家庭总住房面积）时，房产税的再分配效果最强，但若采用合理的累进税率，即使没有免征额，房产税也能在较低的税率下发挥很好的再分配效果。因此，未来的房产税设计应考虑累进税率。

五　遗产税

在大多数国家，特别是成熟的市场经济国家，遗产税是政府税收体系中不可或缺的组成部分。在世界近现代300年左右的时间里，遗产税和赠与税作为财产税中的重要支柱，发挥着调节社会财富分配、缩小贫富差距的重要作用。我国税制的收入再分配功能较差的原因，与包括遗产税在内的财产税制度的缺失不无关系。关于遗产税的未来方向，本研究提出以下建议。

（一）遗产税可以有效缩小不平等水平

本书研究表明，单纯征收遗产税对解决财产不平等作用较微，但如果将征收的遗产税分摊到穷人，财产的相对不平等程度会大幅降低。[1] 而如果考虑到遗产税政策出台后，会引起大量慈善捐赠并进

---

[1] 最为理想的配置方式是把遗产税收入转移到最穷的群体，虽然这样的操作方式很难实现，但模拟结果显示即使将遗产税收入平分到所有人，对不平等的缓解作用也非常大。

入第三次分配，那么遗产税的动态再分配效应将是非常明显的。另外，在遗产税具体执行过程中，必须保证财产信息的透明以及征管执行的效率，否则将使中等富有家庭承担过多税收，并造成政策扭曲。

（二）尽快开征遗产税

我国目前尚未开征遗产税与赠与税，而与大多数成熟市场经济国家一样，其他金砖国家和与中国国情类似的国家都普遍开征了遗产税与赠与税。我国自1993年制定《遗产税暂行条例（草案）》后一直未能付诸实施，主要源于遗产税可能造成资金外流的担忧。然而，遗产税是调节贫富差距的重要手段，尤其是防止富人财富过度聚集和代际传递的重要工具，更重要的是它能更好地引导慈善捐赠和第三次再分配。在财富聚集明显的背景下，开征遗产税将明显有助于抑制贫富差距持续扩大的趋势。

六 增值税

我国增值税制改革的总体目标，是按照税收中性原则建立规范的消费型增值税制度。要适应国际现代型增值税的发展趋势，全面改革我国增值税制度，实现税收法定，努力做到征税范围覆盖所有的货物和服务，税率单一，进项税应抵尽抵，彻底消除重复征税，逐步剥离调控功能，做到税制简洁、税负公平、政策清晰、管理有效，全面体现税收中性。

（一）简并增值税税率

按照税收中性原则和简化税制的要求，我国增值税宜以单一税率为最终目标。但由于税率的合并涉及各环节税负的重大调整，一次性简并成一档税率影响过大，较为稳妥的办法是将税率进一步整合成两档。

（二）对进口货物和服务充分征税并增强税收公平

逐步扩大期末留抵退税政策和出口货物服务零税率的适用范围，并对进口货物和服务充分征税，增强税收公平。鉴于国内享受相关优惠的行业和企业已形成一定的政策依赖，清理难度较大。因此，可考虑采取分步实施的方式，先重点清理那些不符合增值税原理的优惠政策，再清理其他优惠政策，减小改革的震动。

（三）推进增值税立法

营改增和增值税改革完成后，要适时启动并抓紧完成增值税立法，通过立法提升增值税的法律层次，以法律形式巩固前期改革的各项成果。增值税作为第一大税种，其立法的完成，将成为我国落实税收法定原则的重要措施。此外，要优化增值税征管制度，全面提升"信息管税"水平，降低税收成本，提高纳税人遵从度。

七　消费税

消费税作为辅助性税种，其基本作用是组织财政收入，但在未来改革中，也不应完全忽略消费税在调节收入分配方面的作用。本书研究发现，目前我国的消费税仍然表现出累退性特征，不利于居民收入差距的缩小。未来应通过优化税率结构、调整征收范围等措施引导居民消费导向，在保证财政收入的前提下，充分增强消费税的收入再分配职能。

（一）优化税率结构

对于当前消费税的税率结构，应从调节收入分配的角度进行有效调整，基本方向是降低居民生活必需品的税率，提高奢侈品或高档消费品的税率。如我国白酒的价格根据品质不同差异巨大，其对应的消费群体自然处于不同的收入阶层，如果统一按照目前20%的税率进行征税，将无法有效发挥调节收入差距的功能，因此对于此类商品，应设计累进税率进行征税，提高高档消费品的税率，从而实现对其产品属性的区分，促进其收入调节职能的发挥。

（二）动态调节征收范围

消费税的征收范围应根据居民消费水平、消费需求的变化，通过及时梳理、分类制定消费品金额标准，进行动态调整。一方面，随着人民收入水平的普遍提高，诸如化妆品、摩托车等消费品已逐渐成为一般水平消费品和生活必需品，其奢侈品特征已不再明显，也可适时考虑不再对此类消费品征收消费税，从而减小对一般消费品和生活必需品征税所产生的税收累退性。另一方面，随着居民消费需求的提高，新兴的高端消费品和高端消费服务层出不穷，如私人飞机、娱乐性帆船等，因此应紧跟消费结构的变化动态调整消费税的征收范围，适时地扩大高档消费品的征税范围。此外，还应将部分高档消费行为纳入征税范围，例如高档洗浴、高档餐饮、高档会所等，通过科学选择消费税税目，达到调节收入分配的政策目标。

（本章整理：万海远、李实、孟凡强）

参考文献

1. Amir H, Asafu-Adjaye J, Ducpham T. The Impact of the Indonesian Income Tax Reform: A CGE Analysis. Economic Modelling, 2013, 31 (31).
2. Auerbach A J, Kotlikoff L J. National Savings, Economic Welfare, and the Structure of Taxation. Cowles Foundation Discussion Papers, 1980, 41 (3).
3. Ballentine J G. The Incidence of a Corporation Income Tax in a Growing Economy. Journal of Political Economy, 1978, 86 (5).
4. Bhatti A A, Batool Z, Naqvi H A. Impact of Tax and Transfers on Income Inequality and Budget Deficit: A CGE Analysis for Pakistan. Social Science Electronic Publishing, 2015.
5. Black F. When Is a Positive Income Tax Optimal?. Nber Working Papers, 1981.
6. Bradford D F. Factor Prices may be Constant but factor Returns are not. Economics Letters, 1978, 1 (3).
7. Correia I. Consumption Taxes and Redistribution. The American Economic Review, 2010, 100 (4).

8. Elmendorf D W, Furman J, Gale W G, et al. Distributional Effects of the 2001 and 2003 Tax Cuts: How Do Financing and Behavioral Responses Matter?. National Tax Journal, 2008.

9. Feldstein M. Incidence of a Capital Income Tax in a Growing Economy with Variable Savings Rates. The Review of Economic Studies, 1974, 41 (4).

10. Felix R A. Passing the Burden: Corporate Tax Incidence in Open Economies. LIS Working Paper Series, 2007.

11. Fuchs V R, Krueger A B, Poterba J M. Why do Economists Disagree about Policy. National Bureau of Economic Research, 1997.

12. Gemmell N, Morrissey O. Distribution and Poverty Impacts of Tax Structure Reform in Developing Countries: How Little We Know. Development Policy Review, 2005, 23 (2).

13. Gillis M. Worldwide Experience in Sales Taxation: Lessons for North America. Policy Sciences, 1986, 19 (2).

14. Hall R E. The Effects of Tax Reform on Prices and Asset Values. Tax Policy and the Economy, 1996, 10.

15. Harberger A C. The ABCs of Corporation Tax Incidence: Insights into the Open – Economy Case. Tax Policy and Economic Growth, 1995, 51.

16. Harberger A C. The Incidence of the Corporation Income Tax. Journal of Political Economy, 1962, 70 (3).

17. Haveman M, Sexton TA. Property Tax Assessment Limits: Lessons from Thirty Years of Experience, Lincoln Institution of Land Policy,

2008.

18. Heisz A, Murphy B. The Role of Taxes and Transfers in Reducing Income Inequality, Green D. A., Riddell W. C. and St – Hilaire F., Income Inequality: The Canadian Story, The Institute for Research on Public Policy, 2015.

19. Jin Kwon Hyun, Byung – In Lim. Redistributive Effect of Korea's Income Tax: Equity Decomposition. Applied Economics Letters, 2005, 12 (3).

20. Kakwani N C. Measurement of Tax Progressivity: An International Comparison. Economic Journal, 1977, 87 (345).

21. Keeley B. Income Inequality: The Gap between Rich and Poor. Paris: OECD Insights, OECD Publishing, 2015.

22. Li S, Wan H. Evolution of Wealth Inequality in China. China Economic Journal, 2015, 8 (3).

23. Musgrave R A, Carroll J J, Cook L D, et al. Distribution of Tax Payments by Income Groups: A Case Study for 1948. National Tax Journal, 1951, 4 (1).

24. Musgrave R A, Case K E, Leonard H. The Distribution of Fiscal Burdens and Benefits. Public Finance Quarterly, 1974, 2 (3).

25. Musgrave R A, Thin T. Income Tax Progression 1929 – 48. Journal of Political Economy, 1949, (56).

26. Musgrave R A. General Equilibrium Aspects of Incidence Theory. The American Economic Review, 1953, 43 (2).

27. Pechman J A. Distribution of Federal and State Income Taxes by In-

come Classes. The Journal of Finance, 1972, 27 (2).

28. Pechman J A. Who Paid the Taxes, 1966 – 85?. Brookings Institution Press, 1985.

29. Randolph W C. International Burdens of the Corporate Income Tax. Washington, DC: Congressional Budget Office, 2006.

30. Shoven J B, Whalley J. A General Equilibrium Calculation of the Effects of Differential Taxation of Income From Capital in the U. S. Journal of Public Economics, 1972, 1 (3).

31. Smart M, Bird R M. The Economic Incidence of Replacing a Retail Sales Tax with a Value – Added Tax: Evidence from Canadian Experience. Canadian Public Policy, 2009, 35 (1).

32. Smith J P. Progressivity of the Commonwealth Personal Income Tax, 1917 – 1997. Australian Economic Review, 2001, 34 (3).

33. Wagstaff A, Doorslaer E V, Burg H V D, et al. Redistributive Effect, Progressivity and Differential Tax Treatment: Personal Income Taxes in Twelve OECD Countries. Journal of Public Economics, 1999, 72 (1).

34. Warren N. A Review of Studies on the Distributional Impact of Consumption Taxes in OECD Countries. Oecd Social Employment & Migration Working Papers, 2008.

35. Xie Y, Zhou X. Income Inequality in Today's China, Proceedings of the National Academy of Sciences, 2014, 111 (19).

36. Yue X, Sicular T. Weights for CHIP 2007 and 2013, China Institute for Income Distribution, 2015.

37. 安体富、葛静、温磊:《沪渝房产税改革试点的启示和完善建议》,《涉外税务》2012 年第 11 期。

38. 安体富:《优化税制结构:逐步提高直接税比重》,《财政研究》2015 年第 2 期。

39. 白彦锋、胡涵:《增值税"扩围"改革后中央与地方收入分享比例问题研究》,《税务研究》2012 年第 1 期。

40. 蔡昌:《对增值税"扩围"问题的探讨》,《税务研究》2010 年第 5 期。

41. 蔡伟年、刘岩:《德国企业所得税税制介绍—中国"走出去"企业投资德国的税务影响与风险关注》,《国际税收》2016 年第 1 期。

42. 常晓素:《税收政策对劳动要素收入分配份额的影响—基于省级面板数据的实证分析》,《税务研究》2017 年第 7 期。

43. 陈炜:《英国个人所得税征收模式的实践经验与启示》,《涉外税务》2013 年第 1 期。

44. 陈玉梅:《重庆试点对全国房产税改革的借鉴意义》,《时代金融》2013 年第 24 期。

45. 程丹润、施文泼、陈龙:《资源税、房产税改革及对地方财政影响分析》,《财政研究》2013 年第 7 期。

46. 董鼎荣、葛惟熹、王水根:《企业所得税改革的几个主要问题》,《税务研究》2000 年第 11 期。

47. 樊丽明、李昕凝:《世界各国税制结构变化趋向及思考》,《税务研究》2015 年第 1 期。

48. 樊勇、王蔚:《增值税与城乡居民收入分配的关联度:1995~

2010年》,《改革》2012年第11期。

49. 樊勇:《增值税抵扣制度对行业增值税税负影响的实证研究》,《财贸经济》2012年第1期。

50. 傅志华:《俄罗斯个人所得税制改革考察》,《财政研究》2003年第4期。

51. 高凌江:《中国税收结构合理性实证研究》,《财贸经济》2011年第10期。

52. 高培勇、汪德华:《本轮财税体制改革进程评估:2013.11~2016.10(上)》,《财贸经济》2016年第11期。

53. 高培勇、汪德华:《本轮财税体制改革进程评估:2013.11~2016.10(下)》,《财贸经济》2016年第12期。

54. 高培勇:《共和国财税60年》,人民出版社,2009。

55. 高培勇:《中国税收持续高速增长之谜》,《经济研究》2006年第12期。

56. 葛玉御、安体富:《税收如何影响收入分配:文献述评》,《经济研究参考》2014年第56期。

57. 葛玉御、李昕凝、樊丽明:《巴西税制结构特点及启示——中巴比较的视角》,《中央财经大学学报》2014年第7期。

58. 葛玉御、田志伟、胡怡建:《"营改增"的收入分配效应研究——基于收入和消费的双重视角》,《当代财经》2015年第4期。

59. 谷成:《对进一步完善房产税的探讨——由上海、重庆开展对部分个人住房征收房产税试点引发的思考》,《价格理论与实践》2011年第2期。

60. 郭健:《中国税制结构的累进性评价》,《山东经济》2011年第

6 期。

61. 郭鹏：《现行房产税制度及其改革的几点建议》，《天津大学学报（社会科学版）》2014 年第 16 卷第 1 期。

62. 郭庆旺、吕冰洋：《论税收对要素收入分配的影响》，《经济研究》2011 年第 6 期。

63. 国家税务总局课题组、刘佐、靳东升、龚辉文：《借鉴国际经验进一步优化中国中长期税制结构》，《财政研究》2009 年第 5 期。

64. 国家税务总局税收科学研究所：《国家税收研究报告》，中国财政经济出版社，2011。

65. 国家税务总局税收科学研究所课题组：《我国直接税与间接税关系的发展和展望》，《税务研究》2005 年第 1 期。

66. 国家统计局：《中国统计年鉴》，中国统计出版社，2016。

67. 国家发改委就业分配司：《中国居民收入分配年度报告 2016》，中国财政经济出版社，2017。

68. 何代欣：《中国税制转型与促进社会公平》，《税务研究》2017 年第 4 期。

69. 何辉：《增值税的收入分配与福利效应实证分析》，《税务研究》2015 年第 1 期。

70. 胡海生、刘红梅、王克强：《中国房产税改革方案比较研究—基于可计算一般均衡（CGE）的分析》，《财政研究》2012 年第 12 期。

71. 胡怡建、李天祥：《增值税扩围改革的财政收入影响分析—基于投入产出表的模拟估算》，《财政研究》2011 年第 9 期。

72. 胡怡建：《上海增值税"扩围"试点力图实现"五大"突破》，《税务研究》2012 年第 1 期。

73. 黄璟莉：《国外房产税的征收经验及对我国的启示》，《财政研究》2013 年第 2 期。

74. 计金标、庞淑芬：《关于发挥税收促进社会公平功能的思考》，《税务研究》2017 年第 4 期。

75. 贾康、张晓云：《中国消费税的三大功能：效果评价与政策调整》，《当代财经》2014 年第 4 期。

76. 贾康：《中国税制改革中的直接税问题》，《华中师范大学学报（人文社会科学版）》2015 年第 3 期。

77. 杰弗里·欧文斯、李娜：《税收制度与经济发展保持同步——今后 20 年中国税制改革面临的挑战》，《国际税收》2015 年第 1 期。

78. 李春根：《提高我国直接税比重的难点与对策》，《税务研究》2017 年第 1 期。

79. 李华、蔡倩：《消费税变革的国际趋势分析》，《国际税收》2014 年第 3 期。

80. 李晶：《中国新一轮税制改革的重点与安排》，《宏观经济研究》2015 年第 1 期。

81. 李林木：《发达国家税制结构的变迁轨迹与未来走向》，《涉外税务》2009 年第 7 期。

82. 李梦娟：《我国消费税改革的考量与权衡》，《税务研究》2014 年第 5 期。

83. 李胜、李春根：《资源税改革研析》，《税务研究》2017 年第 8 期。

84. 李实、史泰丽、古斯塔夫森：《中国居民收入分配研究 III》，北京师范大学出版社，2008。

85. 李实、万海远、谢宇：《中国居民财产差距的扩大趋势》，北京师范大学中国收入分配研究院工作论文，2016。

86. 李实、佐藤宏、史泰丽：《中国收入差距变动分析：中国居民收入分配研究IV》，人民出版社，2013。

87. 李永刚：《中国房产税制度设计研究—基于沪渝试点及国际经验借鉴视角》，《经济体制改革》2015年第1期。

88. 李振伟：《我国房地产税制改革研究》，中共中央党校博士学位论文，2014。

89. 李卓：《新中国60年税制建设回眸》，《税务研究》2009年第10期。

90. 李实：《当前中国的收入分配状况》，《学术界》2018年第3期。

91. 李强：《社会分层十讲》，中国社会科学文献出版社，2011。

92. 李实、朱梦冰、詹鹏：《中国社会保障制度的收入再分配效应》，《社会保障评论》2017年第4期。

93. 李培林：《社会蓝皮书（总论）》，社会科学文献出版社，2014。

94. 李实、魏众、丁赛：《中国居民财产分布不均等及其原因的经验分析》，《经济研究》2005年第6期。

95. 楼继伟：《十二届全国人大四次会议记者会》，2016。

96. 梁强、贾康：《1994年税制改革回顾与思考：从产业政策、结构优化调整角度看"营改增"的必要性》，《财政研究》2013年第9期。

97. 刘华、徐建斌、周琦深：《税制结构与收入不平等：基于世界银行WDI数据的分析》，《中国软科学》2012年第7期。

98. 刘克崮、贾康：《中国财税改革30年亲历与回顾》，经济科学出版社，2008。

99. 刘明勋：《美国社会保障税探析》，《涉外税务》2009年第9期。

100. 刘怡、聂海峰：《间接税负担对收入分配的影响分析》，《经济研究》2004年第5期。

101. 刘怡、聂海峰：《增值税和营业税对收入分配的不同影响研究》，《财贸经济》2009年第6期。

102. 刘佐：《1978年以来历次三中全会与税制改革的简要回顾和展望》，《经济研究参考》2014年第4期。

103. 刘佐：《艰苦的历程，辉煌的成就——改革开放30年来中国税制改革的简要回顾》，《税务研究》2008年第10期。

104. 刘佐：《阔步前进 走向辉煌——2002年以来中国税制改革的简要回顾》，《税务研究》2012年第9期。

105. 刘佐：《社会主义市场经济中的中国税制改革（1992 – 2013）》，中国税务出版社，2014。

106. 刘佐：《社会主义市场经济中的中国税制改革》，《当代中国史研究》2003年第5期。

107. 刘佐：《新中国遗产税的发展与展望》，《税务研究》2000年第8期。

108. 刘佐：《中国税制改革50年》，《当代中国史研究》2000年第5期。

109. 刘佐：《中国直接税与间接税比重变化趋势研究》，《财贸经济》2010年第7期。

110. 吕冰洋、禹奎：《我国税收负担的走势与国民收入分配格局的变动》，《财贸经济》2009年第3期。

111. 马海涛、肖鹏：《中国税制改革30年回顾与展望》，《税务研究》2008年第7期。

112. 孟莹莹：《消费税收入再分配效应的实证分析》，《统计与决策》

2014 年第 8 期。

113. 倪红福、龚六堂、王茜萌：《"营改增"的价格效应和收入分配效应》，《中国工业经济》2016 年第 12 期。

114. 倪红日、谭敦阳：《中国税收制度改革 30 年：进程、经验与展望》，《经济研究参考》2008 年第 50 期。

115. 聂海峰、刘怡：《城镇居民的间接税负担：基于投入产出表的估算》，《经济研究》2010 年第 7 期。

116. 聂海峰、刘怡：《城镇居民间接税负担的演变》，《经济学（季刊）》2010 年第 4 期。

117. 聂海峰、刘怡：《增值税转型对收入分配的影响》，《税务研究》2009 年第 8 期。

118. 聂海峰、岳希明：《间接税归宿对城乡居民收入分配影响研究》，《经济学（季刊）》2013 年第 1 期。

119. 潘明星、王杰茹：《财产税属性下房产税改革的思考》，《财政研究》2011 年第 8 期。

120. 潘小璐：《公平视角下美国个人所得税制度的借鉴》，《金融与经济》2010 年第 3 期。

121. 平新乔、梁爽、郝朝艳、张海洋、毛亮：《增值税与营业税的福利效应研究》，《经济研究》2009 年第 9 期。

122. 沈坤荣、余红艳：《税制结构优化与经济增长动力重构》，《经济学家》2014 年第 10 期。

123. 施文泼、贾康：《增值税"扩围"改革与中央和地方财政体制调整》，《财贸经济》2010 年第 11 期。

124. 石光、岳阳：《增值税转型和初次收入分配》，《劳动经济研究》

2016年第1期。

125. 史玲、谢芬芳:《改革开放三十年我国企业所得税改革的历程与评价》,《湖南社会科学》2008年第4期。

126. 宋春平:《中国企业所得税总税负归宿的一般均衡分析》,《数量经济技术经济研究》2011年第2期。

127. 宋晓梧:《"十三五"时期我国社会保障制度重大问题研究》,中国劳动社会保障出版社,2016。

128. 苏明、邢丽、许文、施文泼:《推进环境保护税立法的若干看法与政策建议》,《财政研究》2016年第1期。

129. 孙开、金哲:《环境保护视角下的消费税改革路径》,《税务研究》2012年第6期。

130. 孙琳:《中国企业所得税与美国公司所得税的差异分析及启示》,《注册税务师》2016年第2期。

131. 孙玉栋、徐达松:《社会保障税制国际比较及经验借鉴》,《党政视野》2015年第6期。

132. 孙正、张志超:《流转税改革是否优化了国民收入分配格局?——基于"营改增"视角的PVAR模型分析》,《数量经济技术经济研究》2015年第7期。

133. 谭军、李铃:《日本个人所得税征管特色与借鉴》,《国际税收》2017年第6期。

134. 谭荣华、温磊、葛静:《从重庆、上海房产税改革试点看我国房地产税制改革》,《税务研究》2013年第2期。

135. 汤文平、黄志勇:《我国开征遗产税的若干问题探析》,《兰州学刊》2004年第6期。

136. 唐婧妮：《经济新常态下深化税制改革难点及建议》，《经济研究参考》2015 年第 68 期。

137. 田效先：《企业所得税的经济增长效应研究》，东北财经大学出版社，2016。

138. 田志伟：《中国五大税种的收入再分配效应研究》，《现代财经（天津财经大学学报）》2015 年第 8 期。

139. 童伟：《俄罗斯个人所得税改革评述》，《税务研究》2011 年第 9 期。

140. 万海远：《收入不平等与公共政策》，社会科学文献出版社，2017。

141. 万相昱：《微观模拟模型与收入分配政策评价》，中国社会科学出版社，2013。

142. 万莹：《我国企业所得税收入分配效应的实证分析》，《中央财经大学学报》2013 年第 6 期。

143. 汪昊：《"营改增"减税的收入分配效应》，《财政研究》2016 年第 10 期。

144. 王德祥、戴在飞：《现阶段我国企业所得税的归宿：理论模型与实证检验》，《经济学动态》2015 年第 7 期。

145. 王德祥、刘中虎：《美国的个人所得税制度及其启示》，《世界经济研究》2011 年第 2 期。

146. 王红晓：《德国个人所得税税率的特别设计及对我国的启示》，《税收经济研究》2011 年第 3 期。

147. 王慧：《基于企业所得税看中国与日本的税制差异》，《企业研究》2011 年第 16 期。

148. 王娜、王跃堂、王亮亮：《企业所得税影响公司薪酬政策吗？——

基于企业所得税改革的经验研究》,《会计研究》2013 年第 5 期。

149. 王韬、朱跃序、鲁元平:《工薪所得免征额还应继续提高吗?——来自中国个税微观 CGE 模型的验证》,《管理评论》2015 年第 27 卷第 7 期。

150. 卫桂玲:《英国个人所得税制度的特点、作用和借鉴》,《理论月刊》2016 年第 7 期。

151. 席卫群:《我国企业资本承担所得税实际税负的测算》,《财经研究》2005 年第 5 期。

152. 肖绪湖、汪应平:《关于增值税扩围征收的理性思考》,《财贸经济》2011 年第 7 期。

153. 徐建炜、马光荣、李实:《个人所得税改善中国收入分配了吗——基于对 1997-2011 年微观数据的动态评估》,《中国社会科学》2013 年第 6 期。

154. 许琳:《中国与英国个人所得税的比较及借鉴》,《经济纵横》2002 年第 11 期。

155. 许生、张霞:《经济新常态下的税收制度应对研究》,《税务研究》2017 年第 1 期。

156. 薛荣芳:《企业所得税对 R&D 投资影响分析及美、日等国税收优惠比较》,《税务研究》2007 年第 9 期。

157. 谢宇、靳永爱:《家庭财产》,谢宇等编《中国民生发展报告 2014》,北京大学出版社,2014。

158. 闫坤、程瑜:《促进我国收入分配关系调整的财税政策研究》,《税务研究》2010 年第 3 期。

159. 闫坤、程瑜:《我国个人所得税改革研究》,《税务研究》2016

年第 11 期。

160. 杨志勇：《各国财政政策运用背景下的中国税制改革》，《税务研究》2010 年第 10 期。

161. 杨志勇：《中国增值税改革中的三大问题》，《地方财政研究》2016 年第 9 期。

162. 阳义南、连玉君：《中国社会代际流动性的动态解析——CGSS 与 CLDS 混合横截面数据的经验证据》，《管理世界》2015 年第 4 期。

163. 杨耀武、杨澄宇：《中国基尼系数真的下降了吗》，《经济研究》2015 年第 3 期。

164. 叶虹：《印度中等收入阶层扩大对我国的启示》，《山东工商学院学报》2009 年第 23 卷第 2 期。

165. 尹音频、张莹：《消费税能够担当地方税主体税种吗?》，《税务研究》2014 年第 5 期。

166. 俞成锦、余英：《房产税代替土地出让金的政策效应——基于可计算一般均衡模拟分析》，《地方财政研究》2016 年第 2 期。

167. 苑基荣：《贫富悬殊阻碍印度社会发展》，《人民日报》2016 年 11 月 2 日。

168. 岳树民：《中国税制》，北京大学出版社，2010。

169. 岳希明、徐静、刘谦、丁胜、董莉娟：《2011 年个人所得税改革的收入再分配效应》，《经济研究》2012 年第 9 期。

170. 岳希明、徐静：《我国个人所得税的居民收入分配效应》，《经济学动态》2012 年第 6 期。

171. 岳希明、张斌、徐静：《中国税制的收入分配效应测度》，《中国社会科学》2014年第6期。

172. 臧传琴：《我国消费税的环境保护效应及其改进》，《税务研究》2013年第7期。

173. 詹鹏、李实：《我国居民房产税与收入不平等》，《经济学动态》2015年第7期。

174. 詹鹏、徐建炜：《应该对富人征收更重的个人所得税吗》，李实、岳希明主编《21世纪资本论到底发现了什么》，中国财政经济出版社，2015。

175. 詹鹏：《我国个人所得税的再分配效果分析》，《北京工商大学学报（社会科学版）》2015年第4期。

176. 张洪：《对日本个人所得税税制模式的借鉴分析》，《财会研究》2009年第5期。

177. 张敬石、胡雍：《美国个人所得税制度及对我国的启示》，《税务与经济》2016年第1期。

178. 张阳：《中国企业所得税税负归宿的一般均衡分析》，《数量经济技术经济研究》2008年第4期。

179. 张阳：《中国企业所得税税收归宿问题研究》，《税务研究》2005年第12期。

180. 赵福昌：《税制结构与收入差距研究》，《中央财经大学学报》2011年第9期。

181. 赵丽萍：《强化环境保护功能的消费税改革路径选择》，《税务研究》2013年第7期。

182. 赵人伟、李实、李思勤：《中国居民收入分配再研究》，中国财政经济出版社，1999。

183. 赵人伟、里基·格里芬、朱玲、李实:《中国居民收入分配研究》,中国社会科学出版社,1994。

184. 赵颖、王亚丽:《增值税"扩围"对城镇居民收入分配影响分析》,《财贸研究》2013年第1期。

185. 赵云辉、王鹏飞:《中国企业所得税税负归宿两部门一般均衡分析》,《经济经纬》2015年第4期。

186. 中国注册会计师协会:《2013年度注册会计师全国统一考试辅导教材:税法》,经济科学出版社,2013a。

187. 中国注册会计师协会:《2013年度注册会计师全国统一考试辅导教材:税法》,经济科学出版社,2013b。

188. 周显志、范敦强:《美国个人所得税税率制度及其借鉴》,《税务与经济》2009年第4期。

189. 朱志钢、高梦莹:《论直接税与间接税的合理搭配》,《税务研究》2013年第6期。

190. 朱志钢:《企业所得税改革的国际趋势》,《国际税收》2015年第7期。

191. 庄佳强:《我国消费税征收现状与改革建议》,《税务研究》2017年第1期。

192. 佐藤宏、史泰丽、岳希明:《住房所有权与中国的收入不平等(2002-2007年)》,李实,佐藤宏、史泰丽主编《中国收入差距变动分析:中国居民收入分配研究Ⅳ》,人民出版社,2013。

后　记

在全球所有国家的公共政策体系中，作用于收入再分配的社会政策几乎都可以归纳为三类，即税收调节、财政支付和社会保障制度。其中，税收制度关乎千家万户，而且由政府根据税法从个体或家庭收入中扣除，从而让经济个体的直观感受更加强烈。许多发达国家甚至将社会保障也作为税收的一种而给予强制征收，当然我国也启动了社会保障的费改税工作，由此政府税收在收入再分配中的作用就会更加显著。正因为如此，公众和学术界都特别关注，既然税收取之于民，它是否又平等地受之于民？税收是否真正起到了削峰填谷的作用？还是说税收正如大家所批评的那样，其实并没有缩小而是扩大了收入不平等？政府在其中究竟扮演了什么样的角色？

关于税收制度的收入再分配效应，虽然学者与公众都有一个直观的感受，如仅有的直接税对收入分配的调节作用有限，间接税从总体上扩大了收入差距；然而，正如宋晓梧老师所指出的那样，这些观察却一直缺乏坚实的数据支撑。而税收作为一项成体系的公共政策，虽然不乏少数特定税种的收入分配效应的研究成果，但是对我国税收制度收入分配效应的整体性、系统性实证研究尚属缺乏。可以说，本书在实证意义上提供了关于税收再分配效应的有力证据，是对税收制度收入分配效应整体评估的有益补充。另外，本书还系统梳理了中国税收体系的变迁，并对发达国家和发展中国家税制改革缩小收入差距的国际经验进行了对比总结，为明确我国税制改革的下一步思路提供了参考。

利用研究上的优势，北京师范大学中国收入分配研究院为公众澄清这类政策疑问的同时，也在不断推动学术前沿知识的增值。应该说，利用收入分配研究院所特有的住户调查数据优势，我们对中国的税收制度进行了全方位的定量研究，在国内外高水平杂志上也发表了一些优秀的实证研究成果，而本书关于税收再分配效应的研究就是其中之一。可以说，中国收入分配研究院自建立初期，就一直把公共政策的再分配效果评价作为核心的研究方向。今年是中国改革开放 40 年，也是收入分配研究院团队建立 CHIP 数据 30 周年。从 1988 年以来，团队成员在收入分配、贫困和劳动力流动等领域取得了不少研究成果。基于过去 30 年的积累，目前也进一步探索出一些新的研究方向，包括研究领域的扩展（如人的发展经济学研究）、研究方法的更新（利用微观模拟方法做更细致的行为分析）和研究范式的再拓展等（从完全经验实证研究逐步开拓至政策研究）。应该说，本书关于各项税收制度再分配政策效应的研究，就是我们在研究范式方面的再拓展。

当然，这一具有显著重要意义的课题，其实最早来源于北京师范大学中国收入分配研究院宋晓梧院长，在他的多次启示和直接指导下，我们申请了中国经济改革研究基金会的研究资助。从 2017 年 4 月开始提出申请，到同年 5 月筹建课题组，再到 6 月申请被正式批准后着手开始研究分工，后历经近 1 年时间即到 2018 年 4 月基本完成课题初稿,再经过4个月的不断修改之后,才有了本书现在的这个版本。在这个过程中,首先感谢宋晓梧老师在课题前期对框架设计和研究方向的指导,也感谢刘浩老师多次参与课题讨论,并给予非常详细的指导意见,刘浩老师关于个人所得税改革的思路设计给予我们很大的启发。还要感谢岳希明老师实际参与课题的研究,并提供了对不同章节的具体修改建议。感谢中国体改研究会彭森、孔泾源、马克、王小鲁等老师在评审过程中对课题数据和研究内容的修改建议。另外也要对本研究领域各位被引用甚至没有被引用的诸多文献作者表示感谢,正是在他们研究的基础上,我们才有可能完成现在的这本著作。当然,本书是中国收入分配研究院集体智慧的结晶,一些研究成果是课题组成员多年的学术积累,在此也非常感谢课题组成员的集体努力,在不到一年的时间内,在京师学堂的会议室里多次讨论,也多次利用出差调研的机会,又不断修改理论模型、数据变量和相关观点的解释等。最后,也要感谢社会科学文献出版社区域发展出版中心的任文武主任繁杂而又高效的编辑工作。

书中不当甚至错误之处,希望读者批评指正。

万海远　李实　孟凡强

2018年10月于北京

图书在版编目(CIP)数据

中国税收制度的收入分配效应 / 万海远等著 . -- 北京：社会科学文献出版社，2018.10
ISBN 978 - 7 - 5201 - 3647 - 1

Ⅰ.①中… Ⅱ.①万… Ⅲ.①税收制度 - 影响 - 收入差距 - 研究 - 中国 Ⅳ.①F812.422 ②F124.7

中国版本图书馆 CIP 数据核字（2018）第 233003 号

中国税收制度的收入分配效应

著　　者 / 万海远　李　实　孟凡强　等

出 版 人 / 谢寿光
项目统筹 / 任文武
责任编辑 / 丁　凡

出　　版 / 社会科学文献出版社·区域发展出版中心（010）59367143
　　　　　 地址：北京市北三环中路甲29号院华龙大厦　邮编：100029
　　　　　 网址：www.ssap.com.cn
发　　行 / 市场营销中心（010）59367081　59367083
印　　装 / 三河市尚艺印装有限公司
规　　格 / 开　本：187mm × 1092mm　1/16
　　　　　 印　张：17.25　字　数：210千字
版　　次 / 2018年10月第1版　2018年10月第1次印刷
书　　号 / ISBN 978 - 7 - 5201 - 3647 - 1
定　　价 / 78.00元

本书如有印装质量问题，请与读者服务中心（010 - 59367028）联系

版权所有 翻印必究